Pa(m)panischke m., TiN, Marienkäfer selt. HPom. → Sünnenkäwer. – Aus dem Pomor. Vgl. [10]WIN 116.

pampen sw. sich den Mund vollstopfen vereinz. – **pampig** Adj. **1.** breiig, dickflüssig verbr. *De Supp is so pampig* Uec/Ge. Auch: nicht richtig ausgebacken, klitschig verstr. VPom MPom. *De Semmel is pampig* Ran/Pe. – **2.** *pampsig* Dem/Tp, Dra/Dr, dummdreist, frech verbr. *Du rädst jå bannig pampig* Rüg/Dm. → dreibastig.

Pampuuschen nur im Pl., *Pampüüschen* verstr. VPom MPom, *Papuusche* Pyr/Wa,Wi, *Panpuuschen* selt. MPom, Filzpantoffeln verbr. *Treck man diene Pampuuschen an, denn hest du keene kollen Beenen* Gwald.

pamuffig Adj., *pamüfflig* selt. **1.** böse, ärgerlich selt. – **2.** dumpf, muffig verstr. *Dat rückt hier so pamuffig* Gwald.

Pand n., *Fand* Pyr/Wa,Wi, Pfand, Sache, die als Sicherheit für eine Forderung hinterlegt wird verstr. *Dei Kauh hett hei em as Pand gäben* Gwd/Ba. Auch: Geldbetrag, der für Leergut zu zahlen ist selt. *De Buddel kost't föftig Pennig Pand* Gwd/Ba. Kinderspiel: *Pand utdeilen* verstr. Nach Abgabe eines Pfands wird in die Runde gefragt: *Wat scha disse doe, dem sîe Fand ik heff i' mien Hand?* Pyr/Wa. Gegen Erfüllung einer kleinen unangenehmen Aufgabe kann der Besitzer des Pfands dieses wieder einlösen. – **Pandbreif** m. Pfandbrief, Wertpapier verstr. – **Pandgeld** n. Pfandgeld, Lösegeld, um ein Pfand auszulösen selt. – **Pandstall** m. Stall zur Aufbewahrung des gepfändeten Viehs selt. Vgl. pannen.

pangze Adj. veilchenfarben, blauviolett vereinz. *'ne Huf mit pangze Bänn'* Gwald. – Zu frz. *pensée* Stiefmütterchen. – **pangzeblåg** Adj., *panze-* Uec/Ue, Uec/Pa, Dra/Bu,La, °Gbg, *panche-* dass. verstr. HPom. *a' pangzebloch Kleed* Dra/Bu.

Paninka f. Frau, Fräulein vereinz. HPom. – Zu poln. *panienka* Fräulein, junges Mädchen.

Panitschenschauh m. leichter Halbschuh verbr. *Mit dien Panitschenschauh kannst nich in'n Kauhstall gåhn* Rüg/Ae. Zum Kinderspiel *Panitschenschauh-Danz* vgl. HUMGWD 8,50,12.

Pånk(e) m., *Ponk(e)* östl. ZPom NOPom, *Pönker* Starg., *Peunk(e)* Gbg/Gp, °Reg, armer Bauer mit kleiner Wirtschaft verbr. HPom. – Aus dem Poln.

pankeire sw. toben, rumoren, lärmend wirtschaften verstr. HPom, sonst selt.
Lautvar.: *bankieren* Ank/An, *bankeeren* Ghg/Ke, *benkeere* Pyr/Wi, *pankiere* LAUWB 262[b].

Pånkerie f. ärmlicher Landwirtschaftsbetrieb verstr. ZPom NOPom. – Zu Pånk(e).

Pankholt n. Schlagholz beim Schlagballspiel vereinz. VPom.

Pann f., *Pang* °DKr [3]TITA 14, Pfanne. **1.** Bratpfanne. *'ne Pann mit'n Stähl för Fisch to bråden und för Pannkauken* Gwd/Wo. – Ral.: *wat/nicks in'e Pann hemm'* reich, arm sein verstr.; *wat up'e Pann hebben* klug sein vereinz., auch: noch etwas in der Hinterhand, auf Vorrat haben verstr., dagegen: *ein' an'e Pann hebben* nicht normal sein verstr. – Rä.: *Wo licht dei Hås am warmsten?* = *in'e Pann* Ank/An. – Scherzh.: *in'e Pann schiete* Setzeier machen Saa/Le, ähnl. verbr.; *ein' up'e Pann hemm'* Winde lassen müssen Dem/Tp, ähnl. verstr. – **2.** fachspr., Gegenlager der eisernen Welle, die den Mahlstein antreibt verstr., vgl. [2]REH 12. *Dat Mœhliesen löppt in de Pann* Dem/Jr. – **3.** Dachziegel vereinz. *Dei Pann up't Dack hett dei Hågel intweischlån* Gwd/Ba. – **Pannback(en)** f./m. **1.** in der Pfanne gebackener Brot- oder Kuchenteig verbr. MPom HPom. Auch: im Backofen breitgelaufenes Brot vereinz. HPom. – **2.** Kartoffelpuffer verbr. ZPom, sonst selt. – **3.** Eierkuchen verstr. – **4.** Neujahrsgebäck vereinz. SPom ZPom, [6]KAI 73 u. Kt. 4,3. – **Pannbrett** n. Untersetzer für heiße Töpfe, Pfannen verstr. *Pannbrett ut Porzellan wür bruukt, wenn man Pött up'n Disch stellen wull* Rüg/Pu. – **Pannbrot** n. Pfannenbrot. **1.** in Fett gebratene Brotstücke verbr. ZPom. Brautpaaren wurden sie in der Hochzeitsnacht zum Verzehr gereicht. – **2.** in der Pfanne gebackener Brot- oder Kuchenteig vereinz. HPom.

pannen sw., *pännen* Rüg/Ae, Fra/Ln, Gwd/Ba, pfänden. **1.** auf rechtlicher Grundlage etwas als Gegenleistung für eine Schuld in Beschlag nehmen verbr. *dei Jais* [Gänse] *panne* Sto/Dö. (Tiere, die „fremdweideten", wurden gepfändet und eingesperrt und nach erst Bezahlung des Schadens wieder freigegeben). – **2.** jmd. Besitz als Pfand gerichtlich einziehen lassen verstr. *Hei hett em pännen låten* Gwd/Ba.

Pann(en)dack n. Pfannendach, Ziegeldach vereinz. VPom. *Hei kricht 'n Pannendack up sien Hus* Gwd/Ba. – **Pann(en)deckel** m. **1.** Pfannendeckel verbr. – **2.** übertr., scherzh., flacher, runder Hut oder runde (alte) Mütze ohne Schirm verbr. *Sett hüt åbend man ruhig dienen Panndeckel up* Gwald. Vgl. DWA 12, Kt.7. Auch: Barett des Pfarrerornats vereinz. HPom. – **Pann(en)licker** m. 'Pfannenlecker' Köchin verbr. Übertr.: Feinschmecker Stett, °Ghg. Auch: Naschkatze Stral. – **Pannenrüker** m., spöttisch, Mann, der sich zu viel um die Hauswirtschaft kümmert vereinz. – **Pann(en)schiet** f., scherzh. **1.** Spiegelei verbr. *Pellnudeln mit Pannenschiet* Pellkartoffeln mit Spiegelei °Ghg NDKBL 68,43. – **2.** Rührei verstr. HPom. – **Pannenstäl** m. Pfannenstiel. **1.** länglicher Griff an der Pfanne vereinz. *Sei hett den Pannenstäl afbroken, as sei em dei Pann üm dei Uhren* *schlög* Gwd/Ba. – **2.** TiN, Schwanzmeise (Aegithalos caudatus) selt. °Rüg.

Panner m., *Pänner* Sch/Pu, *Pinder* Sto/Wd, *Pander* Lau/GW, Pfänder. **1.** veralt., Feldwächter, Feldhüter (pfändete das Vieh, das auf fremden Wiesen und Äckern weidete, nahm Strafgelder für Felddiebstähle ein) verbr. *Hei pannt dei Gäus', dei in't Kurn güngen* Dem/Jr HUMGWD 6,34,4. – **2.** Gerichtsvollzieher verbr. *Wenn de Pinder erst in't Hus kimmt, denn is't wiet naug* Sto/Wd. Scherzh.: *Hier hett dei Panner fäächt* hier ist nichts mehr zu holen Ank/An.

Pannetoffke m., TiN, Marienkäfer verstr. NOPom. → Sünnenkäwer. – Aus dem Pomor., vgl. [3]HOLS 35, [10]WIN 116.

Pannfisch m. **1.** in der Pfanne gebratener Fisch, Bratfisch verbr. – **2.** Restegericht aus Kartoffeln, Fisch und Fleisch, in der Pfanne aufgebraten Uec/Ue, Dra/Bu.

Pannkauken m. Pfannkuchen. **1.** Eierkuchen (aus Mehl, Milch, Zucker, Eiern und Salz, in der Pfanne gebraten) verbr. VPom, sonst selt. Auch: Kartoffelpuffer selt. VPom. Übertr.: flacher, runder Frauenhut vereinz. VPom. Im Vergleich: *platt as'n Pannkauken* Gwd/Ba. Vgl. Eierkauken. – **2.** mit Marmelade gefülltes kugeliges Hefegebäck, in heißem Fett ausgebacken (verkürzt aus *Berliner Pannkauken*, wodurch die Herkunft der Sache bestimmt wird) verbr. Vgl. HWWB 225[a], BBWB 3,567. *Pannkauken warden mit Plummenmus füllt* Gwd/Ba. Im Vergleich: *Se geht up as'n Pannkoken* wird dick und unförmig Stral; *'n Pannkauken mit twei Bein* dicker, rundlicher Mensch verstr. – Sagw.: *Dei Weiten is doch nich ihrer sicher, as bet man em in dei Mâg hett, säd dei oll Fru, as ehr dei Pannkauken in dei Åsch fööl* Ank/An.

Volksbr. zu. 1.: Traditionell gibt es Pfannkuchen zu Silvester in ganz Pommern, denn wenn man sie Silvester nicht hat, hat man sie das ganze kommende Jahr nicht Ghg/Ln. Pfannkuchen sind jedoch auch ein übliches Fastnachtsgebäck, vgl. [6]KAI 71,76,83.

Pannkaukendägel m. eiserner Tiegel mit Griff, in dem Schmalzgebäck in heißem Fett zubereitet wird verstr. – **Pannschinken** m. in der Pfanne gebratener Schinken vereinz. MPom. – **Pannsupp** f. Soße aus in wenig oder keinem Fett angeröstetem Mehl und Wasser verbr. Ebenso: *Pannsoß* vereinz.

panottig s. pernottig.

Pansch m., *Panschk(e)* Rum/Pr, Sto/Gl, *Pamsch* Nau/Fg, breiige Speise, zu dick gekochte Suppe verstr. HPom. *Wat hest du fer 'ne Pansch kåkt!* Rum/Tr. Auch: nicht durchgebackenes, klitschiges Brot Nau/Db, °Kös, HOEFAMSC 344[a]. Übertr.: Schneematsch, sehr feuchter Dreck, Schlamm verstr. HPom. *Nu is ober bute so'e richtig Pansch, toerscht Schnei, denn Räje* Sto/Gl. – **panschen** sw., *pantschen* vereinz., *panschkere* verstr. NOPom. **1.** in feuchtem Matsch herummanschen verbr. *De mag so gern in Morrer panschen* Ran/Pe. Auch: im Wasser planschen (von Kindern) verbr. HPom, sonst selt. *Wat panscht dei Diern in dat Wåter!* Gwd/Ba. – **2.** etwas mit Wasser verdünnen vereinz. VPom MPom. *Pantsch man nich so väl Wåter mang de Melksupp!* Rüg/Pu. *Dei Bur hett Stråf krägen, weil hei panscht hett* Gwd/Ba. – **Panscher** m. **1.** Bauer, der die Milch mit Wasser verdünnt selt. *Denn ollen Panscher hemm' s' inspunnt* Gwd/Ba. – **2.** scherzh., Milchprüfer Gwd/Ba. Vgl. Melkpanscher.

Panschk f., *Panschka* nördl. °Sto BLFPVK 7,64, *Pånschke* Lau/Pb, *Pauschka* Lau/Vl, flacher, auf heißen Steinen gerösteter Brotkuchen vereinz. HPom. – Zu pomor. *pǫčk*.

Pansen m. wie hd. verbr. *Dei Pansen weikt de Nåhrung up* Gri/Mi. Übertr., scherzh.: Magen des Menschen verbr. *Disse Bröders von Frünn' schlahn sick an unsen vullen Disch den Panzen vull* HUMGWD 13,15,1.

Pantalong m., *Pantelon(g)* Rüg/Zi, Reg/Me, *Pantelune* Dra/La. **1.** alter Mantel, alte Jacke verstr. Auch: Regenmantel Dra/La. – **2.** Pl. lange, eng am Bein sitzende Hosen selt. – Zu ital. *pantalone* Hose.

Pantin f. Pantine, Holzpantoffel verstr. *Nich mål 'n Por Pantinen kannst' köpen!* Gwd/Ba. – Ral.: *ut'e Pantinen kippen* ohnmächtig werden vereinz. VPom. – **Pantinenschaul** f., veralt., 'Pantinenschule' Ein-Klassen-Schule selt. Vgl. Pantüffelschaul.

Pantüffel[1] m. Pantoffel (aus Holz oder Filz) verbr. – Ral. wie hd.: *unner'n Pantüffel ståhn* verbr. – Silversterbrauch: *'nen Pantüffel oewern Kopp schmeten, seggt di, ub du in't Hus bliwst, orer in de Wilt treckst* HTKÖS 1928,4,3f.

Pantüffel[2] s. Patüffel.

Pantüffelheld m. Pantoffelheld, Ehemann ohne Durchsetzungsvermögen gegenüber seiner Frau selt. VPom. – **Pantüffelschaul** f., veralt., Volksschule mit nur einer Klasse verstr. VPom. Vgl. Pantinenschaul.

Panuschen s. Pernunschen.

Panzer m. **1.** dicke, schützende Schicht vereinz. *Up de Miet he'k 'n schöne Panzer ruppeschmäte* als Frostschutz Nau/Fg. Scherzh.: *Minsch, hest du 'n Panzer*! eine dicke Dreckschicht! Dem/Tp. – **2.** scherzh., Korsett verstr. VPom, Stett. *De Frugens drägen 'n Panzer* Ank/An.

Påp m. Pfaffe, katholischer Geistlicher (nicht grundsätzlich verächtl.). Auch: evangelischer Pastor verstr. *Wi wille tum Påpe gåhne* wir wollen das Aufgebot bestellen Stolp; *de poolsch Pop* der katholische Pfarrer Stolp. Im

Vergleich: *Sei ging grod as de Pop* sie geht sehr feierlich Sto/Gl. Ausruf, wenn etwas völlig Unerwartetes eintritt: *Wo kamm de Diwel tum Påpe? Hei namm em vanne Kanzel* Rum/Gl BLFPVK 4,78, ähnl. vereinz. HPom. – Ral.: *Påpen un Zägen de ruginieren allerwägen* richten nur Schaden an verstr. VPom. – Scherzvers: *Mien Dochter, wenn du friegen wist, denn nimm di 'n Påpen, dei kann sien Brot mit Schnacken verdeinen, denn kannst du lang schlåpen* Ank/Pu HTKLANK 1931,74. – Sagw.: *Dat Best is inne Midd, seggt dei Düwel, dunn leep hei tüsche twei Paope* °Kös HTKÖS 1928,22. → Paster.

Lautvar.: *Påpe* vereinz. HPom, *Pop(e)* verbr. NOPom, *Popp* Nau/Db, *Paup* Lau/Pb,Sl, *Paupe* Neu/Sp, *Pōup* °Büt [2]MIS 16.

Papa m., *Paps* Gbg/Gp, Vater. *Dat heff'k vun mien'n Papa* Rüg/Ae. Stilistisch gehoben mit betonter Endsilbe in derselben Bed. – **papaen** sw., zweite Silbe betont, nach dem Vater rufen, hinterherweinen vereinz. HPom. *De papat uk de ganze Dag* Pyr/Wa. Vgl. mamaen.

Papagei m., TiN, wie hd. Im Vergleich: *Hei quatscht as'n Papagei* Gwd/Ba. *Sei hett sich utputzt as'n Papagei* Gwald. Übertr.: Mensch ohne eigene Meinung, der nur nachredet, was andere sagen Ran/Ro. – Sagw.: *Adjüs, Herr Bartels, nu gahn wi, reep de Papagei, don leep dei Katt mit em tau Bähn* HUMGWD 11,6,5. – Scherzfr.: *Wo heet de Fru von'n Papagei? = Mamagei* Gwald.

Lautvar.: *Popegoi* Gwald HUMGWD 2,21,2, *Pappjei* Ran/Ro, *Papajei* Cam/Gb, *Poppgei* Sch/SB, *Påpjai* °Rum, *Poupjai* °Büt [2]MIS 28.

papageien sw. alles nachsprechen (wie ein Papagei) vereinz. MPom.

päpeln sw. **1.** tüchtig essen vereinz. – **2.** jmd. viel und Gutes zu essen geben, füttern (bes. von Kleinkindern) verstr. Vgl. präpeln.

Lautvar.: *peipeln* Pyr/Wi, *paaple* Sto/Gl, *päppeln* vereinz., *pappeln* Fra/Ln, Slo/La, *pöppeln* HILL 126.

påpen sw. auf dem Pfarrhof kleinere Arbeiten verrichten vereinz. *Diss' Week mußt du påpe* Sto/Dö. – **Påpendeckel** m., scherzh., runde, schirmlose Mütze, Barett des Pfarrerornats selt. – **Påpenhoff** m. Pfarrgehöft vereinz. HPom. – **Påpenhus** n. Pfarrhaus Dra/Bu, vereinz. NOPom. – **Påpenklœten** Pl., scherzh., 'Pfaffenhoden' grüne, pflaumengroße Gebilde, die sich in Binnenseen an den Rohrstengeln festsetzen Ran/Pe, Dra/Dr. – **Påpensack** m. sehr großer, löchriger Sack vereinz. Anspielung auf die Gier der Geistlichen: *Paupesack ward nich vull* Sch/Pu, ähnl. verbr. *Påpesack hett kein Borren* Nau/Db, ähnl. verbr. – **Påpenschnitt** m. 'Pfaffenschnitt' das mittlere, beste Stück des Schinkens verstr. VPom MPom. *Wäs man 'n bäten driest un lang di 'n Stück ut denn Påpenschnitt!* Rüg/Dm.

Päper m. **1.** Pfeffer. *schwatten/witten Päper* Gwd/Ba; *fienen Päper* gemahlener Pfeffer Gwd/Ba. *Dei Päpe is mächtig scharp* Nau/De. *Peiper bruukt man bi d' Schlachterie to Wust* Dra/Ga. – Ral.: *Päper måhlen/ rieben* geziert, mit dem Hinterteil drehend gehen verstr.; *ein' Päper gäben* jmd. ausschimpfen, auch: verprügeln verstr. VPom MPom; *ein' Päper in dei Ogen streugen* jmd. betrügen vereinz. VPom MPom. *Hei hett Päper im Naues* [*Noors* Hintern] läuft sehr schnell Gbg/Wo, ähnl. verbr.; auch: er kann nicht stillsitzen verbr. *Dor is Päper un Sult, alles mank* das ist sehr teuer Nau/Fg, ähnl. verbr. Deutliche Abweisung: *Gåh hen, wo de Päper wasst!* Rüg/Pu, ähnl. verstr. – Sprw.: *Dor licht de de Hås im Päper* verbr. – Sagw.: *Dat was baschen Päper, sär de Düwel, dor har he 'ne Ladung Schrot in't Mul krägen* Rüg/Zi. – **2.** in der Vbdg. *Päper un Solt,* graumelierter Wollstoff verstr. *Dei Antog is Päper un Solt* Gwd/Ba. – **3.** *Willn Päper*, PflN, 'Wilder Pfeffer' Seidelbast HOM 1,267.

Lautvar.: *Peipe(r)* Pyr/Wa, Saa/Ja, °Dra, Nau/We, Net/Hf,Sl, DKr/La, °Büt [2]MIS 19, *Päbe* Reg/Kt, *Peeper* Stolp, Lau/GW,Ke.

Päperbüss f. Pfefferdose vereinz. – **Päperhex** f. Schimpfw., unleidliche alte Frau vereinz. VPom. *Dei Päperhex müßt eis Füer unner'n Noors hemm'* Gri/Mi. – **päp(e)rig** Adj. **1.** (stark) gepfeffert, scharf verbr. *De Wost schmeckt so päprig* Ran/Pe. Scherzh., wenn jmd. sehr unruhig auf dem Stuhl sitzt: *Dien Noors is woll sihr päprig* Gwald. – **2.** übertr. – **2.1.** unverschämt hoch, sehr teuer verstr. *De Pries för de Ekoschees'* [Kutsche] *is ok rieklich päprig* Uec/Pa. Vgl. päpert. – **2.2.** schonungslos, bissig vereinz. *Dien Antwuurt wier sihr päprig* Ank/An. Auch: derb, anzüglich vereinz. – **Päperkauken** m. dicker brauner Pfefferkuchen (in Blechgröße als Platte oder ausgestochene Weihnachtsmotive) verbr. *Dei Päperkauken ward mit Sirup oder Honnig anrührt* Gwd/ Ba. *Je öller, desto bärer schmeckt dei Päperkauken* Gwd/ Ba.

Päperkrut n., PflN, Bohnenkraut (Satureja hortensis) verbr., vgl. MARZELL 4,126. *Päperkrut is tau Bohnensupp un ok as Tee to bruke* Saa/Ja.

Volksgl.: *Päperkrut un Dill, hier will ik moke, wat ik will!* Nau/Wa, ähnl. vereinz. Verstreut eine Braut nach der Trauung mit diesem Spruch vom Ehemann unbemerkt entsprechende Kräuter im Haus, hat sie in der Ehe die Oberhand.

Päperkuurn n. Pfefferkorn. *Deubel noch eis, ik heff up'n Päperkuurn bäten!* Gwd/Ba. Im Schnellsprechvers: *Dree Päperkörn in'n Päperpott* Ran/Ro, ähnl. verbr. – Volksmed.: *Päperkön in'n holle Tähn stecken linnert Tähnwehdåg* Uec/Ge, ähnl. verbr. Gegen Durchfall: *Schwarte Päperküürn un Schnaps un Tüftenmähl* Dem/ De. – Ral.: *Päperkörn in'n Oos* [Arsch] *hemm'* nicht still sitzen können Saa/Ja. *Ut'n Muskötel kann uck männichmaal en Pepekuurn warden* HUMGWD 14,136f.,2. – **Päperling** m., PflN, Pl. *-s, -e*, Pfifferling verbr. Vgl.

Ührken. – **Päpermœhl** f. Pfeffermühle. *Dei Päpermœhl steiht in't Kœkenschapp* Gwd/Ba. Im Vergleich: *Dat Kleed süht ut, as wenn't ut'e Päpermœhl kümmt* ist völlig zerknautscht Sch/Pu, ähnl. verbr. Auch übertr. für eine geschwätzige Person: *Sei is dei reine Päpermœhl* Dem/Tp. *De hett ehr Päpermœhl ümme in'n Gang* Ank/An. – **Päpermünt** f., PflN, Pfefferminze verbr. Vgl. MARZELL 3,159. *Päpermünt ward in'n Goorn treckt tom Tee för Mågweihdag* Gri/Mi. *Päpermünt un Bullerjån* [Baldrian] *låt dei Krankheit unnergåhn* Rüg/Ae. – **Päpermünttee** m. Pfefferminztee verbr. *Päpermünttee stoppt* hilft gegen Durchfall Stett. – **päpern** sw. **1.** eine Speise mit Pfeffer würzen. *Dat Fleisch is stark päpert* Gwald. Übertr.: *Di war ik denn Hinnelsten päpern!* dir werde ich Beine machen! Gri/Bo, ähnl. vereinz. Auch: schelten verstr. *De hett em päpert, dat em rein d' Kiek verjing* Ghg/Li. Als Part.Prät. im Vergleich: *De sitt't as jepäpert* unruhig und zappelig Uec/Ge. – **2.** in der Vbdg.: *ein' eine päpern*, jmd. ohrfeigen vereinz. *Ik heff em eene päpert* Stral. Auch in der Vbdg.: *ein' päpern* Alkohol trinken vereinz. *Dei hett dichdig ein' päpert* Lau/GW. – **Päpernœt** f. Pfeffernuß. *Mutta backt to Wihnachten Päpernœt* Ran/Pe. *Möckst du de Peepernöt mit Kreud or Honnig?* Sto/Gl. *Dei brunen Päpernœt sünn ut Rong'mähl* [Roggenmehl] Gri/Mi. – Ral.: *tau Päpernœt friern* steif frieren Ank/An, ähnl. verbr. – Anzügliche Scherzfr.: *Wurüm hett dei Wihnachtsmann kein Kinner? = Wiel hei bloß Päpernœt in'n Sack hett* Ank/Br. – **Päpersack** m. SpottN für einen reichen Kaufmann verstr. *Dei Päpersäck in'e Stadt kœnen nich naug kriegen* Gwd/Ba. – **Päperstruk** m., PflN, Seidelbast vereinz. Vgl. MARZELL 2,37. Syn. Kellerhals2. – **päpert** Part.Adj. gepfeffert. **1.** unverschämt hoch, sehr teuer verbr. *De Pries is päpert* Ank/An. Auch in der Paarformel *päpert un sult'* Nau/Fn. Vgl. päp(e)rig. – **2.** schonungslos, bissig verstr. *Dat wier päpert, wat hei säd* Gri/Ti. *De Witz wier œwer päpert!* Gri/Ti.

Papp[1] m. dicker Brei für Kleinkinder aus Zwieback oder Brötchen und Milch verbr. *De Jung' ka' do ball Papp krieje* Dra/Bu.

Papp[2] f. Pappe, bes. Dachpappe verbr. *Dack un Mœhl wieren mit Papp bekleed't* Rüg/Pu. *Dei Papp up't Dack möt teert warn* Ank/Br. Von minderwertigen Schuhsohlen: *Dat is de reine Papp* Pyr/Lt. – Ral.: *nich von Papp sin* kräftig, nicht zu unterschätzen sein verbr. – **Pappdack** n. pappgedecktes, meist flaches Dach verbr. – **Pappdeckel** m. wie hd. *Paßt dor nich 'n Pappdeckel up?* Gwd/Ba. Auch verächtlich: Hut vereinz.

Pappel s. Pöppel.

pappeln sw. undeutlich reden (von kleinen Kindern) vereinz. VPom MPom. *Dei Lütt pappelt jå all wat* Dem/De. Vgl. babbeln.

päppeln s. päpeln.

pappen sw., *pabbe* Reg/Kt, *påpe* Lau/Ke, Kleinkinder mit Brei füttern verbr. *Dat Kind ward all påpt* Lau/Ke. Vgl. Papp[1].

Pappenstäl m. Pappenstiel. Nur ral., analog zur hd. Umgspr.: *Dat is kein Pappenstäl!* ist keine Kleinigkeit Gwald, ähnl. verbr.

papperlapapp Interj. Abweisung unnötigen Redens verstr. *Ach, papperlapapp, sappel di dat af!* Gwald.

Papphåhn m., hist., spött., 'Papphahn' (eigentlich Papageienhahn) mecklenburgische 4-Schilling-Münze des 17. Jahrhunderts vereinz. Vgl. MWB 5,313. *Hei lett sick ümmer mit'n ollen Papphaan afspisen* HUMGWD 77,40,4.

pappig Adj. **1.** breiig, weich-klebrig vereinz. *Dat Brot is uk so pappig, dat hackt ein' alles in'e Tähn* Saa/Le. – **2.** frech, böse Uec/Ge, Net/Hf,Sl. *Nu war man nich gliek pappig* Uec/Ge.

Pappschinees m., Schimpfw., 'Pappchinese' verstr. VPom, sonst selt. *Du Pappschinees hest dor nüscht to mellen* Uec/Pa.

Påpst m., *Paupst* Gbg/Gp,Gz, Fla/Wo, Papst. In verschiedenen Ra. und Vergleichen: *Hei deet, eis wenn'e dei Paupst vo' Rom sülfst is* er ist hochnäsig und besserwisserisch Gbg/Gp, ähnl. verstr. *Hei is nåh Rom west o' hett de Paupst ni seihe* er hat das Wichtigste nicht erledigt Fla/Wo.

Påpvågel m., TiN, Dompfaff HOMWB 143[a].

Paråd f., *Praud* Gbg/Gp, *Paraud* Arn/Re, *Poråd* Reg/Kw, *Parod* Dra/Bu, Lau/GW, Parade, (eigtl. milit.) prachtvoller Aufmarsch vereinz. *He stellt alles to Paråd* er zeigt alles vor, damit es bewundert wird Pyr/Lt. In der Vbdg.: *tau Paråd kommen* rechtzeitig kommen, pünktlich fertig sein verbr. *Sei ka' uk nie nech eis t' Praud kaume* Gbg/Gp. Auch: Abwehr eines Angriffs verstr. – Ral.: *ein' in'e Paråd fohren* verstr.

Paradies n. Paradies, Garten Eden. Im Vergleich: *as in't Paradies läwen* verstr. Häufiger FlN für gute Äcker, Wiesen und Wälder. – Sagw.: *Arbeid füürt in't Paradies, säd dei dick Pogg, doon har de Adebor an eer tau wörgen* HUMGWD 74,170f.,4. – **Paradiesappel** m. Paradiesapfel. **1.** Bezeichnung verschiedener, vorwiegend roter Apfelsorten selt. *Dei Bom mit dei Paradiesäppel drägt nich mihr* Gwd/Ba. – **2.** Tomate Gri/Ti, vgl. DWA 11, Kt.11. – **3.** scherzh., Mädchenbrust verstr. – **Paradiesgoorden** m. Paradiesgarten vereinz. Auch verstr. als FlN für Wiesen oder Wälder.

Parådschapp n. Regalschrank aus Fichtenholz vereinz. *Dat Parodschapp weer bit to Hälft mit twee Dören,* *bowen weern dree Liesten, wo man de Teller hinner stök* Uec/Ge.

Paragråf m., *Paddigråf* Gri/Ti, *Parrägråf* Gwald, Paragraph. – Ral.: *He hett Parrägråf einunföftig achter sich* ist nicht zurechnungsfähig Gwald.

Paraplü m., *Paraplüsch* Ghg/Li. **1.** Regenschirm verbr. *Nimm di denn Paraplü mit, dat gifft Rägen* Ran/Pe. Scherzvers: *Paraplü un Pompadur fähl'n bi keine Liebestur* Fra/Pr. – **2.** dicker, langer Mantel vereinz. MPom. – Frz. *parapluie*. – **Parasoll** m., *Passoll* vereinz. VPom, Sonnenschirm verstr. – Frz. *parasol*.

paråt s. pråt.

Parchen m. Barchent, Futter- und Wäschestoff verbr. *Parchen höllt warm* Gwd/Ba. *Dien Unnertüg is ut Parchen* Rüg/Dm.

Lautvar.: *Parcham* vereinz. VPom, HOEFAMSC 344[a], Gbg/Gz, *Parchem* Gwald, °Reg, Sch/Pu, Neu/Gc,We, °Rum, °Büt, *Parchent* vereinz. VPom, Pyr/Lt,Wa,Wi, Stolp, Lau/Lt, *Parchim* Reg/Kt, Kol/Ma, *Parchan* °DKr, wie hd. *Barchent* verstr.

Parchenhemd n. Hemd aus Barchent verbr. *Dei Stellmoker o Schmitt draug 'ne Parchenhemd* Lau/GW. – **Parchenlåken** n. dickes Laken aus Barchent verbr. *E' Parchemlauke is wat Schöns fo' ull Lüe* Gbg/Gp.

pa(r)dauz Interj. lautmalerischer Ausruf, wenn jmd. oder etwas plötzlich hinfällt verbr. *Padautz leej he in't Wåder!* Gwald.

Lautvar.: *pe(r)dauz* verbr., *pu(r)dauz* Ran/Pe, Gbg/Gp, *badauz* Gbg/Ge, *pal(l)dauz* vereinz.

Pardauzkopp m., Schimpfw., Querkopf verstr. HPom, sonst selt. *Mit denn Pardauzkopp is nicks antofängen* Gri/Mi. – **Pardauzmudder** f., *Paduz-* Sch/Ev, Lau/Wi, *Perdutz-* verstr. HPom, Hebamme verstr. östl. HPom, sonst selt. Vgl. [6]KAI 150,295 u. Kt.4,8, [5]KNO 1,19 und DWA 5, Kt.4.

Pardon m. Verzeihung, Nachsicht verbr. *üm Pardun bidden* Fra/Ri. Bes. in den Vbdg.: *Pardon gäben/låten* verbr. *Ik kann noch nich betohle, du mußt mi noch Pardü gäben* Ran/Pe. *Ik heff kein Pardü mehr* Gbg/Gp.

Lautvar.: *Pa(r)dun* verbr. VPom MPom ZPom, Dra/Bu, *Pardü* vereinz. °Ghg, Gbg/Gp, Lau/GW, *Pardün* Nau/Fg,Rh, *Perdun* verstr. VPom HPom, *Perdün* verstr. VPom, Saa/Te, *Perdon* °Ghg, Reg/Kt, *Perdü* Cam/Kw, Fla/Ta.

Pardün f., *Perdün* verstr. VPom, sonst selt., seem., langes, starkes Tau, das von den Stengen seitlich nach hinten führt, um diesen Halt zu geben verstr. vpom. Küste. Vgl. KLUF 605. In der Paarformel: *mit Hün un Pardün* mit allem, vollständig verstr. VPom, sonst selt. Vgl. Hün[2]. – Zu nl. *pardoen* Haltetau.

Pa(r)föng n., *Parfum* Stett, *Purfüm* Ran/Pe, *Perfüm* Nau/Fg, Parfüm verstr. *Mien Swester hett 'ne Buddel Parföng tau Wihnachen krägen* Rüg/Ae. Scherzh., wenn Dung geladen wird: *Dat is uns Paföng* Gwd/Ba.

parieren sw. gehorchen verbr. *Wenn du ni' gliek pureere deest, da jifft't wat mi'm Reem'!* Pyr/Wa. In der festen Vbdg.: *Order parieren* verbr.

Lautvar.: *pareeren* Fra/Ln, Pyr/Lt,Py, *pårieren* Dem/Tp, Stett, Saa/Le, *poreeren* Ghg/Li, Pyr/Wa,Wi, Dra/Bu °Reg, *poriere* Nau/Fg,Rh, Gbg/Gp, Reg/Kw, Net/Sl, Sto/Gl, *pureere* Pyr/Wa, *puriere* °Reg, *pareire* Fla/Wo.

Pariser m. **1.** feiner lederner (Haus-)Schuh (meist für Männer) verbr. *Wat hest du di fe Pariser köfft?* Dra/La. Vgl. Herrenschauh. – **2.** hölzerne Tanzfläche im Freien verstr. MPom SPom. – Zu rotwelsch *peras*, *pauriss* Fuß, vgl. BBWB 3,527.

Parkett n. Parkettfußboden verstr. – Ral.: *ein' up't Parkett schmieten/leggen* flott tanzen verstr. Ausruf der Überraschung: *Ik denk, ik sett mi Parkett!* Gwald.

Parl f. **1.** Schmuckperle. *Wenn et wat sinne sall, mete Perdle ran* (als Verzierung) Lau/GW. – Ral. wie hd.: *Dor föllt di kein Parl ut dei Kron* Gri/Gr. – **2.** perlenförmiges Bläschen, Tröpfchen vereinz. *Schweet steht em in luter Perlen am Vörkopp* Pyr/Lt.

Lautvar: *Pardel* Gwald, Gri/Go, *Perl* Gwd/Ba, Pyr/Lt,Wa/Wi, Ghg/Li, Saa/Ja, Dra/La, *Pedel* Gbg/Gz, *Perdel* Reg/Kt, Neu/Lt, Sto/Kz, Lau/GW, *Peerdle* Rum/Km [5]TITA 44. – Dim.: *Perlke* Ghg/Gr, Sch/Pu.

Volksgl.: *Jede Perdel is eie Träänke o' Kinder jifft dat kein* sagt man, wenn eine Braut am Hochzeitstag Perlen trägt Lau/GW, ähnl. verstr.

Parlblaum f., PflN, Traubenhyazinthe verbr. Vgl. Parlhiazint. – **Parlhauhn** n. **1.** TiN, Perlhuhn. *De Perlhäuhner schriegen: Klock acht, Klock acht* Nau/Fg,Rh. – **2.** Pl. kurze, gedrungene Holzschuhe Ran/Pe, Pyr/We, Cam/Ca. – **Parlhenn** f., TiN, Perlhenne Rum/Ru, Sto/Pf. – **Parlhiazint** f., PflN, Traubenhyazinthe verstr. VPom. Vgl. Parlblaum. *Dei Parlhiazinten vermihren sik dull* Gri/Mi. – **Parlkäd** f. Perlenkette vereinz.

Parmott s. Permutt.

parnotzig Adj. eigensinnig, widerspenstig vereinz. VPom.

Parol f. Parole. **1.** Leitsatz, knapp und deutlich formuliertes Ziel vereinz. *Tweijohrsplan* [hist., DDR] *is nu dei Parol* Gwd/Ba. Auch: Arbeitsbestimmung vereinz. *Dei hålt sik de Parol* Rüg/Zi. – **2.** Gerücht verstr. *Wecker hett dei Parol upbröcht?* Gwd/Ba. – **Parolendräger** m. Person, die Gerüchte verbreitet Fra/Bn, Ghg/Wt.

Parp f. Flöte aus Weidenrinde vereinz. VPom, sonst selt. Vgl. BBWB 3,528.

Parpatz n., PflN, Farnkraut Lau/GW,Ke. Vgl. MARZELL 1,478. – Zu poln. *paproć*.

Parpendikel n. Perpendikel, Uhrpendel verbr. – Volksgl.: *Dei Permtikel is dålfollen, dor starft ein'* Gri/Mi.

Lautvar.: *Parpentikel* Gri/Mi, Rüg/Pu, Ghg/Li, *Parmatikel* Uec/Pa, *Permtikel* Gri/Mi, Stral, *Permantikel* Gwald, *Permentikel* Fra/Zi, Dem/Tp, wie hd. *Perpendikel* vereinz.

Parr f. Pfarrstelle (mit entsprechender Ausstattung an Land und Vieh) verbr. *Uns Parr is gaut wat wiert* Dem/Tp. – Ral.: *Eerst de Parr un dann de Quarr* erst eine Anstellung, dann die Familiengründung Pyr/Lt, ähnl. verstr. – **Parrer** m., hist., *Parner* verstr., *Perner* verstr., Pfarrer verbr.

Part m., Pl. *-e*, *-en*. **1.** Teil von etwas verbr. *Ik müßt sienen Part mit œwernähmen* Gwald. *Tum Schneeschippen weeren so vel Lüd, dat s' in Parten deelt müßten warden* Ran/Pe. *Låt s' man all hengåhn, ik för mien Part blief to Hus* Rüg/Dm. – **2.** (geldwerter) Anteil verbr. Zur Praxis in den Fischerkommünen vgl. [1]PEE 119ff. *He hett uk 'n Part an dat Schipp* Stral. *Dor kricht jeder sien Part* Fra/Zi. Übertr. in der festen Vbdg.: *Part hollen* jmd. beistehen, seine Partei ergreifen verstr.

Partemang n. Abort, Toilette (im Freien) verbr. *Os Partemang steht hinnem Hultstall* Cam/He. → Aftritt. – Aus frz. *appartement*.

Lautvar.: *Pardemang* Gwald, Ghg/Wt, Pyr/Pe, Reg/Kt, Lau/GW, *Partemann* verbr. ZPom, *Parramang* Rüg/Dm, Use/Us, *Pattemang* Rum/Tr, Sto/Ku, *Peidemang* Reg/Kt, Sch/Pu, *Pottemang* Ran/Ro, Sto/Gl, *Portemang* Net/Hf,Sl, Fla/Wo.

Parthus n. Abort vereinz. HPom. *Ik muß ma' erste nåh'n Parthus gauhe* Sch/Sl. Syn. s. Aftritt.

Partie f. **1.** Teil, Abteilung verbr. *in mihrere Partien backen* Dem/De; *in twee Partîe Kaffe drinke* Dra/Bu. – **2.** eine größere Menge von etwas verbr. *'n Partie Mähl/ Wull* Dem/De. – **3.** Gruppe gemeinsam miteinander Arbeitender vereinz. Für die Fischerei vgl. RAS 65,186 u. [1]PEE 119ff. *In'e Hiringstiet wiern wi 'ne Partie mit acht Mann* Gri/St. Auch: Gruppierung Gleichgesinnter verbr. *Uns Partie hett wunnen* Dem/De. – **4.** ein Spieldurchgang vereinz. *Wi måken ein Partie* Pyr/Lt. In der Vbdg.: *'ne gaude Partie måken* sich gut, reich verheiraten verbr. – **5.** Mietpartei vereinz. *Dor sünd veel Partien in't Hus* Pyr/Lt.

pa(r)tu Adv., Endsilbe betont, partout, unbedingt, unter allen Umständen verbr. *He will ehr partu 'n Kuß gäwen* Fra/Bn. *Dat möckt he partu nich* Uec/Ue. *Dat's mi patu egal* Ank/An.

Partürlien f., seem., Tau, das den Anker unter dem Tragbalken des Krans hält Gwald. Vgl. KLUF 623, MWB 5,322. – Zu frz. *porteur*.

Parür f. großer Staat, feine Kleiderausstattung vereinz. VPom. *Oh, sei sünd jå woll in grode Parür!* sie haben sich prächtig herausgeputzt Fra/Fr. – Aus frz. *parure* Putz, Geschmeide.

parusen Adj. weit geschnitten vereinz. *'ne parusen Jack* Ghg/Li. – Ablautend zum ON Paris.

Parzell f., *Patzjell* Dra/Dr, Parzelle, Ackerstück selt. *Ik wi' no' de hinnesta Patzjell gauha* Dra/Dr. – **Parz(e)llant** m., *Parzleint* Sch/Sl, Pächter oder Käufer einer Ackerparzelle verstr.

Päs m./f., Pl. *-en*, *Pees* verbr. HPom, *Peis* Dra/Ga, Gbg/Vi, Kol/De, DKr/La. **1.** m. Penis (bes. von Bulle und Eber) verstr. *Dei Bull hett sik denn Päs inräten* Gri/Mi. Auch: Ochsenziemer (Schlagwaffe aus einem Bullenpenis) selt. Vgl. Bullenpäs, Päsel, Päserick. – **2.** f. dünne Schnur, Sehne verbr. Im Vergleich: *Dat Mäken is jå man as so 'ne Päs* ist sehr dünn Sch/Rg. Metonymisch in der Angabe *ein Päs Ål* ein Maß von 5–7 (aufgefädelten) Aalen vereinz. MPom, Lau/GW. Vgl. [9]ROSF 90. *He hett em een Päs Ål jääft* Ran/Sr. Übertr.: Haarsträhne, dünner Zopf verstr. HPom. *Måk di bloß dien Päse wech!* Sto/Ml. Auch: Antriebsriemen von Spinnrad und Nähmaschine verbr. *De Päs hett sich so reckt* Pyr/Wa. – Zu mnd. *pêse* Bogensehne. Vgl. MWB 5,323.

Påsch n., *-sch* sth., kleines Kind vereinz. *Twee sunne Påschen uptotrecken kost' Mööch* Uec/Pa.

paschen sw., *påschen* Stral, würfeln vereinz. VPom. – Zu frz. *passe-dix* 'überschreite zehn', die Gewinnzahlen eines Würfelspiels.

Påschen f., hist., Ostern. Die Ereignisse um die Auferstehung Christi fielen zeitlich mit dem jüdischen Passahfest zusammen; daher auch die Bezeichnung, die letztlich auf hebr. *pessah* zurückgeht und als mnd. *pāschen* auftritt. In hist. Belegen: *to Paschen* (1409) Stral; *up Paschen* (1547) Gbg/Tr. Heute im Nd. ebenso wie hd. ausschließlich Ostern. – **Påschenei** n., hist., *Paaskei* HOEFAMSC 341[b], gefärbtes Osterei selt. – **Påschenwäk** f., hist., Passionswoche (vor Ostern) vereinz.

Päschnitz m., *Pischnitz* °Sto, dicker Brei aus Gerste oder Erbsen vereinz. °NOPom. Vgl. BLFPVK 7,64, [4]WIN 84. – Pomor. *pəšńica* zerstoßene Gerste und Speise daraus. Vgl. [10]WIN 109.

pascholl Interj. vorwärts, marsch verstr. *Pascholl in't Fedderbett mit ju!* Saa/Ja. – Russ. Reliktwort *пошёл* 'schnell', s. [3]BIE 169f. – **paschollen** sw. laufen, rennen Ran/Ro, Saa/Ja.

Päsel m., *Pesel* °Rüg. *Peser* Pyr/Lt, *Päser* verstr. HPom, Penis (bes. von Bulle und Eber) verstr. HPom, sonst selt. Auch: Ochsenziemer (Schlagwaffe aus einem Bullenpenis) selt. Wie Päs', Päserick.

Pås(e)lack m., *Paslak* LauWb 263[b], Laufbursche, jmd., der für jede Arbeit herangezogen wird verbr. *Dat is all Lüə ehr Påslack* Sch/Pu. *Dat mauk di ma' alleen, ik bi' doch ni' dien Påslack* Pyr/Wa. – Slaw. Herkunft nicht gesichert.

Pasenelle f./n., hist., seit dem 16. Jh. recht bekanntes Pasewalker Bier vereinz., HuMGwd 1,3,6.

Päserick m., *Päserich* verstr., *Peserich* Net/Sl, *Päsk* HoefAMsc 342[a]. **1.** Penis (bes. von Bulle und Eber) verstr. MPom, verbr. HPom. Auch: Ochsenziemer (Schlagwaffe aus einem Bullenpenis) vereinz. MPom, sonst selt. Wie Päs', Päsel. – **2.** Bauchnabel (bei Rind und Schwein) verstr. HPom. – **3.** Geigenbogen vereinz. HPom.

Päske n.(?) Kirsch- und Pflaumenstein vereinz. NOPom, BlfPVk 7,64.

Paspel f. als schmaler Wulst sichtbare Borte an Nähten und Rändern von Kleidungsstücken verstr. *Ik mütt mi 'ne niege Paspel in'n Krågen setten* Rüg/Ae. – Aus frz. *passepoil.* – **paspelieren** sw., *basple* Reg/Kt, mit einer Paspel versehen selt.

pass s. taupass.

Pass[1] m. **1.** Ausweis, Personaldokument. *Ik will mi 'n niegen Pass hålen* Gwd/Ba. – Ral.: *ein' nåh'n Pass frågen* jmd. zur Rede stellen Gwald; *ein' denn Pass gäben* eine (Arbeits-)Verhältnis beenden verstr. – **2.** (das rechte) Maß, Paßform. *Dei Jack is uter Pass* Uec/Ge.

Pass[2] m. Bremsvorrichtung für das Antriebsrad der Windmühle verbr. VPom. Vgl. [2]Reh 150f., MWb 5,320,326. *Dei Pass licht œwer dat Kammråd* Fra/Br. *De Pass mutt ganz sachte dållåten warn, allens mit Hand, süss brennt oder breckt't* Fra/Br.

passåbel Adj. passabel, annehmbar verstr. *Dat Tiech is gaut passabel* Lau/GW.

Passåsch f. Passage. **1.** Stelle zum Durchgehen, -fahren. – **2.** fachspr., Durchgang (beim Getreidemahlen) vereinz. VPom. Vgl. [2]Reh 7.

Passaschier m., *Passengier* °Rüg HuMGwd 12,10,2, Passagier selt. VPom.

passé Adv. vorbei, vorüber vereinz. VPom. *Dat is allens passé* Ank/An.

passen sw. **1.** maßgerecht sein. *De Schoh passen nich* Pyr/Lt. *Dat paßt wie angegoten* Ran/Pe. – Ral.: *Weckern dei Jack paßt, dei treckt sei sich an* nur wer wirklich dafür verantwortlich ist, kann sich beleidigt fühlen Gwd/Ze. – **2.** für etwas geeignet sein, harmonieren. *Dei Stell kann ik nich annähmen, dortau paß ik nich* Dem/De. *Mank de Gesellschaft paß ik nich* Reg/Kw. *Sei hett Haut, Handtasch, Mantel alles passend* Kol/Go. Im Vergleich: *Dat paßt wie de Fuust up't Og* paßt ganz genau Uec/Pa, ähnl. verbr. *Dat paßt as de Schmitt siə Ogemåt* paßt überhaupt nicht Sch/Ki. – Ral.: *Wat nich paßt, dat ward passend måkt* Pyr/Lt. – Sagw.: *Dat paßt ümmer, secht de Schnierer und sett't denn Ärmel in't Tascheloch* Uec/Ge. – **3.** gelegen sein, gefallen. *Dat paßt di woll wedder nich in dienen Kråm?* Ank/An. Scherzh.: *Dat künn di gråd so passe, im Sarg ligge un nichts daue* Sch/Sl. – Ral.: *Wenn di dat nich paßt, gåh un höd' Zägen* Uec/Ue, ähnl. verbr. Vgl. taupass. – **4.** refl., sich schicken, sich gehören verstr. MPom ZPom, sonst selt. *Dat paßt sik nich!* Pyr/Lt. – **5.** aufpassen verbr. VPom, sonst selt. *Pass mi gaut up de Gössle* Reg/Rg. Bes. in der Vbdg.: *ein' up'm Deinst passen* jmd. (bei der Arbeit) genau kontrollieren. *Dien Knecht is nich toverlässig, den mößt up'n Deenst passen!* Rüg/Pu. – **6.** auf ein Spiel verzichten (beim Kartenspiel) verstr. VPom MPom. Beim Skat: *Bi 24 möt ik passen* Gwd/Ba.

Passer m. **1.** seem., Zirkel des Schiffszimmermanns (mit gebogenen Schenkeln) vereinz. Vgl. KluF 608f. – **2.** zumeist im Pl. *Passer(s)*, ideale Paarung, bes. von Zugpferden verstr. *Dei hett e paue schön Passes vorm Wauge* Gbg/Gp. Auch von Eheleuten vereinz.

Passglas n., hist., großes Trinkglas mit Maßzeichen Stral, BlfPVk 5,156.

passieren sw., *passeern* Ran/Pe, Pyr/Lt, Dra/Bu, *passaire* Reg/Kt, geschehen, sich ereignen verbr. *Dat kann mi nich passieren* Gwd/Ba. – Sagw.: *Dat sall mi nich wedder passiern, säd Pagel, don güng't mit em nah'n Galgen* HuMGwd 7,4,12.

passlatant Adv., *pasterlatant* verstr. VPom, nebenher, so einfach nebenbei, aus Zeitvertreib verstr. VPom, sonst selt. *denn mößt du so pasterlatant infleiten laten: Gott sei Dank, wi hewwen 't dortau!* wir haben's ja! [11]Band 169. *Dat hemm' wi so paßlatant mitmåkt* Gri/Mi. – Nach frz. *passer le temps* die Zeit verbringen, so MWb 5,329 u. BBWb 3,534: *pasterlantant.* – **Passlatant** m. Zeitvertreib verstr. VPom MPom. Auch: Begleitperson. *Wenn du Langwiel hest, will ik dien Passlatant sin* Rüg/Pu. *Ik bün doch nich dien Passlatant!* Gwald.

passlich Adj., *passig* verstr., angemessen verbr. *wi hebben uck all en Brüjam för eer, de uns paßlich wier* Gwald HuMGwd 14,46,8. *Is di dat so passlich, dat ik hüt kåm?* Dem/Tp. Vgl. passmåt, passrecht. – **passmåt** Adj., *passmåtig* verstr., *passmåtsch* vereinz. NOPom, passend, gelegen verbr. *Hei kümmt mi gråd passmåt* Sch/Ki. *Dei Farf mutt passmåtig sinne* Lau/GW. Vgl. passlich, passrecht.

Passoll s. Parasoll.

Passpierd n., zumeist im Pl., zusammenpassendes Pferdegespann verbr. Vgl. Passer. – **passrecht** Adj. passend, gelegen verbr. *Is di dat so passrecht?* Dem/Tp. *De Schlœtel is nich passrecht* Ran/Pe. Vgl. passlich, passmåt.

Passup m., scherzh., 'Pass-auf' jmd., der alles genau beobachtet vereinz. Übertr.: Diener, Servierer bei Tisch verstr. Auch: Polizist vereinz.

Pasteet f. Pastete vereinz. – Ral.: *Da hest du dei Pasteet!* da hast du die Bescherung! Rüg/Ae, ähnl. vereinz.

Paster m., Pl. *-s*; *Pastur* vereinz. VPom, *Pastor* verstr. (diese Lautvar. mit betonter Endsilbe), Dim. *Pasting* verstr. VPom, Pastor, evangelischer Geistlicher. *Dei Paster hett gaut präicht* [gepredigt] Reg/Za; *nåh 'n Paster gåhn* zum Konfirmandenunterricht gehen verbr. *Fru Pastern* Pfarrersfrau Gwd/Ba. *Jå, wat uns Herr Pastur is, dei kann gaut räden* Dem/Tp. – Ral.: *Tweemål predigt de Paster nich!* das Gesagte wird nicht wiederholt! Rüg/Dm. – Rä.: *Im Hult steht wat, händschlaugt un wehklaugt, u nümmand fröggt em, wat em is* = Pastor auf der Kanzel Kol/Zw BLFPVK 3,133.
Rsyn.: *Påp, Preister.* Scherzh.: *Bibelhingst, Penningsammler, Schwartrock, Seelenfänger.*

Pasterbank f. Kirchenbank für die Pastorenfamilie vereinz. – **Pasterbur** m. Pächter des Pfarrgehöftes oder des Pfarrackers verstr. ZPom. – **Pasterdag** m. Konvent, Versammlung der Pastoren eines Kirchenkreises selt. *Hüt is Pasterdag, dortau sünd väl Pasters kåmen* Dem/Tp. Vgl. Preisterquartål. – **Pasterdochter** f. Pastorentochter selt. – Ral. von einer verschwiegenen Runde: *Wi sünn ja unne uns Pasterdöchter* Gri/Mi. – **Pastergoorden** m. Pfarrgarten verstr. VPom. – **Pasterhoff** m. Pfarrgehöft verstr. – **Pasterhus** n. Pfarrhaus verstr. *Dat Pasterhus licht dicht an dei Kirch* Dem/De. – **Pasterie** f. **1.** *Pastorie* verstr., Wohnhaus und Gehöft des Landpastors verstr. Auch: Pfarrwirtschaftshof verstr. *Hei hett sik d' Pasterie pacht'* Gbg/Gp. – **2.** scherzh., Theologie selt. *dei Pasteri studieren* WAL 2,58. – **Pasterland** n. zur Pfarrstelle gehörender Acker verstr. – **pastern** sw. predigen verstr. Auch: viel und belehrend erzählen verstr. *Wenn du doch blot nich miegst pastern, dormit inderscht du rein gor nischt* Sto/Gl. Vgl. påtern, preistern. – **Pastersack** m. Pastorensack vereinz. Nur ral.: *Pastersack hett keinen Borren* wird nie voll (weil Pastoren angeblich gierig sind) Nau/Fg,Rh. Vgl. Påpensack. – **Pastersch** f. Ehefrau des Pastors vereinz. VPom. *Dei Pastersch kümmt hüt åbend uk* Gwd/Ba. – **Pasterschaul** f. Konfirmandenunterricht verbr. → Pasterstund.

Pasterstund f. Konfirmandenunterricht verbr. *Dei Kinner möten twei Johr nåh Pasterstunn gåhn* Dem/Tp.
Rsyn.: *Bädschaul, Bädstund, Bibelstund, Exåmen, Pasterschaul, Preisterschaul, Preisterstund.*

Pastinåk f., PflN, Pastinake verbr. Vgl. MARZELL 3,589f. *Ät du man gaut Pastinåken, dornåh steiht di dat Lief gaut åpen* Fra/Br. Im Vergleich: *Dei geiht as 'ne Pastenåk* kerzengerade Gri/Mi, ähnl. verstr.
Lautvar.: *Paste(r)nåk* vereinz. VPom, *Pestaknäk* vereinz. VPom, *Poste(r)nak* verstr., HOEFAMSC 357[a], *Posternok* Ran/Pe, *Pasternåt* Ghg/Gr.

Pät s. Påt[1].

Påt[1] m. **1.** Taufpate. *Du mööst di rieke Påden utsäuken* Gwd/Ba. In der Fügung: *Påt ståhn* die Patenschaft für ein Kind übernehmen, auch scherzh., wenn zwei Mädchen gemeinsam zur Toilette gehen: *Kumm mit, kannst Påt ståhn!* Fra/Pe, ähnl. verstr. VPom. – Ral.: *Påt ståhn is 'ne Ehr, aber 'n Bettler fer'e Jeldbüdel* Saa/Le. – **2.** Patenkind vereinz. Vgl. MWB 5,332. – Zss. s. Påden-.
Laut- u. Formvar.: *Påd'* verstr. VPom NOPom, HOEFAMSC 341[b], *Pår* verstr. VPom, *På'* Fra/Pe, Sch/Ac, *Pät* verstr., *Pöde* Gwald, *Pöre* Gwd/Gt,Wo, *Paut* Saa/Ja, *Pod* Lau/Ke. Zu Seltenheitsbelegen s. DWA 4, Kt.19. – Männliche u. weibliche Formen fallen zumeist zusammen, daneben f.: *Pådin* Gri/Ge, *Pädersch* Gwd/El,Wo, *Padersch* Gwd/Lu, auch schon wie hd. *Patin* verstr. VPom. Vgl. DWA 4, Kt.20. – Dim.: *Päding* verstr. VPom. – Pl.: *Påden, Päten* verbr., *Pöders* Gwald.
Volksbr. u. Volksgl.: *Früher würn dei Påden von dei Hewamm inlådt, in niegere Tiet måken dat dei Öllern von dat Kind* Fra/Bn. Die Auswahl der Paten geschah sorgfältig, denn: *So as dei Påden, so ward dat Kind* Gri/Mi. Weil das Kind *nåh denn iersten Påden oort', dei in't Hus kümmt, dorüm möten dei Påden togliek in't Hus kåmen* Gri/Mi, ähnl. verbr. Ein junges Mädchen sollte zuerst bei einem Jungen, ein junger Mann bei einem Mädchen Pate stehen BLFPVK 9,73. Wurden mehrere Taufpaten gewählt, mußten darunter beide Geschlechter vertreten sein, besonders vielversprechend sollten Brautleute sein URQ 94. Bei älteren Paten jedoch befürchtete man, daß das Kind bei seiner Heirat schon alt sein würde BLFPVK 3,122. Grundsätzlich gilt: *Paut stoha schå' ma' nich afschlåa* Saa/Ja. Aber: *Wenn 'ne Fru in anner Umstänn' is, dörf sei kein Påt ståhn, süss starft ein von dei Kinner* Gri/Mi, ähnl. verstr. Nach der Taufe *drächt dei jüngst Påt dat Kind nåh Hus* Fra/Br. *Dei Påden stäken unner dat Küssen Geld, denn ward dat Geld nich all* Fra/Pe.

Påt[2] f. Pflanzensteckling, Reis selt. *Kannst mi woll por Påten von dien Himbeern gäben?* Gwd/Da. Vgl. MWB 5,332, påten und Wiedenpåt.

patelieren sw. patrouillieren, auf- und abgehen verbr. *Hei hett denn ganzen Åbend vör ehr Finster patrulliert* Gwd/Ba. Vgl. Patrulch.
Lautvar.: *padde(r)lieren* vereinz. VPom, Sch/Ac, *patrelieren* Gri/Mi,Ti, Gwald, *parrelieren* Gwd/Ze, Gri/Mi, *patrulieren* vereinz. VPom, Pyr/Lt,Wa,Wi, Sch/Pu, *patrolieren* Gri/Ti, Nau/Fg,Rh, Reg/Me, Dra/Ka, Neu/Th.

Päten- s. Påden-.

påten sw. **1.** pfropfen, veredeln (von Bäumen, Sträuchern) vereinz. Zu seltenen Lautformen s. DWA 14, Kt.

10. Vgl. enken[2]. – **2.** *paute* Gbg/Vi, stutzen, beschneiden selt.

patent Adj., *petent* Gri/Ti, *pitent* Gwald, *petint* Ank/An, Stett. **1.** handwerklich geschickt, umsichtig vereinz. *Hei is'n patenten Kierl* Rüg/Ae. Von einem gewandten Redner: *Du mööst dei Såk klor måken, du kannst doch so pitent räden* Gri/Gm. Auch: praktisch, brauchbar (von Gegenständen u. Geräten) selt. *Dat Ding is mål patent inricht't* Gwd/Ba. *Dat sünn schöne Schauh, œwe nich 'n bäten patent* Gri/Mi. – **2.** vorsichtig verstr. VPom, sonst selt. *Hei fött ehr so patent an* Dem/De.

Påter m., *Paute* Dra/Dr,Wi, Neu/Pn, katholischer Pfarrer vereinz. – **påtern** sw. dumm reden verstr. *Sei påtert denn ganzen Dag* Fra/Zi. Vgl. pastern, preistern.

Patron[1] f. Patrone, Geschoßhülse vereinz. *Sei hebben dor 'ne lerrige Patron funnen* Rüg/Ae. – Ral., scherzh. von einem alten Impotenten: *Hei hett sien letzten Patronen verschåten* Gwd/Ba.

Patron[2] m. **1.** Schutzherr (einer Kirche) vereinz. *Dei Graf wier Patron von dei Kirch* Gwd/Ba. – **2.** unzuverlässiger, unglaubwürdiger Mensch verstr. VPom, Stett. *Dat's 'n utjekookten Patron* Ank/An.

Patrulch f., *Patrolch* vereinz. VPom, Pyr/Lt, Patrouille, Streife verstr. *Nu kumm, nu is Tiet, dei Patrulch is äben vörbi* Stral. Vgl. patelieren.

Patsch f. **1.** Pfütze, Schneematsch verbr. VPom. *Gåh ut dei Patsch rut!* Dem/Tp. *Up'e Straut is alles ea Patsch u' ea Matsch* Dra/Dr. – **2.** mißliche Lage verbr. In der Vbdg.: *in'e Patsch sitten* in Bedrängnis sein verbr. VPom, sonst selt. – **3.** Dim. *Patsch(e)ke* Dra/Bu,Rt, Stolp, Sto/Gl, (Kinder-)Hand verbr. *Hest du aber kolle Patschen* Uec/Pa. *Giff mi dien Patsch, lütt Diern!* Ank/An. – **Patschbein** n. Plattfuß vereinz. – **patschen** sw. durch Schlamm, Wasser stapfen verbr. *Patsch nich so väl in't Woter* Sch/Pu. Auch: unbeholfen (mit nackten Füßen) gehen vereinz. – **patsch(en)natt** Adj. bis auf die Haut durchnäßt selt.

Patschent m., *Putschent* [1]TIB 41, Patient verstr. *un so vel Patschenten hett Franz jo ok nich* [1]KAL 106.

Patscher m. ungeschickter, tapsender Mensch selt. – **Patschhand** f., kindspr., Hand verbr. *Giff mi mål dien Patschhand her!* Ank/Br.

Patt f. Aufschlag, Stoffklappe über einer Jackentasche verstr.

Patüffel f. **1.** Kartoffel. *Patüffle hinne(r)n Plaug legge* in die Pflugfurche legen Nau/Wa; *Patüffla uphålen* Reg/Rg. *De Patüffle sünd all verschloddet* zerkocht Nau/Fg. *Pantüffle u' Stipp* Gbg/Wo. – In verschiedenen Ra. und Sprw.: *Mål rin in de Pantüffel, mål rut ut de Pantüffel* unentschlossen, bald so, bald so Pyr/Lt. *De dümmsten Buern hebben de dicksten Pantüffel* Pyr/Lt. *Wenn du nich wierst un de klein Patüffel, denn müßten de Schwien bloß de dicken fräten!* wenn es dich nicht gäbe! Ran/Ro, ähnl. verstr. Iron.: *tauväl frisch Patüffel jeta* [gegessen] *hewwa* schwanger sein Reg/Rg. Verhüllend: *Dei bekiekt de Patüffle ball vo' unne* stirbt bald Gbg/Gp. Derb: *Pantüffel afgeeten* Wasser lassen Pyr/Lt. → Tüffel. – **2.** übertr., Taschenuhr vereinz. *Na, dien Patüffel jeht uk nåh de Bottermelk* Pyr/Wa.

Laut- u. Formvar.: *Pantüffel* verstr., *Patuffel* Starg, *Pantüfte* Gwd/Ba, Uec/Pa. Zu weiteren Einzelbelegen s. DWA 11, Kt.4. – Pl.: wie Sg., *-n*.

Patüffelaust f. Kartoffelernte Rüg/Bi, verstr. HPom. – **Patüffelback** f. Kartoffelpuffer (aus geriebenen Kartoffeln, Eiern, Mehl und Salz) vereinz. HPom. Vgl. Patüffelkauken, -pratsch. – **Patüffelbrot** n. Brot aus Mehl und Kartoffeln selt. ZPom. – **Patüffelfork** f. Kartoffelforke (mit kugeligen Enden an den Zinken) verstr. – **Patüffelhack** f. Hacke zur manuellen Kartoffelernte verstr. Ebenso: *Patüffelkrätzer* m. verstr. ZPom. – **Patüffelhåken** m. Hakenpflug zur Kartoffelernte vereinz. – **Patüffelhüper** m. Kartoffelhäufler (zum Anhäufeln der Kartoffeln auf dem Feld) vereinz. – **Patüffelkauken** m. in der Pfanne gebackener Kartoffelpuffer aus geriebenen rohen Kartoffeln, Eiern, Mehl und Salz verbr. Vgl. Patüffelback, -pratsch. – **Patüffelkeller** m. dunkler, kühler Keller zum Lagern der Kartoffeln verstr. HPom. – **Patüffelklapper** f. Kartoffelsortiergerät selt. ZPom. – **Patüffelklock** f., scherzh., 'Kartoffelglocke' die oberirdischen Früchte der Kartoffelblüte verstr. ZPom. – **Patüffelklut** m., zumeist Pl., Kartoffelkloß (aus gekochten Kartoffeln, Mehl, Eiern, Salz und Muskatnuss) verbr. – **Patüffelkorf** m. Kartoffelkorb vereinz. – **Patüffelköst** f. kleines Fest nach dem Ende der Kartoffelernte Ran/Ro, Nau/Wa. – **Patüffelkrut** n. Kartoffelkraut verstr. Scherzh.: schlechter Tabak. *Wat rookst du fe Patüffelkrut*? Pyr/Wa. – **Patüffelland** n. zum Kartoffelanbau genutztes Feld selt. Beim Kartenspiel: *Alles mie Patüffelland!* die restlichen Stiche gehören mir! Reg/Kt, ähnl. vereinz. – **Patüffelmiet** f. Kartoffelmiete vereinz. – **Patüffelplaug** m. Pflug zum Pflanzen (auch Ernten) der Kartoffeln verstr. – **Patüffelpöll** f. Kartoffelpelle (von gekochten Kartoffeln) verstr. – **Patüffelpratsch** f. Kartoffelpuffer selt. ZPom. Vgl. Patüffelback, -kauken. – **Patüffelriefsel** n. 'Kartoffelreibsel' geriebene Kartoffeln vereinz. ZPom. – **Patüffelschell** f. Kartoffelschale verstr. HPom. – **Patüffelschlus'** f. dass. Saa/Ja, vereinz. ZPom. – **Patüffelsprit** m. Kartoffelschnaps vereinz. – **Patüffelsupp** f. Kartoffelsuppe verbr. Scherzvers über eintöniges Essen: *Patüffelsupp, Patüffelsupp, de janze Woch Patüffelsupp* Ank/An.

Patz f./m., Pl. *-en*, ungebrannter Lehmstein verstr. MPom ZPom, [1]HOLS 162. *De Patzen sind noch nich drög* Ran/Pe.

patzig Adj. wie hd. *Dei is ümme so patzig tau de Lür* Nau/De.

Rsyn.: *barboorsch, basch, birrbäätsch, borbietsch, bossig, gnatzig, kattenböstig, kattendreckig, katthorig, kattig.*

Pauf f., zumeist im Pl. *Paufen*, blasiges (eitriges) Geschwür verbr. VPom. *De hett dat ganze Gesicht vull Paufen un Pickel* Gwald. *Wenn ihr 'n Floh bitt, kricht sei glieks so 'ne Paufen as'n Groschen grot* Gwd/Ba. → Schwär.

Paufist m., erste Silbe betont, Pl. *-e*, PflN, Bovist verbr. *Denn Pofist könn wi nich äten* Gri/Mi. Volksmed.: *Pofis upleija, da steht't Blot still* Saa/Te. *Dat Brot is dei reine Pofist* aufgebläht und schwammig Gri/Mi. Übertr.: dicker, schwammiger Mensch ohne Kraft vereinz. Vgl. Bovist, Kauhfeist.

Lautvar.: *Paufies* Rüg/Nu, Fra/Ln, *Paufiest* verstr. ZPom, *Pauwist* Neu/Th, *Pofies(t)* vereinz. VPom, verstr. MPom, *Powis(t)* verstr. VPom, *Pofis(t)* Rüg/Ae, °Dra, *Bauwist* Rum/Tr.

paufistig Adj., erste Silbe betont, schwammig, weich verbr. *De Tüffel sünd pofiestig* Gri/Ge.

Laut- u. Formvar.: *pofiestig* vereinz. VPom, Ran/Ro, Ghg/Gr,Li, Saa/Ja, °Nau, Slo/Pa, Lau/Vi, *pofiest* Rüg/Zi, Ank/An, Ghg/Gr, *paufiest* Nau/Db, *pufiestig* Kol/Go,Kö.

paugen sw., *paujen* HOEFAMSC 155[b], *pauen* verstr., in weinerlichem Ton sprechen, jammern (bes. von Kindern) verbr. *Wat paugst du ümmertau!* Fra/Zi. Auch: miauen selt. *De Katt paugt* Rüg/Zi.

Pauhl m. Pfuhl, kleiner (Dorf-)Teich, Tümpel verbr. *In unsem Pauhl quake dei Pogge* Nau/De. *Dei Jung' is in'n Pauhl follen* Gri/Mi. *Dat süht ut, as wenn de Pohl in't Dörp utdrögen deit* Ran/Pe. Scherzh.: *de grote Pohl* Atlantischer Ozean Gwald. Auch: Pfütze verstr. *Up de Stråt ståhn groot Pöhla Wåter* Ran/Pe. *'n Pauhl Blaut stünn vör'e Husdör* Gwd/Ba. – Ral.: *De is tau Pohl gåhn* hat sich im Teich ertränkt Fra/Pe, ähnl. verbr.

Laut- u. Formvar.: *Pohl* verbr. VPom MPom, verstr. SPom ZPom, *Puhl* Stett, Saa/Ja, *Poah(r)* verstr. SPom, Arn/Ha, Net/Hf,Sl, *Pähul* vereinz. ZPom, *Poül* Gbg/Gu PRI/TEU 139. – Dim.: *Pöhlke* Ghg/Wt. – Pl.: *Pöhle, Päuhle.*

Pauk f. **1.** Pauke. Im Vergleich: *dick as 'ne Pauk* Sto/Pf. – Ral.: *up d' Pauk schlågen* angeben verbr.; *mit Pauken un Trumpeten* sehr, ganz stark verbr. *Hei rasselt dörch mit Pauken un Trumpeten* fällt mit sehr schlechter Note durch die Prüfung Gwd/Ba. – Sagw.: *Musik is en schwores Brot, säd de Lihrjung von dei Stadtmusik, don müßt hei dei Pauk un dei Notenbäuker drägen* HUMGWD 9,27,8. – **2.** übertr. – **2.1.** (dicker) Bauch verbr. *De hett sich d' Pauk vollschlae* Pyr/Wa. Bes. auch der runde, große Bauch der Schwangeren: *Sei löppt mit 'ne Pauk rüm* Gwd/Ba. *Lot di nich 'ne Pauk anhinge!* laß dich nicht schwängern! Lau/GW. – **2.2.** runder, steifer Hut, Melone vereinz.

Päuker m., veralt., Kosew., *Päuke* °Cam FRE 101, kleiner Junge verstr. VPom, sonst selt. *Mien lütt Päuker!* Rüg/Rp. – Zu schwed. *pojke* Junge.

Paul RN wie hd. Im Abzählr.: *Paul, Saul, Läpelstäl, miene Kinner fräten väl, fräten up'n Dag för'n Dåler Brot, nähm denn Knüppel un schlag s' all dot* Gwald. In verschiedenen Neckversen: *Paul satt up'm Stauhl, kåm dei Brut, reet hei ut* Sch/Wu, ähnl. verstr. Vgl. Pågel.

Lautvar.: (zumeist diminuierte Koseformen) *Päuling* verstr. VPom MPom, *Päule* verbr., *Päuler* verbr. VPom, Neu/We, *Pöler* Stral, Lau/Vl, *Päulerken* Ran/Pe, *Päulke* °Gbg, *Paulke* Sch/Pu.

Paulin RN, zweite Silbe betont, Pauline. Ausruf des Erstaunens: *Oh, oh, Paulinken, danzt du krumm!* Fla/Ta, ähnl. verstr.

Lautvar.: *Polin(e)* Ank/Br, Ran/Pe, °Ghg, verstr. HPom, *Pulin(e)* Pyr/Wa,Wi, Nau/Db, °Gbg, Kol/Go. Auch wie hd. *Pauline* verbr. – Dim.: *Paulin(e)ken* verbr.

Paulus RN der Apostel Paulus. *Hei geiht los as Paulus up de Korinther* er reagiert schnell und ohne Bedenken Gwald, ähnl. vereinz.

Paunåt f., TiN, Regenwurm verbr. °Cam, sonst selt., BLFPVK 4,29.

Lautvar.: *Paunas* Use/Zn, *Peinåt* Cam/Ca, *Paulnåt* Cam/Rn, *Paunaut* Gbg/Ka.

paupig Adj., *paufig* Dem/De, schadhaft verdickt (von Garn) vereinz.

pausern, päusern s. pösern.

pautschen sw., fischerspr., ziehend rudern mit zwei Riemen selt. VPom, [2]RUD 55. Vgl. MWB 5,274: *Päätsch, päätschen* und BBWB 3,540f.: *Pätsche, pätschen.*

Pedål n./f. Pedal, Fußhebel zum Übertragen einer Bewegung verbr. *Links möt 'ne nieg Pendål ran* Gwd/Ba. Übertr.: Fuß vereinz. *Mit so'ne dreckigen Pedåle jehst du in't Bedd? Schäm di wat!* Ank/An.

Lautvar.: *Perdål* vereinz. VPom, Ran/Ro (diese Var. volksetymologisch zu pedden treten; *perr dål!* tritt herunter!), *Perdaul* Kol/Go, *Pendål* Gwd/Ba, Pyr/Lt, Saa/Ja, °Rum [2]MIS 32, *Pendoul* °Büt [2]MIS 32.

Pedd f., fachspr., Trittbrett am Spinnrad selt., [4]ROSF 472.

pedden sw. treten. **1.** auf, in etwas treten. *Du mößt mi bi't Danzen nich up'e Tehnen perren* Gri/Mi. *Toerst warden wi woll Kluten pedden möten* RUT 106. *Nu mößt du mi düchdig pedden* mit den Füssen massierend den Rücken treten Gwald. – Ral.: *ein' up dei Föt / up'n Schlips pedden* jmd. beleidigen verbr. *Mäken, perr mi nich mank't Äten!* sei nicht so ungeschickt! Gwd/Ze, ähnl. vereinz. *Perr di man nich up'n Schlips!* hab dich nicht so! Ank/An. *Låt di man nich in'n Noo(r)s perre!* laß dir keinen Denkzettel verpassen! Nau/Fg. – **2.** Schritte machen, gehen verbr. *dörch denn Morrer pedden* Ran/Kr; *forsch pedde* Sto/Gl. *De pedd' jå œwer denn grote Unkel* geht mit dem Fuß nach innen Ank/An. Im Vergleich: *Hei peddet as 'ne Ent* geht mit kurzen Schritten Sto/Wd, ähnl. verstr. *De pedd't as de Padd in'n Måndschien* tut vornehm beim Gehen Ghg/Li, ähnl. verstr. – **3.** etwas (mit den Füßen) feststampfen, stapfen verstr. *Kummt ma' in't Fack, ji ware de Garwe gaut pedde* Sto/Gl. Auch: einen Weg bahnen (bes. zwischen Beeten) verstr. *Ik will de Stieg peern* Ank/An. – **4.** begatten (beim Geflügel) vereinz. *De Arpel müßt ball pedden* Ghg/Wt. – **5.** übertr., jmd. drängen, schikanieren verbr. *He sall jå nich glewe, wenn hei uns so pedde deit, dat wi döller arbeite* Rum/Ru. *Denn mutt ik noch pedde, da möckt hei dat jewiß* Bel/Lz. *Ik låt mi doch nich immer perren!* Use/Us.

Lautvar.: *perren* verbr. VPom ZPom, vereinz. MPom SPom NOPom, *padden* Fra/Kn,Ln, °Ghg, Lau/Ke,Vi, *perden* Dem/De,Kt, Ank/Br, *peeren* vereinz. VPom, Cam/Ca, Kol/Pr, °Reg.

Peddrad n., müllerspr., Tretrad mit Sprossen, mit dem der Mühlenkopf in den Wind gedreht wird Gri/Bn, Dem/Jr, [2]REH 148.

peden sw., refl., *pejen* Uec/Ge, Pyr/Wi, °Nau, Net/Hf,Sl, *pegen* Ran/Ro, Nau/Db, sich sträuben verstr. MPom HPom. *Ik weet nich, dat sich de Jong' so vör de Arbeit peejt* Uec/Ge. In der Fügung: *sich mit Hinn' o' Föt peje* sich übermäßig sträuben verstr.

Peel m., veralt., *Peil* HTKLGTP 7,27, JAHN/MEY 96f., [1]BOR 143, große Krone aus Edelmetall, Blumen und Perlen, die zum Brautschmuck gehörte verstr. HPom, *Peel* Kös/Ja, HOEFAMSC 246[b]. Vgl. Flidderpeel. – Mnd. *pêl* Haarband. – **peelen** sw. sich schmücken, eitel herausputzen Uec/Ro, Ran/Pe, Ghg/Wt, HOEFAMSC 346[a]. *De steiht bloß veme Speegel un peelt sich* Ghg/Wt.

Peen f. der Fluß Peene. *Dei Peen is all taufroren* Gwd/Ba. Veralt.: *œwer dei Peen gåhn* außer Landes gehen (da die Peene bis ins 19. Jh. Grenzfluß war) Gri/Bo. Scherzh., wenn etwas heruntergefallen, aber wieder auffindbar ist: *Dat is jå nich in'e Peen follen* Dem/De, ähnl. verstr. Entlang der Peene bis in die Kreise °Gri und °Gwd machte man Kindern weis, daß der Fluß die kleinen Kinder brächte, vgl. [6]KAI 144, Kt.1,16.

Pefjåskes f., meist Pl., Schabernack, Dummheiten, Witze vereinz. NOPom.

Peijatz s. Pojatz.

Peik f., *Peek* verstr., Pike. **1.** Lanze, Spieß verstr. Scherzh.: Gabel vereinz. – **2.** Spitze, Stachel verstr. *Ik möt 'ne nieg Peik an mienen Spazierstock hemm'* Gwd/Ba. *De Stachelbeerbusch hett grülich väl Peeken* Ran/Pe. Übertr.: Beleidigung verstr. MPom. *Dat is 'ne Peek, de hackt* Ran/Pe. – **3.** Stock mit Eisenspitze zum Vorantreiben eines Eisschlittens verbr. Vgl. Kosink, Peikschläden. – **4.** fischerspr., Fischkasten auf Fischereibooten verbr. vpom. Küste, [2]RUD 76. – **peiken** sw., *peeken* vereinz. VPom SPom, verbr. MPom. **1.** stechen, jmd. mit einem spitzen Gegenstand verletzen verstr. *Hei hett mi mi'm Metze peikt* Reg/Kt. *Pik mi nich mit dei Nådel!* Gri/Bo. Übertr.: jmd. mit spitzen Bemerkungen reizen verstr. *De peekt em so dörch de Blom* Ghg/Li. *Dat peekt mi!* Saa/Te. Auch: ein Tier mit einem Stich töten (beim Schlachten) selt. – **2.** etw. Spitzes in etwas hineinstechen verstr. *de Wurst mit de Stoppnådel peeken* (damit sie beim Kochen nicht platzt) Pyr/Dö. Auch: von einem Insekt durch einen Stich oder Biß verletzt werden vereinz. *Mi hett een Been peekt* Pyr/Lt. – **3.** übertr., auf der Haut Schmerz auslösen vereinz. *Dei Sünn peikt so* Nau/Fg. *De Wull peekt* Pyr/Lt. – **4.** einen Schlitten mit Hilfe eines Stocks mit Eisenspitze über das Eis fortbewegen verbr. *Dei Jung' peikt sick œwer dat Ies* Ank/An. – **5.** mit ausgestrecktem Finger auf jmd. zeigen selt. – **6.** gehen vereinz. VPom, sonst selt. *Dei Oll peikt œwern Acker* Gwd/Ba. – **Peikschläden** m. Eisschlitten, der mittels einer spitzen Stange fortbewegt wird verbr. *Dei Jung' sall tau Wihnachten 'n Peikschläden hemm'* Gwd/Ba.

Peil s. Peel.

peilen sw. **1.** seem., die Wassertiefe bestimmen vereinz. – **2.** ein Maß abschätzen verstr. *œwern Dumen peilen* grob bestimmen Uec/Pa. – **3.** gezielt schauen, den Blick auf etwas richten verstr. *Hei peilt um'e Eck* Uec/Pa.

Peis s. Päs.

Peit[1] n., veralt., Semmel, Weißbrot vereinz. Mönchg., ADL 159.

Peit[2] f., kindspr., Ente vereinz. ZPom, vgl. DWA 7, Kt.5. Dazu auch der Lockruf für die Ente: *peit, peit* Pyr/Lt, verstr. ZPom.

Peiter Peter. **1.** RN. Daneben auch als Kosew. für kleine Jungen verstr. *Komm eis her, mien lütten Peiter!* Gwd/Ba. *Us Peites* nannte man die Bewohner der Abtei Belbuck (wegen des dort häufigen Namens Peter) vereinz. ZPom, BLFPVK 3,153. – Scherzvers über die Windmühle: *Peirer heit hei, up'n Leihmbarg steiht hei* Fra/Pe. – **2.** in nominalen Fügungen: *höltern Peiter* Brotschieber Ghg/By; auch: Fensterkreuz Stral; *schwarter Peiter* Spielkarte im gleichnamigen Kartenspiel; *Peiter Krus* Bez. für den Maulwurf. Vgl. Krus u. MWB 4,713. – **3.** *Pieter* vereinz., Dim. *Pieting* selt. VPom, scherzh. Kosew. für Küken und Hühner vereinz. *Us Pietes sünn all upfloge* Nau/De. Auch: Lockruf für Hühner und Küken selt. – **4.** *Pieter* vereinz., kindspr., Penis vereinz. VPom MPom. Vgl. MWB 5,349, BBWB 3,619.

Laut- u. Formvar.: *Peire(r)* verbr. VPom, *Peite* verstr. ZPom, wie hd. *Peter* verbr. – Dim.: *Peiting* VPom, *Peiterke* POP 68, *Peterke* Ank/An, Gwald, BLFPVK 3,153.

Peiterzilch f., PflN. **1.** Petersilie. *An de Fischsoß mütt noch Peterzilj* Ran/Pe. *Hål mi kruus Petersilj tum Schönmåke üm d' Schöttle!* Reg/Kw; *injelecht Petersilj* gehackte, zur Konservierung gesalzene Petersilie Pyr/Wa. Scherzh., wenn ein Kind schmutzige Ohren hat: *Jung', in diene Ohre ka' man ja Petersillj seja!* Pyr/Wi. – Ral.: *Peterzilj plücken möten* beim Tanzen nicht aufgefordert werden Gwald, ähnl. verstr., ebenso: *Sei is mit ehr Peterzilj sitten bläben* Gwd/Ba, ähnl. verstr. Zu jmd., der übellaunig ist: *Di is woll de Petersilj verhågelt!* Rüg/Pu, ähnl. verbr. – Volksmed.: *jekokt Peterzillj jejen Kolik* Rum/Ru. *Peiterzilch is de best Woterdriewer* wirkt harntreibend Lau/GW. *Hett man grot Hitt in een Jeschwür, sall man jekåkt grön Peterzilch ruplejjen, dat treckt de Hitt rut* Uec/Ge. – **2.** *Will' Peiterzilch,* Hundspetersilie Fra/Fr.

Lautvar.: *Peireßill* Fra/Pe, Rüg/Sc, *Peirezilch, Peirezilj* Gri/Mi,Ti, Ank/Br, *Peiterßill* Gri/Ge, Ank/An 1MASS 29, *Peiterßilch, Peiterßillj* Fra/Zi, Rüg/Ae, *Peiterzill* verbr. VPom, sonst selt., *Peiterzillj* verbr. VPom, vereinz. ZPom NOPom, *Peiterzilk* PRIT/JES 36ª, *Peiterzielge* Sch/Pk, *Petersilj* Gwald HUMGWD 4,26,6, vereinz. HPom, HOM 1,199, HOMWB 145ª, HTKÖS 1928,17,8, *Petersill* Fra/La, *Petersilch* vereinz., *Petersielj* Use/Sw, Pyr/Wi, *Peterzill* selt. VPom, Pyr/Lt, *Peterzilj, Peterzilch* verstr. VPom MPom, sonst selt., *Peterzellje* Lau/Sl, *Persilj* Rum/Ze. – *Peiter-* tritt im gesamten pom. Sprachraum auf, *Peire-* nur in VPom, *Peter-* bes. in VPom und MPom, jedoch vereinz. auch in ZPom und NOPom, *Per-* nur in NOPom. Der Anlaut der dritten Silbe variiert im gesamten Sprachgebiet stark zwischen [ts] u. [z], nur in VPom kommt [s] vor, die graphische Umsetzung des Wortauslautes läßt Aussagen über die Phonetik desselben kaum zu.

Peiterziljenkönig m., scherzh., Gärtner vereinz. – **Peiterziljenkranz** m. Petersilienkranz vereinz. – Volksgl.: Einen Petersilienkranz bekamen Mädchen zum ersten Geburtstag, er sollte für eine spätere Heirat sorgen verstr. – **Peiterziljentee** m. Petersilientee (aus Wurzel oder Kraut) vereinz. – Volksmed.: *Peitesiljentee is gaut jeje schnierend Wote* bei Blasenentzündung Dra/La. – **Peiterziljenwörtel** f. Petersilienwurzel. *Du härst ruhig 'ne Peiterziljenwörtel mihr an't Äten måken künnt* Gwd/Ba.

Peiting f., fischerspr., *Peiding* RAS 67, kleine Öffnung am Ende der Zeese, die zur Reinigung des Netzes dient selt. vpom. Küste, RAS 86.

Pejieme Pl. Blechmarken beim Kartoffelnsammeln, nach deren Anzahl der Sammler bezahlt wurde vereinz. NOPom. Vgl. Pojienekiep, -korf und PRWB 4,256: *Pachine.* – Zur Etym. aus jidd. *pach* Blech vgl. ZFSL 31,1,118ff.

Pekesch f./m., zweite Silbe betont, *Bekesch* Gwald. **1.** blauer, auf der Unterseite angerauhter Wollstoff Fra/Zi, Gwald. – **2.** Jacke mit Schnüren Gri/Mi, Gwald. *Sei här sich 'ne hübsche Pekesch måkt* Gri/Mi. Vgl. Kepesch². Ebenso meckl., s. MWB 5,352. – **3.** auch mit betonter Erstsilbe, Bauch selt. *sik de Pekesch vullschlågen* Rüg/Pu. – Nach MWB 4,224 zu poln. *bekiesza.* – **pekeschen** Adj. aus angerauhtem Wollstoff bestehend vereinz. VPom. *bekeschen Tüg* Fra/Pr.

Pell(e)rin f., Endsilbe betont. **1.** Pelerine, ärmelloser Umhang verstr. – **2.** *Pelegrine* HOEFAMSC 347ᵇ, (großer) Pelzkragen selt.

Pellmichel m., scherzh., Abdecker °Ghg. – Zu Pöll.

Pelodoffke m., TiN, Marienkäfer vereinz. NOPom, ¹⁰WIN 116. → Sünnenkäwer.

Peltsch f., PflN, nur in der Vbdg. *Bunte Peltschen* Gemeine Kronwicke Ostpommern HOM 2,180.

Pelunschen Pl. alte, wertlose Sachen verstr. VPom ZPom. *Diene Pelunschen härst du man to Hus låten süllt!* Rüg/Pu.

Peluschke f., zumeist im Pl. *-n, -s.* **1.** PflN. – **1.1.** Ackererbse, die als Grünfutter oder Gründünger dient und deren Früchte als Kraftfutter verwendet werden vereinz. VPom, verbr. HPom. *Hest du uk Peluschken utseigt?* Gwd/Ba. – **1.2.** Saubohne Rüg/Zi, Gwald, Uec/Pa, Saa/Ja, Cam/Pr. – **2.** Gemengkorn aus Hafer und Erbsen Gbg/Sw. – Poln. *peluszka*, vgl. ²WIN 279, ³BIE 159.

Laut- u. Formvar.: *Pelusche* Dem/Kt, Gwd/Ze, verstr. HPom, *Poluschke* Gwald, *Polüüschen* Rüg/Zi, *Polüschen* Uec/Pa, vereinz. HPom, *Plüschke* Reg/Kt, *Pluschke* Sch/Go.

Pelz m., *Pilz* verstr. HPom, ²MIS 10, HOMWB 147ª. **1.** dicht behaarte Tierhaut und Kleidungsstück daraus. Für die nach der Schafschur noch komplett zusammenhängende Wolle: *Dat Schop hett 'n goden Pelz hatt* Ran/Pe. *Bi de Küll kü' ma' sich 'na Pilz a'trecka* Dra/Dr. *Alles, wat a beitke wat is, dröcht 'ne Pelz* Pyr/Wa. – Ral.: *ein' / sik 'ne Lus in'n Pelz setten* Unannehmlichkeiten heraufbeschwören verbr.; *ein' up'n Pelz rücken / sitten* jmd. sehr nahe kommen, bedrängen verstr.; *wat up'n Pelz kriegen* Prügel beziehen selt.; *kein' reinen Pelz hebben* ein schlechtes Gewissen haben Gri/Zf. *Wasch mi'n Pelz, œwer måk mi nich natt!* verbr. – **2.** Fettschicht am Körper selt. *Du hest di 'n schönen Pelz anäten* Ank/Br. – **3.** Pl. wie Sg., *-e*, Schürzkuchen, traditionell zu Silvester, Neujahr und Fastnacht gebacken verstr. MPom, bes. südl. des Stettiner Haffs. Vgl. ⁶KAI 83. *To Niejåhr jifft dat Pelz* Uec/Ue. – **4.** Haut auf gekochter Milch vereinz. Vgl. ⁴WIN 42f. – **Pelzbor** f. 'Pelzboa' Pelzbesatz am Kragen verstr. *De hett'n schier Pelzbor up'n Manta* Saa/Ja. Vgl. Bor². – **Pelzbuck** m. 'Pelzbock' vermummter, in Stroh gekleideter junger Mann, der zu Silvester mit anderen jungen Leuten durchs Dorf zog und an den Haustüren

Schmalzgebäck erbat vereinz. °Ank, °Uec, KLEIN 148, [2]BOR 181. – **Pelzer** m., veralt., Kürschner selt. VPom, HOEFAMSC 347[a]. – **Pelzkrågen** m. Pelzkragen, Pelzbesatz am Kragen von Kleidungsstücken Uec/Pa, Stolp, Lau/GW. Von einer Petze: *Dei will sich 'ne nieje Pilzkroje verdeine* Lau/GW. – **Pelzmåker** m. Kürschner vereinz. VPom, sonst selt. *Ik bring dat Fell tom Pelzmåker* Gri/Mi. – Sagw.: *Wi sehn uns werrer, secht de Voss to'n Wulf, un wenn nich ihrer, denn bi'n Pelzmåker* °Rüg. – **Pelznickel** m. furchteinflößende, in Pelz gekleidete Gestalt, die am Nikolaustag mit einer Rute und einem Sack voller Äpfel kam, um die artigen Kinder zu beschenken und die unartigen zu bestrafen Sch/Rg HTKLSCH 1930,4,59, [2]BOR 181. – **Pelzpudel** m. schirmlose Pelzmütze vereinz. Ebenso: *Pelzpudelmütz* f. vereinz.

Pendel n., *Pindel* Sto/Dö, Büt/Bt, wie hd.

penierlich Adj., *peneerlich* Ran/Ro, *penürlich* Ghg/Hi,Li. **1.** zart, feingliedrig (vom Körperbau) vereinz. *Dat penürlich Mäken sall nu uk all schwer arbeden* Ghg/Hi. – **2.** peinlich °Gwd, Ran/Ro, Ghg/Gr,Hi,Li. *Dat is mi doch to peneerlich, mit de Kööch* [Kühe] *nåh de Stadt to föhrn* Ghg/Gr.

Penkun ON (°Ran), zweite Silbe betont. Im Ortsspott: *In Penkun, in Penkun, do hängt de Hunge up'n Tun, in Gripenhågen, do hebb'n s' 'n in'n Mågen* BLFPVK 5,78, ähnl. verbr. VPom MPom, Cam/Rn, Sch/Rg.

Penn[1] f. **1.** das Innere des Eies, Eiklar und Eigelb ohne Schale selt. – Ral.: *Erst de Henn u' denn de Penn* Sto/Kr. – **2.** Rührei vereinz. ZPom NOPom. Vgl. Eierpann, Pennei.

Penn[2] f. Herberge, Unterkunft (zum Schlafen) vereinz. VPom, sonst selt.

Pennål n. runder Behälter aus Pappe oder Holz mit aufziehbarem Verschluß, um Griffel aufzubewahren verbr. *Jong', nu steck ma' dien Griffel in't Pinnål* Ran/Pe. Auch: Federkasten zur Aufbewahrung von Schreibutensilien verstr.

Lautvar.: *Pinnål* verstr., *Pinaua* Dra/Ga, *Pinaul* Gbg/Wo, Kol/Go, *Penaul* Gbg/Vi, *Pennaua* Neu/Hf,Sl.

Pennbrauder m. Landstreicher, Bettler verstr. VPom MPom, sonst selt. *Dei oll Pennbrauder keem alle halwe Johr* Gwd/Ba. Vgl. Penner. → Schnurrer.

Pennei n. Rührei (aus zerschlagenen Eiern) Rum/Tr, Sto/Dö, Lau/GW. Vgl. Eierpann, Penn[1].

pennen sw. **1.** schlafen verbr. *Ik heff 'n por Stunnen pennt un de Tiet verschlåpen* Rüg/Zi. *Wat pennt hei hüt lang* Gri/Go. – **2.** *pennern* Ank/An, betteln selt. – **Penner** m., *Pönner* Ghg/Hi, Landstreicher, Bettler verstr. VPom, sonst selt. Im Vergleich: *Du geihst as'n Penner* in unsauberer, abgerissener Kleidung Gwald. – Spottvers: *Penner, Penner, hest nüscht im Sack, hest uk nich för'n Gröschen Schnuftubak* Ghg/Li. Vgl. Pennbrauder. – Wie hd. Umgspr.

Pennimonni n., scherzh., Geld vereinz. *Mi is't Pinnimonni bannig knapp, ik möt hüt Åbend to hus blieben* Rüg/Zi. Vgl. Plentimonni.

Lautvar.: *Pennemonnie* Fra/Fr, Ank/An, *Pinnimonni* Rüg/Zi, *Pönnimönni* Stral, *Pienemonnie* Stett, Ran/Fr, *Ponemänni* Nau/De.

Penning m. Pfennig. *Dei Semmel kost' fief Pfennig* Nau/De. *Giff mi ma' 'n por Pennings, dei kene immer nich rutergewe* Sto/Gl. *Da geef ik keen Penning för ut* das ist wertlos Pyr/Lt. Auch allg.: Geld vereinz. *'n por Pennings* etwas Kleingeld Dem/De. *Dat geht in'e Pennings* Rüg/Lo. *Ik hebb nich eene Penning in't Hus* Pyr/Lt. *Ik bü' ni' mehr Pennings Herr* bin völlig verarmt Dra/Dr, ähnl. verstr. – Ral.: *ein' denn letzten Penning ut'e Tasch trecken* jmd. ausnutzen vereinz. *Di fählt woll 'n Penning an'e Mark!* du bist wohl verrückt! Saa/Zg, ähnl. verstr. Über Armut: *kein' roden Penning mihr hebben* Fra/Pe, ähnl. verstr. *Wer tom Penning schlåge is, kann kein Dåle ware* Rum/Tr, Sto/Ku. Über Sparsamkeit und Geiz: *Bäter 'n Penning in'e Tasch as gor keen Geld* Gwald. *Hei söcht eenen Penning un verbrennt fòòr 'n Gröschen Licht* HUMGWD 74,324f.,1; *up'n Penning sin* vereinz. *Dei måkt ut'n Penning 'n Dåler* Rüg/Pu. *Dei dreicht 'n Penning teigenmål üm, ihrder hei em utgifft* Gwald, ähnl. verstr. VPom MPom. *Teigen Pennings sünd uk 'n Gröschen* Gwald, ähnl. vereinz. *De breckt uk 'n Pennig entwei* Pyr/Wa. Aber: *He süht nich up'n Penning* ist großzügig Ank/An, ähnl. vereinz. – Sprw.: *Wer denn Penning nich ihrt, is denn Dåler nich wiert* Saa/Ja.

Lautvar.: *Pennink* Gwald, Gri/Go, verstr. HPom, *Pennig* Stral, Gri/Mi, Ank/An, Uec/Ge,Ja, Ghg/Gr, Nau/Db, Reg/Pl, Cam/Kn, Sto/Gl, LAUWB 266[a], *Pfennindch* Fla/Ta, *Fennindch* Slo/La, wie hd. *Pfennig, Fennig* Dra/Bu, verstr. ZPom. – Pl. *-s*, wie Sg. vereinz., *Pennen* Sto/Gd JOSTWB 70. – In Zss. Penning-, Pennings-.

Volksbr. u. -gl.: *Sult, Brot u' a Pennink ware i' 't Owaröhə lecht, ehre ma' i' an niej Wohnung treckt* Dra/Dr; *'na Pennink, de' ma' finna deet, mutt ma' uppebewohr'n, dat is a' Glückspenning* Dra/Bu. *Een' Penning möt ik in't Portmanee behollen, dormit mi nich de Hunn' anpissen* Stral.

Penningsammler m. SpottN für den Pastor Sch/Ac, Sto/Ku, Rum/Tr. → Paster. – **Penningsfuchser** m. kleinlicher Mensch, Geizhals verstr. – **Penningskrut** n., PflN, Hirtentäschelkraut Gwd/Ba, Pyr/Wa, Sch/Pk. – **Penningsrentjee** m., scherzh., alter Mensch, der von einer geringen Rente leben muß vereinz. Vgl. Dreipenningsrentjee. – **Penningsschieter** m., Schimpfw., Geizhalz vereinz.

Pensionarius m., veralt., Gutspächter Rüg/Pu, Uec/Ge.

Penunse f., vowiegend im Pl. **1.** Geld verbr. *Mi is de Pinonje all worden* Ghg/Wt. *Dei hett Pienundsche, nu leift hei jaut* Kol/Go. – **2.** Habseligkeiten, Gerümpel verbr. VPom, °Ghg, Lau/GW. *Wi smieten uns por Penunzen tausåm'* Fra/Bn. *Dei låden ehr Pernünsen up'n Wågen* Ank/An. – Zu poln. *pieniądze* Geld.

Lautvar.: *Pernunschen* verstr. VPom MPom, sonst selt., *Panuschen* selt., *Penunjen* selt. VPom, Stett, Pyr/Lt, Net/Hf,Sl, *Pernünsen* °Gwd, Ank/An, Pyr/Wa, Sto/Dö, *Pernünschen* Rüg/Zi, Dem/Tp, Gri/Mi, Gwald, *Penonze* Gri/Ti, °Ghg, Kol/Pr, *Pinonsche* Gri/Mi, Ran/Sr, Gbg/Lw, °Reg, *Pienundsche* °Kol, *Pinonje* Ghg/Wt, Cam/Kn, *Pinonse* Nau/Fg,Rh, Sch/Rg, *Pinunse* Uec/Pa, Saa/Ja, °Neu, Rum/Pr.

per- s. auch pro-.

perdang(s) Adv., zweite Silbe betont, *pedong* Sto/KP. **1.** geradezu, plötzlich vereinz. VPom, sonst selt. *Du haugst mi perdangs ut de Tüffel* Stral. – **2.** sofort selt. *Pedong kimmst du mi her!* Sto/KP.

pe(r)dauz s. pa(r)dauz.

perden s. pedden.

Perdoll m. Tolpatsch verstr. HPom, sonst selt. *Dat is a richtij ull Pedülle* Dra/Dr.

Laut- u. Formvar.: *Podöller* verstr. HPom, *Podoller* Uec/Pa,Ue, *Podüller* Dra/Bu,Wi, *Prodölle* °Saa, *Podeller* Nau/Wn, *Pedoll* Rum/Ru, *Pedülle* Dra/Dr, *Pedolch* Sto/Pf.

perdollen sw. (durch Ungeschicklichkeit) hineinfallen, hineinpurzeln vereinz. VPom. *As ik in'n Düüstern œwer de Brügg güng, snuwwelte ik un wier binåh in't Wåter perdollt* Rüg/Dm.

perdollsch Adj. **1.** ungeschickt, tolpatschig, dumm verbr. *un weil hei dei Sak so perdollsch anstellt hadd* NIB 76. *Hei kricht ehr so padollsch tau fåten* Gri/Ge. *Disse Bengel weet gor nich, wur he mit siene langen Beenen hen sall, de is to perdollsch* Rüg/Dm. Auch: grob, derb selt. *perdollsch upperren* Rüg/Zi. – **2.** närrisch, verrückt verstr. Scherzh.: *Ne, seggt Bur Voss to sine Olsch, uns' Aben is nu rein perdolsch, dat Luder will gar nich mihr trecken, dat rokt hier rein jo to'n breken* HUMGWD 2,45,7. – **3.** eingebildet, arrogant selt. VPom, HOEFAMSC 346b. *de Leiw is nümme sündlich, nich stolz un nich perdål* 4GIL 130.

Laut – u. Formvar.: *perdöllsch* °Dem, *perdålsch* Rüg/Pu, Dem/De, *padöllsch* Ank/An, *padollsch* Gri/Ge, Cam/Ca, Rum/Tr, Lau/GW, *pedollsch* Rüg/Dm, Gbg/Gp, Stolp, *pedüllsch* Dem/De, Dra/Dr, PFA 5, *pedöllsch* Nau/Fg,Rh, *podollsch* Sch/Sd, *podöllrig* °Ghg, Nau/Db, *prodöllrig* Ran/Pe, *prodüllrig* Pyr/Wi, *prodüllig* Pyr/Dö, *predöllrig* Pyr/Wi, *pedüllrig* Saa/Te, Rum/Pr, *pedollrig* Cam/Rn.

perdü indekl. Adj. verloren, futsch verstr. *Ik heff dat Geld verspäält, nu is dat perdü* Gwald. – Zu frz. *perdre* verlieren.

Perdün s. Pardün.

Perfesser s. Professer.

perfoss s. proforsch.

Perk s. Paddick.

Perlonkaffe m., scherzh., sehr dünner Bohnenkaffee Stral, Gwald. → Plurch.

permüffig Adj. muffig, dumpf vereinz. VPom, Saa/Ja, Dra/Ga. *In diene Stuf is eene permüffige Luft, du möst ees dat Finster upmåken* Rüg/Dm.

Permutt f., PflN, *Pergamutt* Ran/Pe, *Parmott* Ghg/Li, *Parmutt* Pyr/Lt, °Nau, *Perlmutt* Sto/Ku, Bergamotte (Birnensorte) verstr.

Permütt Nur in der Formel *mit Hütt un Permütt* mit allen Habseligkeiten selt. VPom. Vgl. Hütt.

pernass Adv. umsonst, ohne zu bezahlen verbr. *Hei süppt pernass* trinkt auf Kosten anderer Gwald. Vgl. Nassauer. – Zusammengezogen aus Präp. per und Adj. nass.

pernottig Adj. **1.** frech, trotzig, mißgelaunt verbr. VPom, sonst selt. *Hei antwurtet em ganz pernottig* Gri/Ge. → dreibastig. – **2.** großschnäuzig, eingebildet verbr. VPom, sonst selt. *Hei deit so pernottig* Gri/Ti.

Lautvar.: *pernoddig* Fra/Bn, *pernossig* Gwald, *pernotzig* verstr. VPom, *pe(r)nuttig* vereinz. VPom, *pernutzig* Dem/Lt, *panottig* Stral, *panottrig* Gbg/Gp, *pa(r)notzig* Ank/An, 2VOG 60.

Pernunschen s. Penunse.

perpaninten sw. schminken selt. *So väl Tiet heff ik nich, dat ik mi immer so väl perpaninten kann* Ghg/Hi.

Perpost s. Propoost.

perren s. pedden.

Persant f., zweite Silbe betont, *Pusant* Kol/Zw, *Posant* Neu/Gö, der Fluß Persante. *Na, kommt doch eis mit an't Persant, an'n Strom, an'n Hoafe* POP 63.

Persch m. Pfirsich Fra/Ln, Ank/An, 4GIL 42. – Mnd. *persik*.

perschwadieren sw. jmd. überreden Stral, Gwald, HUMGWD 10,24,10, 13,50,7. *hei mücht doch sinen Landsmann perschwadieren, den verdreigten Plan uptaugäwen* HUMGWD 9,22,10. – Lat. *persuadere*.

Persenning s. Bresenning.

Person f. menschliches Individuum. *Ik för mien Person ...* Gwd/Ba. Häufig verächtlich: *Dat is so 'ne Person!* Gwd/Ba.

Perwiser s. Prowiser.

Perzent n., wie hd. *Prozent* verbr., Prozent. **1.** Hundertstel. *männigmal teigen oder gor twintig Perzent* NIB

90. – **2.** (Gewinn-)Anteil, Abschlag von etwas vereinz. *Wuväl Prozente sast du em gäben?* Gwd/Ba. Auf den Alkoholgehalt von Schnaps bezogen: *De Grog möt noch Prozente hewwe* Nau/Fg. *Dei hett sien Prozente weg* er ist betrunken Net/Sl.

Perzepter m., veralt., Präzeptor, Lehrer selt. VPom.

pesen sw., *päsen* verbr. MPom ZPom, schnell laufen, rennen verbr. *Ik bün so pääst un heff't doch nich meh(r) schafft* Nau/De. *Sei pesen up de Dörpstråt, dat't man so stööft* Rüg/Ae. → schesen.

Pest f. wie hd. Verwünschung: *Dat di dei Pest hål!* Gwd/Ba. Im Vergleich: *Dat stinkt as dei Pest* Dem/Tp. *Dat jeht wi de wille Pest* sehr schnell Uec/Ge. – Ral.: *sich dei Pest an'n Hals argern* verbr. VPom, sonst selt. – **Pestbom** m., PflN, Faulbaum Uec/Ge. – **Pestbul** f. eitriges Geschwür selt. → Schwär. – **Pestilenz** f., *Pestelenz* Lau/GW, ursprünglich Pest, allg. übertragen auf eine schwere Krankheit verbr. *De hett de Pestilenz* Ghg/Li. – Ral.: *sich dei Pestilenz argern* vereinz.; *ein' dei Pestilenz an'n Hals wünschen* vereinz. Vgl. Pest. – **Pestvågel** m., TiN, Seidenschwanz Stett. Im Volksgl. kündigt er Unglück, Krieg und Elend an WHtKlNau 1925,55.

Peter s. Peiter.

Peterjol s. Petroljum.

Petermännken n., *Petermänning* Gwd/Da. **1.** Zwerg (der mecklenburgischen Sagenwelt). – **2.** kleine Münze unterschiedlichen Wertes selt. VPom, HoefAMsc 348[a], BlfPVk 3,153, DähWb 348[a]. *Dei hett Petermännkes* ist reich Ank/An.

Peter-Paul m. Kalendertag Peter und Paul [29.6.]. – Bauernr.: *Peter-Paul starb'n denn Roggen de Wörteln af, denn riept he Dag un Nacht* Ran/Pe, ähnl. vereinz.

Peterwehrdi m. dicker, zu wärmender Winterkleidung verarbeiteter Stoff BlfPVk 3,153, vgl. MWb 5,366.

Peterzilch s. Peiterzilch.

Petitschon f. Petition, Eingabe Rüg/Ae: *Dor kann höchstens noch 'ne Petitschon an dei Regierung helpen.*

Petkuser m., PflN, Roggenart Fra/Gz, Sch/Ac, Rum/Tr. – Nach MWb 5,366 zum Ortsnamen Petkus im Fläming.

Petri m. Kalendertag des Heiligen Petrus [22.2.] verstr. VPom. An diesem Tag waren Pacht und Zinsen fällig: *Wenn de Buren to Petri nåh Stralsund führten, üm an de Stadtkass de Pacht to betåhlen, denn bröchten se, wenn se von dor torückkemen den Kiwitt mit,* d. h. es kündigte sich der Frühling an Rüg/Be, BlfPVk 5,75. Vgl. Petrus.

Petroljum n. Petroleum. *Du möst noch Peterol in'e Lamp geiten!* Dem/Tp. *Hål me' 'ne halwe Lite Pitrich!* Büt/Bt. Volksmed.: *Frostbülen warn mit Petroljum inräben* Gwald. Es wurde auch gegen Holzwürmer eingesetzt: *Dei Fäut von't Kleederschapp mit Petroljum inschmeern höllt denn Holtworm up* Dem/De.

Laut- u. Formvar.: *Petrol* Fra/Br, Ank/Br,Km, *Peterol* Dem/Kt,Tp, *Peterjol* Stral, Lucia 211, *Peterleum* (dritte Silbe betont) Gwald, Sch/Gu, *Piteoleum* Fra/Br, *Piteol* Dem/De, *Piterolium* Gwald HuMGwd 7,8,10, *Pitroleum* Ank/An HuMGwd 9,17,8, *Pitroljum* DKr/La, Sto/Gl, *Pitrich* Neu/Th, Büt/Bt, wie hd. *Petroleum* verstr. Verballhornt: *Peter Jochen* vereinz. VPom; *Peter Lehmann* vereinz.

Petroljumsmaschin f. mit Petroleum betriebener Kocher Gwald: *Sett de Arften man up'e Petroljumsmaschin, denn kåken se ümmer äben weg un brennen nich an.*

Petrus RN. **1.** Apostel Petrus. *Du sühst ut, as wenn du Petrus verråre* [verraten] *hest* traurig, mißmutig Kol/Go, ähnl. vereinz. VPom. Im Volksgl. gilt er als Himmelspförtner, der die Schlüssel zum Himmelreich bewahrt: *Hei fohrt nu af to Petrusse* stirbt bald und fährt in den Himmel auf Sto/Gl. Er gilt auch als Verantwortlicher für das Wetter, was sich in zahlreichen (scherzh.) Redensarten niederschlägt. Bei starkem Regen: *Petrus gütt mit de Tunne* Sch/Pk. Bei Gewitter, wenn es blitzt: *Petrus kricht keie Fier an* Büt/Bt. Bei Gewitterdonner: *Petrus schüfft Kägel* Gwald, ähnl. verbr. *Petrus löppt up höltern Tüffel* HuMGwd 75,243f.,2. *Petrus hett sien drollig fief Minute un rüümt up, dat't immer so bullert* Cam/Rn, ähnl. vereinz. *Petrus karrt Steener* Kös/Sr. Bei schlechtem Wetter: *Petrus is verreist und sien Jongers måken, wat s' willen!* Pyr/Lt, ähnl. vereinz. – **2.** der nach dem biblischen Petrus benannte Kalendertag [22.2.] selt. – Wetterr.: *So as Petrus un Matthias* [24.2.] *dat Wäder is, so bliwwt dat viertig Dag gewiß* HuMGwd 9,6,2. Vgl. Petri.

petünt Adj., *pitünten* Ank/An, *potüntrig* Ghg/Li, Cam/Rn, vorsichtig, bedächtig vereinz. *Sei geiht so pitünten* Ank/An. *Dat müsst du ganz petünt anfåten* Uec/Ue. – Entstellt aus patent.

Petzbrauder m. 'Petzbruder' Verräter Fra/Pr, Dra/Bu. – **petzen** sw. das Verhalten anderer verraten, jmd. anschwärzen verstr. *Of de wo' petzt hett?* Dra/Bu. *Du möst nich ümmer petzen* Gwd/Ba. – **Petzer** m. wie hd. *Du büst 'n ollen Petzer* Gwd/Ba. Im Spottvers (während des Aufsagens wird von den Kindern mit dem Finger auf der vermeintlichen Petzer gezeigt): *Petzer, Petzer, jing to Markt, wull för'n Sechser Käsequark, Käsequark were em to dür, Petzer, Petzer har Malür* Uec/Ge, ähnl. verstr. *Petzer, Petzer, ging in'n Låden, wull för'n Sechser Käse haben, Sechserkäs, denn gifft dat nich, Petzer, Petzer argert sich* Gwd/Ze, ähnl. vereinz.

pew(e)rig Adj. schwächlich, kränklich selt. *Ik was as Lütt man 'n pewrig Kind* Rüg/Ae. Vgl. MWB 5,368.

pfiffig Adj., *fiffig* verstr., schlau, listig verbr. *De hett eene fiffije Kopp* Saa/Ja. *Dat's 'n pfiffigen Hund* ein listiger Mensch Net/Sl; *'n pfiffigen Döskopp* ein Schlauberger Ghg/Gr. Subst.: *Dat is'n ganz Fiffijer* Pyr/Wi. – **Pfiffkopp** m. pfiffiger Mensch verbr. *Dat is'n richtigen Pfiffkopp, de lett sich kein X vör't U måken* Ank/An.

Philipp RN, *Pilipp* Fla/Ta, Sto/Dö, wie hd. In der festen Vbdg.: *Vadder Philipp* Gefängnis verstr. *Hei sitt bi Varrer Philipp* Gwd/Ba. – Ral.: *Du büst mi 'n schön' Philipp!* auf dich kann man sich gar nicht verlassen! Net/Sl, ähnl. vereinz.

Philister m., Schimpfw., hinterhältiger, durchtriebener Mensch verbr. *De Philister hett ümmer fromm Sprüch bihand, åwer he is e' ganz falscher Fuffziger* Saa/Ja. – **philist(e)rig** Adj., *filistig* Pyr/Lt, *felistrig* Dra/Da, hinterlistig, unaufrichtig verstr. *He hett filistrije Oje as a Voss* Pyr/Wa. – **philistern** sw. **1.** spionieren, heimlich herauszufinden suchen selt. – **2.** schmeicheln Gri/Go, Gwald. *Wat hei doch filistern kann* Gwald.

piche sw. pochen selt. HPom.

Pichel m. **1.** Lätzchen für Kleinkinder verbr. *Nu binn ik di noch fix denn Pichel üm* Ank/An. *Dei Pichel is ganz natt sabbelt* Gri/Mi. – **2.** scherzh., Chemisett Ank/An, Uec/Pa, Gbg/Gp.
Lautvar.: *Püchel* verstr. ZPom, °Dra, *Püggel* Nau/De, *Pöchel* Gbg/Gp, *Piechel* Sch/Rg.

Pichelbrauder m. Saufkumpan Gwd/Ba, Uec/Pa. *Dat is doch sien Pichelbrauder, mit denn süppt hei ümmer* Gwd/Ba. – **picheln** sw., *pecheln* HOEFAMSC 346[a], *pechle* Reg/Kt, *pigeln* [4]SEG 151, (viel) Alkohol trinken verbr. *Hei pichelt giern* Gwd/Ba. *Sei picheln ein' Buddel nåh're anner* Ank/Kr.

Pichelschört f. Schürze mit Brustlatz verbr.

Pick[1] n./m., *Peck* vereinz., *Pitsch* Neu/Rt [10]TEU 245, wie hd. *Pech* verbr., Pech. **1.** schwarze, mineralische Masse, die bei der Destillation von Steinkohlenteer und Erdöl entsteht. *Œber dat Werg mütt Pick, süss fuult dat* Uec/Ue. *Dei Arbeit jeiht em von Hinna as Pick* die Arbeit schafft nicht Kol/Pt. *Dat Land is de reine Peck* sehr schwerer, klebriger Boden Pyr/Lt. SpottN für den Schuster: *Meister Pick* Gri/Ti. – Ral.: In fester Vbdg.: *tausammenhollen as Pick un Schwäfel* unzertrennlich sein verbr.; *Pick an'n Noors / Stauhl hemm'* gutes Sitzfleisch haben, nicht aufbrechen wollen verbr.; *Pick an'e Finger hemm'* stehlen verbr. – **2.** klebriges Baumharz verstr. – **3.** Unglück, Mißerfolg. *He had bi't Spill verdeuwelt Pick* [1]WEN 106. *Wenn eener Pech hett, verliert he't Brot ut'n Büdel* Ghg/Wt, ähnl. verstr. Wortspiel: *De Schauste hett Pech, wenn e keia Pech hett* Reg/Rg. – Sagw.: *Pech, secht dei Bur, denn kreeg sien Fru Drillinge un sien Sœg ein Farken* Fra/Pe.

Pick[2] f. Spitzhacke vereinz. Vgl. Bick. – **Pickbusch** m., PflN. **1.** Wacholder Saa/Ae,Rv, nach DWA 2, Kt.81. Rsyn. s. Knirk. – **2.** Ahorn Saa/Ja. – **3.** *Pijjbusch* Schlehdorn Dra/Bu.

Pickdråht m. 'Pechdraht' mit Pech eingeriebenes Garn des Schusters verbr. Im Vergleich: *Dei Bindfåden höllt as Pickdråht* Gwd/Ba. Auch SpottN des Schusters verstr. Im Neckvers: *Schauster, Schauster, Pickdråht, güng woll up de Landstråt, Landstråt füng an to brenn'n, o, wur kunn de Schauster renn'n* Gri/Ge. – **Pickdråhthingst** m., SpottN, Schuster Rüg/Gr [3]SCHMF 84, Cam/He. Ebenso: *Pickdråhtklemmer* Gri/Ti, *Pickdråhttrecker* Ank/Br, Kol/Zw.

Pickel m., *Pückel* Ank/An, Pl. wie Sg., *-s*, wie hd. *De hett dat ganze Gesicht vull Pickel un Paufen* Rüg/Rm. *Wur hest du dien Pickels mit wegkrägen?* Gwd/Ba. – **Pickelbeer** f., PflN, Fleckbirne HOM 147[a]. – **Pickelgnatz** f./m. Krätze selt. – **pickelhart** Adj. steinhart (bes. vom Erdboden) vereinz. *De Bodden is pickelhart frora* Saa/Ja.

Pickelhiering m., scherzh., magerer, schmächtiger Mensch selt. Nach MWB 5,373f. wohl in Anlehnung an eine komödiantische Figur des mittelalterlichen Schauspiels. – Mnd. *pēkel-, pickelhêrinc.*

Pickelhuf f. Pickelhaube, Helm mit längerer Metallspitze selt. *Dei Soldåten drögen früher 'ne Pickelhuf* Gwd/Ba. Auch: SpottN für den Gendarmen selt. *De Pickelhuf kümmt!* Ank/An. → Schandarm.

Pickelstein m. mit der Spitzhacke abgeschlagenes (kleines) Steinstück. *Dor möten wi hen, un wenn't Pickelstein rägnet!* auf alle Fälle! Gri/Mi. *Dat hett wedder Pickelstein froren* sehr stark gefroren Gwald, ähnl. verbr. Übertr.: hartes, unreifes Obst vereinz. Vgl. Bick, Pick[2].
Lautvar.: *Pichel-* Fra/Pr, Dem/Tp, Ank/An, *Pitschel-* Slo/La, *Bickel-* Gwald, verstr. HPom, HOEFAMSC 40[a,b], *Bitjel-* Neu/Th.

pickelt Part.Adj. gesprenkelt, mit erhabenen Punkten versehen vereinz. Vgl. picklig.

picken[1] sw., *pickern* selt. VPom, Ran/Mö, Nau/Fg, Lau/GW. **1.** mit dem Schnabel (auf-)picken verstr. *De Häuhner picken dat Kuurn* Gwd/Ba. *Dei Vågel pickt an dei Finsterschief* Gwd/Ba. *Dat Küken hett pickt* beim Schlüpfen die Eierschale mit der Schnabelspitze aufgehackt Ran/Wl. Auch: im Essen stochern Nau/Fg. – **2.** mit einem spitzen Werkzeug bearbeiten, hacken vereinz. *Wi möten ierst denn Stein picken* den Mühlstein schärfen Gwd/Wo. Iron.: *Bi di hett't woll pickt!* du spinnst wohl! Ran/Ro, ähnl. vereinz.

picken² sw. **1.** etwas mit Pech versehen verstr. *de Pietsch / denn Fåden / dei Nöh* [Nähte] *picken* verstr. Übertr.: jmd. festhalten wollen: *Sei hett em an sich pickt* Lau/GW. – **2.** Harz absondern selt. *Dei Bom hett all pickt* Nau/Fg. – **pick(en)düüster** Adj. 'pechduster' stockfinster selt. *So gahn wi denn* [...] *in de pickdüstere Nacht* [4]SEG 170.

pickenfett Adj., *pieken-* Gri/Ti, Pyr/Wa, *pick-* Rum/Ru, Lau/GW, *picknig-* vereinz. ZPom NOPom, besonders fett verbr. *Uns Schwien is dit Johr pickfett* Rum/Ru.

Pickengel m. SpottN für den Schuster verstr. *Un Demokraten sünd disse Pickengels alltausam'* [1]TIB 72.

Pickenkopp m., *Pigga-* Saa/Ja, Schimpfw. für ein dickköpfiges Kind Ran/Pe, selt. HPom. *De Piggakopp verdarft uns dat Speel* Saa/Ja. – **pickenköppig** Adj. trotzig, eigensinnig (von Kindern) selt. MPom. *Oll Kröt, du bist jå all werra so pickenköppig* Ran/Pe.

pick(en)råbenschwart Adj. kohlrabenschwarz, stockdunkel verstr. *pickråbenschwarte Hor* Neu/Gc. *Dat wier pickenråbenschwarte Nacht, as wi tau Hus kemen* Rüg/Ae. – **pick(en)schwart** Adj., *picknig-* vereinz. ZPom NOPom, pechschwarz, stockdunkel verbr. *Dat Hor is so pickenschwart* Gwald. *Wat wist du noch buten? Dat is jå all pickenschwarte Nacht* Rüg/Ae. – **Pickfiester** m. SpottN für den Schuster verbr. – **Pickgråpen** m. Topf für Pech selt. Übertr.: runder, steifer, schwarzer Hut Fra/Bn, °Ran.

Pickhåmer m. Hammer mit einer Spitze zum Löcherschlagen Ran/Gl,Re.

Pickhingst m. SpottN für den Schuster und Sattler verbr. *Mien Stäwel sün bi'n Pickhingst* Gri/Mi. *De Peckhingst sitt up sien Schosterschemel* Ran/Pe. – **Pickhuf** f., veralt., Pechhaube, die auf den Kopf gesetzt wurde, um Ausschlag und Krätze zu bekämpfen selt. VPom, HOEFAMSC 349[b].

Pickiesen n. spitzes, eisernes Werkzeug zum Bearbeiten und Behauen von Steinen vereinz. VPom.

pickig Adj. **1.** voller Pech selt. – **2.** klebrig, verklebt vereinz. *De Wull is so pickig* Cam/Kn. – **Picklicht** n. 'Pechlicht' schlechte, stark rußende Kerze vereinz. Vorwiegend ral.: *För di gifft de Düwel keen Picklicht mihr* du bist nichts wert Gwald, ähnl. vereinz. Von einem Geizigen: *He günnt dem Düwel keen Picklicht* Stral, ähnl. verstr. Vgl. Kattenlicht.

picklig Adj., *pücklig* Gri/Mi, Dem/De,Tp. **1.** pustelig, voller eitriger Pickel vereinz. *Du süst jo so picklig ut* Gwd/Ba. – **2.** mit Knötchen versehen (von Stoff) verstr. *n' Mantel von pickligen Stoff* Gwald. – **3.** gesprenkelt (bes. von Eiern) selt.

Picklümmel m. SpottN für den Schuster HTKÖS 1931,7,12. – **Picknägelk(e)** f., PflN, Pechnelke HTKÖS 1929,12,9, HOM 2,147[a].

Pickpåhl m. 'Pechpfahl'. Bez. eines Kinderspiels (ein angespitzter Stock wird geworfen, so daß er in der Erde stecken bleibt, die anderen Mitspieler müssen ihre Stöcke werfen und versuchen, den ersten Stock aus der Erde zu entfernen) vereinz. *Pickpåhl spälen* Fra/Br.

Pickplåster n. stark klebendes Pflaster aus verschiedenen Bestandteilen (Wachs, Harz, wohl auch Pech), das etwa gegen Rheuma und Gicht auf betroffene Stellen gelegt wird verbr. *Måk di eie Pickplåste, dat is gaut jejen Rieten* Reg/Me. Von vorlauten Menschen: *Hei möt 'n Pickplåster up't Mul hemm'* Fra/Pe. Scherzh., wenn jmd. den rechten Zeitpunkt zum Aufbruch verpaßt: *De sitt as'n Pickplåster* Fra/Bn. – **Pickschauster** m. SpottN für den Schuster vereinz.

Pickvågel m. Pechvogel, Unglücksmensch verstr. *Hei is dei reinste Pickvågel, em hackt alls an* Gwd/Ba.

Pie f., selt. m., *Piegen* Fra/Pr, *Pije, Pige* DÄHWB 348[a]. **1.** kurzer Rock (u. a. Unterrock, Nachthemd, Arbeitsbekleidung) verstr. VPom. *Ehr kiekt 'n Piegen unner rut* Fra/Pr. – **2.** enganliegende, warme Jacke Gwald, Vgl. PRWB 4,466 *Pigge.*

Piek f., seem., Spitze des Bootes Stral, Gwald. Auch: der sich vorne u. hinten anschließende Innenraum Rüg/Sn, Gwald; obere Ecke des Gaffelsegels selt. vpom. Küste. *Hål dei Pik ein!* Gwd/Ba. Vgl. KLUF 614. – **Piekfall** n., seem., Tau zum Hissen des Gaffelsegels selt. vpom. Küste, [1]PEE 250,258.

piekfein Adj. sehr fein, nobel (von Kleidung, Manieren) verbr. *'n piekfein' Antog* Dem/Tp. *Hei hett sich piekfein måkt* Gwd/Ba. *De Diern süht piekfein ut* Ank/An.

Pieks m., *Picks* Neu/Lt, kleiner Eiterpickel verstr. VPom, sonst selt. *Sei hett dat ganze Gesicht vull Piekse* Gwd/Ba.

pieksch Adj. **1.** ärgerlich, gereizt Gri/Ge, Gwald, Ank/An, Uec/Ge. *Wat schåd't di, dat du hüt so pieksch büst?* Uec/Ge. – **2.** neidisch, gehässig Fra/Zi, Gwald, Stral, Ran/Pe. *Sei is pieksch up mi* Fra/Zi.

piel Adj. **1.** steil aufgerichtet, kerzengerade verbr. *piel in't Enn'* steilauf Fra/Ln. *De Rok stiecht piel in de Höcht* Uec/Pa. *De Blomen ståhn piel hoch* Stett. *Dei Fisch sprüng piel in de Luft* Gbg/Gp. *He geiht so piel as 'n Licht* Saa/Ja. – **2.** geradeaus, direkt verbr. *Untermann* [RN] *stört't darüm pil up em tau un kreg em in'n Kragen* [7]BAND 121. *Hei keek em piel in de Ogen* Rüg/Ae. Vgl. pielgråd.

Piel m., Pl. *-s*. **1.** Pfeil verstr. *Dei Jonges hewwe sich Piels ut Röie* [Rohr] *maukt* Gbg/Gp. Vgl. häufigeres Pieler[1]. – **2.** der in der Haut des Geflügels sitzende Federkiel vereinz. VPom, Lau/GW.

Piele f., Pl. wie Sg., *-s*, Kosew. für die Gans verstr. ZPom, NOPom. – Dim. bes. für Gössel: *Piel(e)ke* östl. ZPom NOPom. Zumeist verdoppelt auch als Lockruf für Gänse. – **Piel(e)gaus** f., Dim. *Pielegössing* °Rüg BLFPVK 8,117, *Pielgäuske* Sch/Pk, Rum/Br, Kosew. für die Gans selt.

pielen sw. aufrichten selt. MPom. *Dat Peerd pielt de Ohra* Pyr/Wi.

Pieler[1] m., Pl. wie Sg., *-s*. **1.** (gemauerter) Pfeiler, Säule verbr. *Verstäk achter de Pilers spelen* [2]VOG 23. *Hei rönnt mit'n Kopp vör'n Pieler* Gwd/Ba. *Hei steiht stur as so 'n Pieler* Dem/Tp. Übertr.: großes Stück (von der Wurst) verbr. VPom. *Hüt heff ik œwer 'n origen Pieler Wust krägen* Dem/Tp. – **2.** Pfeil (für Bogen oder Armbrust) verbr. *Dei Jungs måken sik Pielers förn Flitzbågen* Gwd/Ba. *De Pieler is goot spitz* Ran/Pe. *Wi scheiten mit Pielers nåh denn Vågel* Fra/Zi. – Ral.: *Einer schärpt dei Pielers un dei anner schütt sei af* einer heckt es aus, der andere führt es aus (und trägt allein die Konsequenzen) Gwald, ähnl. verbr. *Hei schütt siene Pieler ut* verteilt Spitzen Stral. Vgl. selteneres Piel. – **3.** kindspr., männliches Glied vereinz.

Pieler[2] f., Pl. *-s*, längliche, blaue Pflaume selt. VPom. Vgl. Gniepielers.

pielgråd Adj. 'pfeilgerade' **1.** kerzengerade verstr. *De sitt recht pieljeråd* Ran/Pe. – **2.** geradeaus, direkt Gwd/Ba: *Hei keem pielgråd up em los.* Vgl. piel. – **Piellock** n. Loch oben im Bienekorb, durch das der Befestigungsstab gesteckt wird Kol/Zw, °Lau. – **Pielstart** m., TiN, 'Pfeilschwanz' eine Wildentenart selt., BLFPVK 6,107.

Pien[1] f. Pein, Qual, Schmerz verbr. *Kannst du mi nich trösten in min Pin?* [2]BAND 9. *Måk dei Pien ein Enn'!* Gwd/Ba.

Pien[2] f. eingebildetes Mädchen Fra/Po. – Wahrscheinlich aus schwed. *piga*, vgl. FRE 102.

Pie-näs f., kindspr., schmutzige, ständig laufende Nase vereinz. *Schnuff di bloß dien Pienäs ut!* Ghg/Li.

pienigen sw., *pienje* Pyr/Wi, Reg/Kt, *pinnje* °Dra, Sto/Dö, *pinnge* Gbg/Gz, peinigen, quälen verstr. *Du pienigst eenen wedder bit up't Blaut* Gwald. *Mi pienigen dei Gedanken* Gwd/Ba. – **Pieniger** m., fischerspr., *Pienig* Use/Zm, *Piening* Gwd/La,Use/Zm, Leine, mit der das Fischernetz eingeholt wird selt. vpom. Küste, RAS 78f.

pienlich Adj. **1.** unangenehm, Verlegenheit hervorrufend verbr. *Dat wier ehr doch pienlich, as hei dat vertellen dee* Gwd/Ba. – **2.** gewissenhaft, genau selt. *Dei is in siene Arbeit sihr pienlich* Gri/Mi.

piensur Adj. leicht sauer (von Milch) selt.

piep Interj. lautm. für einen hohen, feinen (Tier-)Laut verbr. Auch: Lockruf für Küken vereinz. – Ral.: *He kann nich mehr piep seggen* ist völlig erschöpft Pyr/Lt. – Im Bastlösereim: *Piep, piep, piep, måk Flöte mi eia, di eia, annert Lür goar keia* Sto/Bu, ähnl. verbr.

Piep f., *Peip* Rum/Km [5]TITA 56, Dim. *Piepke* verbr. ZPom NOPom, Pfeife. **1.** kurze, einfache Flöte. *Dei Jungs hemm' sich Piepen måkt* Gwd/Ba. – Ral.: *Alls sall nåh sien Piep danzen* Rüg/Dm; *dei Piep in'n Sack hollen* zurückhaltend, kleinlaut sein vereinz. VPom. – Als Dim. vorwiegend im Bastlösereim: *Piepke, gerod mi, wenn du nich wißt, denn schlo ik di* Sto/Zr, ähnl. verbr. – **2.** Tabakspfeife verbr. *Stick di man ierst 'ne Piep an!* Gwd/Ba. Ausruf bei einer kniffligen Arbeit: *Dor geiht ein'n jå dei Piep bi ut!* Gwd/Ba. – Ral.: *Eist dei Piep in Brand un denn dei Oss ut'm Gråwe!* immer mit der Ruhe! Kol/Pt, ähnl. verstr. – Sagw.: *Man gaut, dei Piep is heil bläwen, säd de Buer, don was hei von'n Bœn follen* Gwald. – **3.** scherzh., Penis verstr. *Hei hett sien Piep verböögt* ist geschlechtskrank Gwd/Ba. – Gekürzt aus Piephåhn. – **4.** röhrenförmiger Gegenstand. – **4.1.** Tülle an Kannen selt. – **4.2.** Rüsche, Verzierung an Kleidern selt. *Mien Fru hett ehre Kleeder ganz vull Piepen* Rüg/Zi. Vgl. HWWB 228[a]. – **4.3.** Abfüllvorrichtung in der Mühle vereinz. – **4.4.** Garnspule [4]ROSF 492. – **Piep-ål** m., TiN, Quappe selt. HPom. Vgl. Ålquabb. – **Piep-ånt** f., TiN, Pfeifente vereinz. Syn. Nuurt-ånt.

piepe indekl. Adj. egal, gleichgültig verstr. VPom MPom. *Dat is mi allens piepe* Stett. – **piepegål** indekl. Adj. dass. verstr. Vgl. schnurzpiepegål.

piepen[1] sw., *peipe* Sch/Sd, Rum/Hl, pfeifen. **1.** mit gespitzten Lippen oder einem Instrument hohe Töne erzeugen, flöten verbr. *mit dei Wiereflöt* [Weidenflöte] *piepe* °Kös. *Der Kätel piept* Ank/An. – Ral.: *Bi di piept dat woll!* du bist wohl verrückt! Stett. *Dor piep ik up!* Ank/Br, ähnl. verstr. *Wenn hei piept, denn mötst du danze* Saa/Ja, ähnl. vereinz. *Dat is jå taum Piepen* das ist ja zum Lachen Dem/Tp. *Mäkens, de piepen, un Höhner, dei krägen, möt man gliek denn Hals ümdrägen* Ran/Kr. *Wenn man 'n Vogel fänge will, dann möt man vörher piepe* wenn man etwas erreichen will, muß man sich zuvor korrekt verhalten Nau/Db, ähnl. Ank/An. Auch: piepsen, feine, hohe Töne von sich geben verstr. *Dei lütten Vœgel piepen so schön* Gri/Go. – **2.** keuchend, fiepend atmen verstr. *Dat piept em so ut'e Bost* Ran/Ro. – Ral.: *up 't letzte Loch piepen* im Sterben liegen, auch:

wirtschaftlich am Ende sein verbr. – **3.** in der Fügung: *ein' piepen* Alkohol trinken verstr. *He hett orntlich eenen piept* Ghg/Gr.

piepen[2] Füllwort im Bastlösereim: *Piepen, piepen Pasterjåhn, låt denn Jung dei Fläut afgåhn, låt s' uk nich verdarwen, låt s' recht gaut warden* Dem/Tp, ähnl. verstr. Vgl. Bastiån u. MWB 5,428.

Piepenbrett n. Wandbrett, an dem Tabakspfeifen aufgehängt werden selt. *Varrer här sien langen Piepen all up't Piepenbrett tau ståhn* Gwd/Ba. – **Piepenbrink** m. Ulkname verstr. *Hein Piepenbrink* verstr. – **Piepenbuck** m. Pfeifengestell verstr. VPom. Übertr.: steifer Mensch vereinz. – **Piependanz** m. Nur im Tanzlied: *Piependanz, Rosenkranz* [...] [1]BIEL 88. – **Piependeckel** m. Verschluß des Tabakspfeifenkopfes. Als Ulkname *Krischån Piependeckel* verbr. Übertr.: flache Mütze selt. – **Piependisch** m. 'Pfeifentisch' Tisch mit kleinen Einkerbungen im Rand, in den lange Tabakspfeifen abgestellt werden selt. VPom. – **Piependreiger** m., SpottN, Drechsler selt. – **Piependuwock** m., PflN, Winterschachtelhalm selt. VPom MPom, Cam/Kn. Vgl. Duwock. – **Piepengedrief** n. 'Pfeifengetriebe' Tabakspfeife mit Rauchutensilien verstr. – **Piepengeschirr** n. dass. selt. – **Piepenhågen** ON (°Reg). Auch scherzh. für die Stadt Greifenhagen und als fiktiver ON. – Neckr. u. Kinderr. s. [2]DRO 147, HTKÖS 1932,10,4f. Vgl. Fläutenhågen. – **Piepenkasten** m. Kasten mit vielen Fächern zur Aufbewahrung von Spulen (beim Spinnen) Saa/Le, [4]ROSF 492f. – **Piepenknœsel** m. (kurze) Tabakspfeife vereinz. *Måk bloß dien' Piepenknœsel ut!* Fra/Br. – **Piepenkopp** m. **1.** Kopf der Tabakspfeife verbr. Übertr.: Kopf vereinz. Prügelandrohung: *Du krichst eis an'n Piepenkopp!* Gwd/Ba. – Tabakspfeifenköpfe aus Porzellan waren früher mit Bildschmuck verziert. Daher über einen Taugenichts: *Di up'n Piepenkopp, denn kannst vör Lachen nich roken!* Gwald, ähnl. verbr. – **2.** Schimpfw. für einen unzuverlässigen Menschen verbr. *De oll Piepakopp versteiht keen Arbeit* Saa/Ja. – **Piepenkorf** m. Körbchen für Garnspulen °Ghg, Nau/Db, [4]ROSF 509. – **Piepenmåker** m. Orgelbauer Stral. – **Piepenpurrer** m. Pfeifenreiniger (aus Holz oder Metall) verstr. VPom. – **Piepenrümer** m. dass. vereinz. MPom. – **Piepensaft** m. Gemisch aus Speichel und Rauchrückständen, das sich in der Tabakspfeife bildet selt. HPom. – **Piepenseiwer** m. dass. °Kol, Stolp. – **Piepenspaul** f. 'Pfeifenspule' Spule aus Rohr oder Papier zum Aufdrehen des Flachsfadens °Pyr. – **Piepenstengel** m. Schimpfw. für einen Nichtsnutz selt. – **Piepenstock** m. Pfeifenstock. **1.** dickes Holzbrett mit Bohrungen auf der Windlade zum Aufnehmen der Orgelpfeifen Stral. – **2.** PflN, Rohrkolben (bzw. der Stengel desselben) selt. – **Piepenstœker** m. Pfeifenreiniger (aus Holz oder Metall) Ran/Pe,Sr, Gbg/Gp. – **Pieper** m. **1.** Mensch oder Pferd mit pfeifenden Lungengeräuschen verstr. – **2.** unspez. Bez. für einen (Sing-)Vogel selt. *'n lütten Pieper hemm'* verrückt sein Gwald, Gri/Go. – **3.** TiN, Laus selt. Scherzh.: *Läwer Piepers in'n Kohl as gor kein Fleisch* Nau/Nn. – **Pieperjån** m. Nur im Bastlösereim: *Paster, Papen, Pieperjån, låt nich de Fleut taum Düwel gåhn!* Fra/Da, ähnl. vereinz. Vgl. Bastiån, piepen[2]. – **Piepgössel** n. piepsendes Gänsejunges vereinz. Übertr.: empfindlicher, ständig kränkelnder Mensch (bes. von Kindern) verbr. *Dat Piepgössel kann nicks verdrågen* Ank/An. *Hei is uk so'n Piepgössel, jede Krankheit hackt em an* Gwd/Ba. – **Piephack** f. entzündungsbedingte Schwellung an der Ferse des Pferdes verbr. Vgl. Håsenhack. – **Piephåhn** m., scherzh., Penis verbr. Scherzh., wenn die Hose offensteht: *Verküll di nich denn Piephåhn!* Gwd/Ba. – Ral.: *Wenn de Piephåhn steht, is de Verstand in'n Noors* Rüg/Dm. – **piepig** Adj. schwächlich, kränklich verbr. *Du büst dei letzt Tiet so piepig* Fra/Bn. Auch: klein, zart (vom Körperbau) vereinz. Vgl. pieprig, piepsig. – **Pieping** n., kindspr., Küken vereinz. VPom. *Dei lütten Piepings sünd drullig* Gri/Mi. – **pieplapott** indekl. Adj. piepegal Dra/Bu, Nau/Fg, °Büt. *Dat is mi pieplapott* Dra/Bu. – **pieplings** Adv. ununterbrochen heftig fließend verbr. *Dat Blaut stört em pieplings ut'e Näs* Rüg/Ae. *De Trånen lopen em pieplings de Backen dål* Fra/Ln. *Dat Wåter leep pieplings ut de Dackrönn* Rüg/Pu. – **Piepmatz** m., kindspr., kleiner (Sing-)Vogel verbr. Als Kosew. für kleine Kinder: *Mien lütt'n Piepmatz* Uec/Ue. – Ral.: *'n lütten Piepmatz hemm'* verrückt sein verbr. *Weck Lüd hemm' jo 'n lütten Piepmatz, œwer hei hett all 'n Årebor* Gwd/Ba. Vgl. Piepvågel. – **pieprig** Adj., *pipprig* selt. HPom, kränklich, schwächlich verstr. *Dat is uk man so'n pieprig Wäsen* Saa/Ja. Vgl. piepig, piepsig. – **Pieps** m. Nur in der Vbdg.: *'n Pieps hemm'* einen Vogel haben, nicht normal sein Fra/Pe, Stral, Gri/Go. – **Piepsack** m. Dudelsack selt. ZPom. – **piepsen** sw., *piepsla* Pyr/Wa. **1.** piepen, einen feinen, hohen Ton von sich geben (von Vögeln, Mäusen) verstr. *Dei Spatze piepse up de Stråt* Rum/Pr. Auch: (krankheitsbedingt) mit hoher, leiser Stimme sprechen selt. *Hei kann gråd noch piepsen* Gwd/Ba. Vgl. piepen. – **2.** kränkeln Dem/Tp, Ank/An. – **piepsig** Adj., *piepsrig* Dem/Tp, Uec/Pa, Neu/Th, Slo/Pa. **1.** piepsend, fein, hoch (von der Stimme) selt. *He hett so 'ne piepsige Stimm* Pyr/Lt. – **2.** schwächlich, kränklich verbr. *All sien Kinner sinn so piepsig* Saa/Ja. Vgl. piepig, pieprig. – **Piepvågel** m. Piepvogel. **1.** kindspr., Vogel vereinz. – Ral.: *'n Piepvågel hemm'* verrückt sein selt. Vgl. Piepmatz. – **2.** TiN, Brachvogel HOMWB 145^b.

Pier m., Pl. *-en.* **1.** TiN, (Regen-)Wurm Fra/Ln, [23]HOLS 132. Vgl. Pieratz. – **2.** übertr., kleiner, dünner Fisch (bes. Aal) Rüg/Lo. – Mnl. *pier.* – **Pieräsel** m.,

TiN, Regenwurm Pyr/Pl, Sto/Ku. Vgl. DWA 13, Kt.7 und Piermåd.

Pieratz m., selt. f., TiN, Regenwurm verbr. MPom ZPom SPom, sonst vereinz. *Dei Fischers säuken dei Pieråsen mit'e Latern* Gwd/Ba. *Stäk di 'ne frisch Pieratz up denn Angelhåken!* Dem/De. *Wenn't rägent hett, komme de Pieråse ut de Eed ruter un de Häuhner schlucke se ümmer so up* Saa/Le. Im Vergleich: *He is so dünn as'n Pierätz* Ran/Pe. – Ral.: *dei Pierätze bläken/blaffen hüren* besonders schlau sein verbr. Zu den Bez. des Regenwurms in den verschiedenen Dialektgebieten s. [6]TEU 361f. mit Kt.49. Übertr. auf dünne, längliche Gegenstände und Tiere (bes. Aale, Zöpfchen, Schnüre) verstr. Vgl. Spierätz.

Laut- u. Formvar.: *Pierätz* Ank/Km, verbr. MPom westl. ZPom, °Saa, °Dra, Rum/Ru, *Pierås* Gwd/Ba, °Pyr, °Dra, °Saa, westl. ZPom, *Pieras* Ank/Br, vereinz. HPom, *Pieritz* °Ghg, *Pierautz* °Gbg, °Cam, °Kös, Dra/Hu, Neu/Gü,Ki, *Pieraus* Dra/Ga, *Perauz* Slo/Ln, *Pirratsch* °Reg, Stolp, Lau/Fr, *Pieratsch* °Büt, Rum/Ru, *Pierutsch* Rum/Pr, *Peirotsch* Rum/Km [5]TITA 49, *Pirasch* HOMWB 147[a]. – Pl.: *-er*, *-en*. Zu weiteren Einzelbelegen vgl. DWA 13, Kt.7.

Pierd n. **1.** TiN. – **1.1.** Pferd. *ein fråmes Pierd* ruhiges Pferd Dem/Tp. *Dat Peerd is togfest* Ran/Pe. *Nu krieg man fix dei Pier vörn Wagen un hål 'n Dokter!* Rüg/Ae. In Vergleichen: *He schufft sich as'n Pierd, kümmt œwer nich vörwarts* Ank/An. *Du perrst dål as'n däänsch Pierd* Gwald. Übertr.: *Dat sünd schöne brune Pier* gutgebackene Brote Gri/Mi; *dat best Pierd im Stall* etwas besonders Gutes verbr. Scherzh.: *Up de Hochtiet weer 'n Pierd los* ging es sehr lustig zu Neu/Aa. *Ik will ees nåh de Pierd kieken* ich muß mal austreten Dem/De, ähnl. verstr. – Ral.: Menschliche Eigenschaften und Handlungen beschreibend: *Mi trecken keine teigen Pier dorhen* nichts wird mich bewegen, dorthin zu gehen Gwald, ähnl. verstr.; *de Peerde hinner'n Wagen spannen* alles falsch machen BLFPVK 9,148; ebenso: *dat Peerd bi'm Schwanz uptömen* Pyr/Lt. *Hei sitt up'm Peird u seikt doarnåh* sieht das Nächstliegende nicht °Stolp BLFPVK 7,171, ähnl. verbr. *Em sünd de Pierd dörchgåhn* er hat den Verstand verloren Dem/De. Ausruf: *Ümmer sachte mit de jungen Pier!* nicht vorschnell sein! verstr. Häufig mit veranschaulichenden Epitheta: *up't hoge Pierd sitten* stolz, hochmütig sein verbr.; *up't fule Pierd sitten/rieden* auf einem schlechten Weg sein, sich falsch entschieden haben verbr.; *ein' up't fule Pierd finnen* jmd. beim Lügen ertappen Gri/Mi, ähnl. vereinz. *Nu sitt hei up sien richtig Peerd* er ist ganz in seinem Element, mit seinem Lieblingsthema befaßt Reg/Pl, ähnl. verbr.; *mit ein' Pierd stählen kœnen* sich auf jmd. verlassen können verbr. Erwiderung, wenn jmd. ständig *Ik denk* sagt: *Dat Denken œwerlåt man dei Pier, dei hemm' 'n gröttern Kopp* verstr. Über Mißerfolge: *He hett uk dat Peerd för 'ne Zick vertuuscht* er hat ein schlechtes Geschäft gemacht Ran/Pe, ähnl. vereinz.; ebenso: *vom Pierd up'n Äsel kåmen* verstr. *Dei kümmt up keie hoch Peerd* er kommt in keine bessere Lage, kommt nicht zu Geld Kol/Go, ähnl. verbr. Über Pferde und Frauen: *Bim Pead o bi 'na Fru meute de Fäut i' Ordnung si* Dra/Da, ähnl. vereinz. *Dick Peer un dick Fruwes ziere denn Burhoff* Gbg/Tr. – Sprw.: *Dat Pierd, dat denn Håwer verdeint, kricht em nicht* es wird immer der Falsche belohnt verstr. *'n geschenkt Peerd kiekt man nicht in't Mul* Ran/Pe. *Ein gaut Pierd treckt tweimål* vereinz. VPom MPom. – Sagw.: *Lop du man, worüm büst du Pierd worden, secht Johann und haugt em vörn Moors* Ank/An. – **1.2.** Libelle selt. VPom, Sto/Kb, DWA 2, Kt.53f. – Gekürzt aus Wåterpierd. – **2.** PflN, nur in der Verbindung *Pierd un Wågen*. – **2.1.** Eisenhut verstr. VPom. – **2.2.** Löwenmaul °Rüg. – **3.** fachspr., Tau unterhalb einer Rah, auf dem die Seeleute beim Bedienen der Segel stehen Gwald, KLUF 601.

Lautvar.: *Pier* verbr. VPom, *Peerd* selt. VPom, verbr. MPom SPom ZPom, vereinz. NOPom, STRI 41, HOEFAMSC 346[a], PFA 34, [5]TITA 56,58,64, *Peer* verstr. MPom, verbr. ZPom, *Peed* Saa/Kc, verstr. ZPom, *Peied* Saa/Ja, Dra/Bu,La, Net/Be,Hf,Sl, DKr/Jg,La. – Pl.: *Pier, Pierde*; *Peer, Peerde, Peiro* Net/Be, *Pêhe* Kol/Zw BLFPVK 3,115, Net/Hf,Sl, DKr/La, vereinz. wie Sg.

Volksgl. u. Volksbr. zu 1.1.: Bestimmtes Verhalten der Pferde wurde als Todesankündigung gedeutet, z. B. das Scharren, auch die Blicke oder das Anhalten der Pferde des Leichenwagens vor einem bestimmten Haus. Auch galt: *Dröömt ma vo' Peere, so starft eie* Nau/De. Überall in Pommern war es Brauch, den Nutztieren, auch Pferden, im Stall den Tod des Halters anzuzeigen, indem man die Tiere berührte, weckte, z. T. auch sagte, daß ihr Herr gestorben sei. – Volksmed.: *We' a' Peerd schlimm Kolik harr, jeiwa s' em 'n Fleramus in* Dra/La, Bel/Pl. – Wetterr.: *Wenn de Peer morjens ni ut'm Stall willa, da jifft' no' am Dag Räjen* Pyr/Wa. – Kinderspiel: *Peerd spälen.* Zwei Kinder spielen mit einer Leine die Rollen von Pferd und Kutscher verstr. – Rä.: *Iesern Peerd mit flässern Schwanz?* = Nähnadel mit Faden Pyr/Lt. – Scherzfr.: *Worum kann dat Pierd keie Schnieder ware? = dat Pierd frett dat Fauder* Stral.

Pierdappel m. Pferdekot. *Dor licht een Hop Peeräppel* Ran/Pe. *Du sühst ut as'n utbleikt Peerappel* sehr blaß und elend Saa/Le. – Sagw.: *Door schwemmen wi Appels, säd de Pierdappel, doon schwümm hei mit 'n Gravensteiner dei Bäk längs* HUMGWD 74,170f.,4. – Volksmed.: Ein Sud aus aufgebrühten Pferdeäpfeln diente der Linderung von Frostbeulen Stral, Dem/Ge. – **Pierdbohn** f., PflN, Pferdebohne, Ackerbohne (Vicia faba) verbr. VPom, sonst verstr. *Dei Pierdbohnen wardn up'm Acker plant'* Gri/Mi. *Ik mag kein Pierbohnen äten* Gwd/Ba. – **Pierddistel** m./f., PflN. **1.** Nick-Distel (Carduus nutans) Gri/Mi, °Dem, Saa/Te, Neu/Lt, Rum/Ru, MARZELL 1,824. – **2.** allg. Bez. für verschiedene Arten der Gattung Distel (Cirsium), wie z. B. Acker-, Erd-, Speerdistel verstr., vgl. MARZELL 1,1007f. – **Pierddokter** m. Tierarzt verstr. VPom, Pyr/Lt,Wa,Wi. Auch iron.: grober, ungeschickter Arzt Gwd/Ba, Pyr/Wa. *Dat is jo dei reine Pierdokter!* Gwd/Ba. – **Pierdemmer** m. (Holz-)Eimer zum Tränken der Pferde verbr. Scherzh.: *He kann 'n Pierdemmer vull verdrågen* verträgt viel Alkohol Gwald, ähnl. verbr. – **Pierdfaut** m. Pferdefuß. **1.** Fuß des Pferdes. – Ral.: *Dor is ein Pierfaut bi* die Sache hat einen Haken Gri/Gr, ähnl. vereinz. Mit Bezug auf das Attribut des Teufels: *Dei mit'n Pierfaut* Teufel verstr. – **2.** verkrüppelter (menschlicher) Fuß, Klumpfuß verstr. – Im Sagw.: *Gott kickt dat Hart an, säd de Düwel, as ma up sinen Pirdfaut wiesen ded* HuMGwd 9,11,5. – **3.** verhüllende Bez. für den Teufel verstr. → Düwel. – **Pierdfiester** m. 'Pferdefurzer' Schimpfw. für den Pferdeknecht vereinz. HPom. – **Pierdfleig** f., TiN, Pferdefliege, Bremse Ran/Vl, HomWb 145[a]. Vgl. DWA 5, Kt.12. – **Pierdgeschirr** n. Pferdegeschirr am Wagen zum Einspannen des Zugpferdes vereinz. Scherzh. zu einem Faulenzer: *Di kleed' alles, bloß kein Peerjeschirr* Nau/Fg,Rh. – **Pierdhackels** n. kleingeschnittenes Stroh als Pferdefutter vereinz. – **Pierdhannel** m. Pferdehandel vereinz. *De hett bi'm Peerhannel veel Jild verdeent* Dra/Dr. – Ral.: *Friegen is keen Pirdhannel* HuMGwd 9,23,12. *Bi 'n Pierdhannel gelt keen Fründschaft* HuMGwd 75,201f.,3. – **Pierdhor** n. Pferdehaar. Übertr.: dichtes, störrisches Haar: *Dei hett Peerhor u'm Kopp* Dra/La. – **Pierdhark** f. 'Pferdeharke' Schleppharke aus Holz oder Eisen zum Zusammenharken von Heu und Getreide auf Wiese und Feld vereinz. VPom. Vgl. Hungerhark, Nåhhark. – **Pierdiel** m./f., TiN, Pferdeegel (Haemophis sanguisoga) vereinz. HPom. – **Pierdiesen** n. Hufeisen Ank/Km, Bel/Rn. *Pieriesen up'n Husdörsüll någeln sall uk Glück bringen* Ank/Km. – **Pierdjud** m., pejor., Pferdehändler vereinz. *Dei oll Pierju' wull mi 'ne oll Krack* [altes, schlechtes Pferd] *andreigen* Dem/De. – **Pierdkåmer** f. Schlafkammer im Pferdestall für Kutscher und Pferdeknechte Rüg/Ls, Saa/So, Gbg/Gp. – **Pierdknecht** m. Pferdeknecht verbr. Auch: SpottN für den Kavalleristen Ghg/Si. – **Pierdknieper** m., TiN, Mistkäfer Rüg/Be,Nu,Vt, Fra/Da,Fu, vgl. DWA 5, Kt.9. → Bussbunk. – **Pierdknüppel** scherzh. ON, wörtliche Übersetzung des ON Rostock (Ross-Stock) verbr. VPom. – **Pierdkohl** m., PflN, Gänsedistel verstr. – **Pierdkopp** m. Pferdekopf. – Volksgl. u. Volksbr.: Der Pferdekopf ist Symbol für Sattler und Pferdeschlächter °Ghg. *Peerdkopp an' Gäwel bringt Glück un Säjen* Saa/Ja, ähnl. verbr. Die auslaufenden Enden der Giebelbretter an den Rohrdächern werden häufig als Pferdeköpfe stilisiert, wobei in VPom die nach außen gewandten Köpfe überwiegen. – **Pierdkœtel** m. **1.** Pferdekot vereinz. VPom MPom. *Nimm man'n Besen un feg de Peerkœtel tosåm'* Ran/Pe. – **2.** TiN, Alpenstrandläufer °Rüg, Fra/Bf. – **Pierdkrœt** f., TiN, dicke, graubraune Kröte Rüg/Dm,Zi, °Ank, Ran/Ro, °Cam. – **Pierdkrüff** f. Futterraufe für Pferde verstr. Vgl. Pierdkumm. – **Pierdkrusmünt** f., PflN, wilde Pfefferminze Saa/Te. – **Pierdkumm** n. Futterraufe für Pferde verstr. HPom. Vgl. Pierdkrüff. – **Pierdmelk** f., auch: *Pierds-* vereinz., Pferdemilch verstr. Volksmed.: *Jejen Såmersprickle* [Sommersprossen] *mutt me sich mit Pierdsmelk wasche* Kol/Kr. – **Pierdmess** m. Pferdemist. *Unner dei Ier(d)beern möt Piermess* Gwd/Ba. Derb: *Em is de Kopp mit Peedmess utstoppt* er ist verrückt Ghg/Gr, ähnl. vereinz. – **Pierdmieg** f. Pferdeurin selt. *Mit Piermieg kannst nich jauchen, dei is tau scharp* Gwd/Ba. Auch iron.: schlechter Kaffee vereinz. VPom. Vgl. Pierdseich. – **Pierdmohrt** m./f. sagenhafte Spukgestalt, die Pferde ängstigt BlfPVk 2,177, [1]Haas 24. – **Pierdmünt** f., PflN, Bez. verschiedener Minzearten wie Acker-, Roß- und Bachminze verstr. – **Pierdräuf** f., PflN, Pferderübe, Mohrrübe verstr. *Nu gääft ma' de Föllen tum Håwer noch Peerdröben* Ran/Pe. – **Pierdsälen** Pl. Sielengeschirr, Brustblattgeschirr zum Anspannen der Pferde verbr. *Dei Piersälen sünn hüt ut Kunststoff* Gri/Mi. Vgl. Säl u. die Abb. in MWb 5,387f. – **Pierdschauster** m. SpottN für den Sattler verstr. – **Pierdschnick** f., TiN, 'Pferdeschnecke' schwarze (Nackt-)Schnecke verstr. – Volksgl.: *'ne Pierdschneck œwer dei Wratt krupen låten un sei denn unnern Stein leggen; wenn dei Schneck dot is, is dei Wratt weg* Gwd/Ze. – **Pierdschwanz** m. Pferdeschwanz. **1.** Schweifhaar des Pferdes. Scherzh.: *He kann ut'm Pierschwanz 'ne Harf måke* er ist überklug Lau/Gw. Im Vergleich: *Ick treck dä Tappe rute, do keim dat Beir rute as a Peieschwanz* Cam/La Hüp 179. – **2.** Haarfrisur aus einem dicht am Kopf gebundenen, offenen Zopf vereinz. *Se hett 'n dünn' Pierdschwanz* Stolp. – **3.** PflN, Ackerschachtelhalm verstr. HPom. – **Pierdschwing'** f. Futterkorb für Pferde Gbg/Gp, Kös/Sa, [10]Rosf 173. – **Pierdseich** f. Pferdeurin selt. Übertr.: schlechtes, dünnes Getränk (bes. Bier, Kaffee) selt. Vgl. Pierdmieg. – **Pierdsœg** f. Kinderspiel, bei dem ein Spielgerät mit einem Knüppel in ein Loch getrieben wird Gbg/Vi. → Kuhlsœg. – **Pierdspann** n. (Holz-)Eimer zum Tränken des Pferdes vereinz. – **Pierdstall** m. Pferdestall. *De Dör von'n Pierdstall ward mit Stroh afsett'* Ank/An. Scherzh.: *Måk dien Pierstall tau!* schließ deinen Hosenschlitz! Fra/Bn. Tanzvers: *Wat dat för'n lustig Läben is, wenn de Kauhstall dicht bi'n Pirdstall is!* HuMGwd 9,46,8. – **Pierdtähn** m. Pferdezahn. *Dei hett Peedtähne* große, vorstehende Schneidezähne Sch/Sl. – **Pierdtrapp** f. Trittspur eines Pferdes vereinz. – Volksgl.: *Rejewote ut 'ne Peertrapp is de best Medizin, wo dat Peerd gåha is, do jeht de Düwel ju ni* Dra/La, ähnl. Gwd/Bo. – **Pierdwörtel** f., PflN, 'Pferdewurzel'. **1.** Mohrrübe Rüg/Pu, Gri/Mi, Gwd/Ba. Vgl. Marzell 2,58f. – **2.** Pastinake Gwd/Ba, Use/Us.

pieren[1] sw. plagen, reizen vereinz. VPom, sonst selt. *Sei piert denn Bull* Sch/Rg. *Hei was bang, de Knecht künn em weglopen, wenn hei em mit disse Frag noch öfter pieren ded* HuMGwd 11,30,7. Auch refl.: sich schlagen vereinz. VPom. *Sei pierten sich öfter eis* Gri/Ti. Vgl. BBWB 2,617.

pieren² sw. geizen, sehr sparsam sein verstr. westl. ZPom. *Dei piert so bi'm Kåken* Cam/Kn, Reg/Pl. – Mnd. *pîren* in kleiner Menge zu sich nehmen. – **pierig** Adj. **1.** geizig verstr. ZPom. *Dei is so pierig, dat hei sich nich dei Botter up dat Brot günnt* Cam/Rn. – **2.** *pirrig* Fra/Bn,Pe, Nau/Fg, kümmerlich, schwächlich vereinz. *Dat Kuurn steiht pierig* Use/Us.

Piermåd f., TiN, Regenwurm verstr. VPom, Uec/Pa. Vgl. DWA 13, Kt.7. Übertr.: kleiner Aal Uec/Pa. Vgl. Pieräsel.

Pies f., *Bies* Nau/Fg,Rh, Gbg/Gp, Cam/Ku, *Piss* (Auslaut sth.) vereinz. HPom. **1.** zumeist Pl., dünne (geflochtene) Haarsträhne vereinz. *Dei ulle Biese hänge ei'm ümme in'e Ogne* Gbg/Gp. Übertr.: junger, dünner Aal vereinz. HPom. – **2.** mäkelnde Frau verstr.

piesacken sw. quälen, jmd. unaufhörlich zusetzen verbr. *Wo ick di [...] recht vel mit Geschichtenvertellen pisackt heww* ⁷BAND 146; *piesacken bet up't Blaut* Nau/Wn. *Dei Herr piesackt sien Lür, wo hei man kann* Dem/Tp. *Dei Bengel piesackt denn Hund* Ran/Sr.

Pies-ål m., TiN. **1.** dünner Aal selt. NOPom. – **2.** Neunauge Sto/Kr, ²KNO 71.

Piesch f. Urin Saa/Bu, Sto/Dö,Pf, HOMWB 145ᵇ. *de kull Piesch* Blasenentzündung Sto/Dö. Vgl. Piss. – **Pieschebläuming** n., *Pies-* verstr., kindspr., (wohlriechende) Blume verstr. – **pieschen** sw., kindspr., *pieschern* verbr., Wasser lassen. *Ik heff kein Tiet, ik mutt erst rasch eis piesche* Rum/Ru. → miegen. – **Pieschkachel** f., spött., kleines Mädchen, das einnäßt verbr. HPom. Scherzh., wenn ein weiteres Mädchen in einer Familie geboren wurde: *All wedder 'ne Pieschkachel!* Nau/Fg. Vgl. Pisskachel.

Piesel m. mäkliger Mensch Gwald, Pyr/Dö,Wi, Sch/Pu. – **pies(e)lig** Adj. **1.** kümmerlich, unterentwickelt vereinz. *De Kohlplanten sind ma' recht pieslig* Ran/Pe. Vgl. pies(e)rig, pissig¹. – **2.** wählerisch beim Essen Uec/Pa: *De Kleen is pieslig in't Äten.*

Pieselotten Pl. **1.** Geld vereinz. *'n por Pieselotten hemm' wi noch* Rüg/Be. – **2.** in der Vbdg. *Pieslotte måke* sich herausputzen Dra/La, Lau/GW.

piesen sw. mäkeln, nörgeln verstr. *De piest un pinselt œwer alles!* Ghg/Li. – **Piesepampel** m. sich durch sein Verhalten lächerlich machender, nichtsnutziger Mensch verstr. – **pies(e)rig** Adj., *piesig* vereinz., *piss(e)rig* vereinz. HPom. **1.** schwächlich, unterentwickelt verstr. *Dei Plante sin piesrig* Slo/Sl. *Dat Wåter löppt so pieserig* Rüg/Dm. Vgl. pies(e)lig, pissig¹. – **2.** mäkelig, wählerisch (bes. beim Essen) vereinz. – **Piesjån** m. Schimpfw. für einen geizigen, dickköpfigen Menschen selt. HPom. *Dat is so'n Piesjån, de gifft nüscht ut* Gbg/Ge.

piete Interj., lautm., *piere* vereinz. Im Vers (beim Abhalten kleiner Kinder): *Piete, piete, päuhling!* Gwald, ähnl. vereinz. Vgl. pietern. In der Form *piet-piet* Lockruf für Küken und Hühner verstr.

Pieter s. Peiter.

piet(e)rig s. püt(e)rig.

pietern sw., kindspr., Wasser lassen verstr. VPom. *Pieter di nich dei Bücks natt!* Fra/Br. Vgl. piete.

Pietsch f., *Pittsch* Reg/Nt, Sch/Sd, °Sto, Lau/GW. **1.** Peitsche. *De Schwiendriewers harn een grote Pietsch, dormit künn' se dull knallen* Ghg/Wt. Auch: Peitschenschnur vereinz. *Schasst ma' seihe, dat di nich de Pietsch üm dei Ohre flücht, wenn du ull Lüd tum Narre hüllst!* Nau/Lt. – Ral.: *Pietsch un Lien in'e Hand hemm'* das Sagen haben selt. HPom; *arbeiten / gåhn, as wenn einer mit de Pietsch hinner ein' is* eilig, getrieben arbeiten, gehen verbr.; *Pietschen rägnen* sehr stark regnen verstr. *Ehr is 'n Enn' von'e Pietsch afräten* sie mußte einen (wirtschaftlichen) Verlust hinnehmen Gwald, ähnl. verstr. *Pietsch un Metz sünd de Jungs ehr best* Gri/Ti, Cam/Bn. – **2.** übertr., lange, dünne Unkrautwurzel vereinz. *Dor sünd so väl Pietschen in'n Acker* Gri/Ti. – **3.** fachspr., Hilfsgerät zum Aufziehen der Kette am Webstuhl selt. HPom. Vgl. ⁴ROSF 504f. – **4.** scherzh., Penis vereinz. – Zss. s. Pietschen-. – **pietschen¹** sw. **1.** peitschen, mit einer Peitsche schlagen verstr. *Hei pietscht dei Hunn'n* Gwd/Ba. *De Kauh pietscht mi'm Schwanz* Kol/Wa. *De kann pietschen, dat't ma' so fläut't* Ran/Pe. – Volksmed.: *Wer de Jicht hett, mutt sich mit Nettle pietsche lote* Lau/GW. – **2.** angeln vereinz. – **3.** mit der Sense mähen verstr.

pietschen² sw. Nur in der Fügung: *ein' pietschen* Alkohol trinken verbr. *He hett orig eenen pietscht* Stett. → besupen. – Zu poln. *pić* trinken.

Pietschenkapp f. Kappe am Schmalende der Peitsche, in der die Peitschenschnur befestigt wird selt. – **Pietschenklapp** f., *-knapp* Saa/Da,Kl, Kol/Pt, geflochtene oder gedrehte dünne Schnur am Peitschenriemen, mit der man den Knall erzeugt verbr. VPom, sonst selt. – **Pietschenkrüsel** m. Kreisel, der mit einer Peitsche angetrieben wird Ghg/Li, Lau/GW. – **Pietschenkül** f. unteres dickes Ende des Peitschenstockes verstr. HPom, LAUWB 268ᵃ. – **Pietschenreimen** m. Peitschenriemen, lederne Peitschenschnur verstr. VPom. Übertr.: dünner, länglicher Fisch (bes. Aal) vereinz. VPom. – **Pietschenstäl** m. Peitschenstiel verbr. *Dei Pietschenstäl is* *tau kort* Gwd/Ba. – Ral.: *ein' mit 'n Pietschenstäl Måt nehmen* jmd. verprügeln vereinz. – **Pietschenstock** m. Peitschenstock verbr. *E' Pietschestock ut Knister* [Wacholder] *hüllt fo' all Daug* Gbg/Gp. – Ral.: *Dat is ganz wat Fiens vom Pietschenstock* das ist etwas ganz Besonderes Sch/Rg, ähnl. verbr. – **Pietschentasch** f. Futteral neben dem Kutschbock für die Peitsche selt.

Piez m., Pl. *-en*, *-es*, sehr kleiner, dünner Fisch (bes. Aal, Neunauge) verbr. Auch generalisierend: etwas Kleines, nicht normal Großes vereinz. Vgl. Piezko(r)n. – Slaw. Lehnwort, vgl. [11]WIN 290f.

Piezen Pl. Frauenbrüste verstr. *Hett dat Mäken awa 'n por Piezen!* Ran/Pe. Auch: Brustwarzen Ghg/Li, Sch/Ac. Vgl. BBWB 3,619.

piezig Adj. schwächlich, unterentwickelt vereinz. *Wat is dat bloß för'n piezig Küken* Ghg/Li. – **Piezko(r)n** m., *Piezker* vereinz. HPom, Pl. *-kö(r)n(er), Pitzkorn* DÄHWB 351[b]. **1.** TiN. – **1.1.** Schlammpeitzger verbr. – **1.2.** Neunauge °Nau. Vgl. Piez. – **2.** kleiner Fisch (bes. Aal) verbr. *Dei Piezkön jiff ma' de Katt!* Kol/Pr.

piff Interj. erster Bestandteil von lautm. *piff-paff* für einen Knall verstr. Zumeist in Abzählreimen: *Piff puff paff, du büst af* BLFPVK 7,173, ähnl. verstr.

pijacken sw. necken vereinz. *Du mötst mi nich so väl pijacken, dat ward mi œwer* Saa/Ja. – Wohl entstellt aus hd. pisacken.

Pijäcker(t) m. **1.** seemänn., kurze, warme Jacke verstr. Ebenso: *Pijack* vereinz. °Rüg. – **2.** kurzes Kindermäntelchen, Kinderjacke vereinz. – Nach MWB 5,402 zu engl. *peajacket*, nl. *pijjekker.*

Pijatz s. Pojatz.

Pik m. **1.** heimlicher Groll, Mißgunst verbr. In der Vbdg.: *ein' Pik up ein' hemm'* jmd. grollen verbr. *He hett 'n Piek up mi un ik weet nich, wat ik em dån heff* Rüg/Dm. – **2.** leichter Stups selt. *Pik up de Näs* Ran/Pe. – **3.** (zweithöchste) Farbe im Kartenspiel. – **Pik-as** n. nach unten spitzer Spaten in Form des Pikzeichens verstr. VPom, sonst selt.

Pikassine s. Bekassin.

Pikatsch m. Stachel, Horn °Lau. – Nd. *piken* mit slaw. Suffix, vgl. [10]WIN 108. – **Pikatschenbeer** f. Stachelbeere (Frucht) °Sto, zur Etym. vgl. [10]WIN 108. – **Pikatschenschwien** n., TiN. **1.** Igel °Sto, [10]WIN 108. – **2.** Stachelschwein Sto/Gl.

Pikbur m. Pikbube vereinz. – **Pikdåm** f. Pikdame im Kartenspiel vereinz. Auch: Schimpfw. für ein eingebildetes Mädchen Stolp. – **Pikdus** m. **1.** Pikas im Kartenspiel vereinz. – Ral.: *De ståhn sich beid Pickdus* liegen im Streit miteinander Ghg/Li. – **2.** nach unten spitzer Spaten in Form des Pikzeichens Rüg/Zi, Dra/Ga, Kol/Pt. Vgl. Pik-as.

piken sw. **1.** stechen, jmd. mit einem spitzen Gegenstand verletzen verstr. *mit dei Nådel pike* Stolp. Auch refl.: *Hei hett sich an'n Dråht pikt* Dem/Tp. – **2.** etw. Spitzes in etwas hineinstechen verstr. *Wost, Brot pika* Dra/Bu. Auch: von einem Insekt durch einen Stich oder Biß verletzt werden vereinz. *Dei Mück hett em pikt* Dem/Tp. – Sagw.: *Pik mi, secht dat Mäken, mien Vadder schlögt mi doch* Ank/An, ähnl. verstr. – **3.** impfen °Bel.

pikieren sw., fachspr., Leinwand auf Stoff nähen, ohne daß die Stiche sichtbar sind Gwald, Cam/Dv. Vgl. MWB 5,404.

Pikjung' m. Pikbube im Kartenspiel. *Du hest jo noch Pikjung', denn späl man ut* Dem/De. Vgl. Pikbur. – **Pikmadam** f. Pikdame im Kartenspiel Stral, GRO 31. – **Piksœben** f. die Sieben der Spielkartenfarbe Pik. Im Vergleich: *ståhn / sitten as Piksœben* dumm, tatenlos dastehen, -sitzen verbr.

Pilatus s. Pontius.

Pilk f., fischerspr., *Pill* Rüg/Gl, künstlicher Fisch mit (mehreren) Haken als Köder zum Dorschangeln °Rüg. – **pilken** sw., fischerspr., *pillen* vereinz. °Rüg, mit einer Reißangel Dorsche fangen °Rüg, [1]PEE 169.

Pill f. Arzneipille, Tablette verbr. *Vergät nich, dei Pillen intonähmen!* Gri/Mi; *ein' 'ne Pill to schlucken gäben* jmd. deutlich die Meinung sagen Rüg/Zi, ähnl. verbr. *Dat's 'ne bittre Pill* eine schlimme Sache Pyr/Lt.

Pillendreiger m. Pillendreher. **1.** SpottN, Apotheker verbr. *Dei Pillendreiger is nich billig* Gri/Mi. – **2.** TiN, Mistkäfer verstr. → Bussbunk.

Piller m., kindspr., *Pille* Gri/Mi, Nau/Fg, Gbg/Wo, männliches Glied verstr. – **pillern** sw., kindspr., Wasser lassen vereinz.

Pilz m., PflN, wie hd. *Dei meisten Lüd äten keine Pilze* Gwd/Ba. *De Pülschen sind all von't Schnecken angnabbt* Uec/Pa. Mahnend zu einem unsauberen Kind: *Di wåsse bol de Pilze hindere Ohre* Lau/Ke. – Volksgl.: *An schwangere Frug scha' kean Pilze in de Schört nehma, süsste kricht 't Klea* [Kleine] *Wörm* Saa/Le.

Lautvar.: *Pilt* Fra/Ln, Bel/Ar,Da, *Pilsch* verbr. SPom ZPom, *Pülsch* Pyr/Wi, Reg/Kt,Za, verstr. °Nau, Reg/Kt, Sch/Sk, *Pülz* Neu/Pn,Rd, *Pülsk* Net/Hf,Sl.

Pimpelfritz m. verweichlichter, kränklicher Mann verstr. Ebenso: *Pimpeljoochen* vereinz. – **pimp(e)lig** Adj., *pimperlig* selt. VPom, *pümplig* Pyr/Wa,Wi. empfindlich, zimperlich verbr. *Heff di ni so pimplig!* Gwald. *Dei Lütt is ümmer so pimplig* kränklich Gwd/Ba. – **Pimpelmeier** m. SpottN für ein zimperliches Kind °Rüg: *Oll*

Pimpelmeier! Son bäten Rägen slet di nich dot! – **Pimpelmeisk** f. '-meise' SpottN für einen zimperlichen Menschen Rüg/Ae, Ank/An, Ghg/Wt. – **pimpeln** sw. zimperlich sein vereinz. VPom, HOMWB 147[a]. – **Pimpelpus'** f. hochmütiges Mädchen selt.

Pimperling m., scherzh., kleine Geldmünze verstr. *De süll lewer siene Pimperlinge tohop hollen* Ank/An.

pimpern sw., *pümpern* Ank/Br, Ran/Pe,Ro, koitieren verstr. VPom MPom. *Du sühst jå so angräpen ut, hest woll dei ganze Nacht pimpert!* → fütern.

Pimpernell f., PflN, Bibernelle selt.

Pimpernœt f. Pfeffernuß Dem/De, Gwald, Saa/Ja, LUCIA 76. *Back uns man to Wihnachten 'n por Pimpernœt* Gwald.

Pimpkees m. länglicher Käse aus Quark mit Kümmel selt. VPom, Uec/Ge, Ghg/Li. Vgl. [4]WIN 241.

pimpmuusle sw., *pimpmuuschle* Lau/Vl, schmeicheln Lau/GW. *Kiek mol, wie de pimpmuuselt!* Lau/GW.

Pimp-Pamp m. Geschwätz, leeres Gerede vereinz. SPom ZPom.

Pinass f., seem., zweite Silbe betont, Pinasse, kleines Schiff mit Segeln und Rudern selt. VPom, KLUF 616.

Pingel[1] s. Püngel.

Pingel[2] f. (Haustür-)Klingel selt. VPom. – **pingeln** sw. klingeln selt. Auch: hämmern (wodurch metallischer Klang erzeugt wird) Saa/Ja, Kol/Pt. *Anfang un Enn' von 'e Arbeit ward mit pingeln an'e oll Plogschår angäwe* Saa/Ja.

Pingsné n., *Pengsné* vereinz., *Pintchsné* Slo/Sl, Pincenez, Kneifer verstr. *Unkel August drög ümmer 'n Pengsné an'n Bindfåden* Gwd/Ba. Vgl. Näsenklemmerl.

Pingstbier n. Pfingstbier. **1.** hist., traditionell zu Pfingsten gebrautes Bier selt. – **2.** (Dorf-)Festlichkeit zu Pfingsten mit Musik und Tanz vereinz. *Dor is Pingstbier in Båtelshågen* Fra/Br. – **Pingstblaum** f., PflN. **1.** Weiße Narzisse (Narcissus poeticus) Gwd/Ba, Pyr/Lt, Dra/Bu. – **2.** Wiesenschaumkraut Dem/De, Nau/Db. – **3.** Pfingstrose Gwd/Ba.

Pingstbom m. Pfingstbaum. Syn. Maibom.

Volksbr.: In der Nacht zu Pfingstsonnabend oder -sonntag wurde ein ca. 3 Meter hoher, mit Bändern, Kränzen und Kronen geschmückter Stamm einem gutsituierten Bauern auf das Grundstück gesetzt. Dieser hatte beim Abtanzen des Baumes für Getränke und um Mitternacht für Kaffee und Kuchen zu sorgen. Vom Baum herab hielt ein Mann eine Rede auf Baumherr und Baumfrau. Danach erfolgte ein Umzug durch das Dorf verstr. ZPom, vgl. [6]KAI 103f. mit Kt.5,10.

Pingstbücks f., scherzh., weiße, gute Hose selt. *Bi dit scheen Wedder kann ik mi dei Pingstbicks all antrecke* Lau/GW. – **Pingstdag** m. einer der Pfingstfeiertage vereinz. *Ein' Pingstdag führn wi weg* Gwd/Ba. – Bauernr.: *Is dat'n iersten Pingstdag gaut Wärer, kümmt dat Vörmattheu* [erster Grasschnitt] *gaut rin* Gri/Ti.

Pingstduf f. 'Pfingsttaube' Holztaube, die zum Pfingstfest hergestellt wurde.

Volksbr.: Beim pfingstlichen Holztaubenabwerfen wurde die Holztaube, ausgestattet mit Zepter, Reichsapfel und Fahnenträger, auf einer bis zu zehn Meter hohen Stange befestigt. Danach wurde sie mit Holzkeulen abgeworfen, wobei der Abwurf der verschiedenen Teile unterschiedliche hohe Preise bzw. Würden einbrachte. Dem Taubenabwerfen folgte ein Heischeumzug durch den Ort verbr. MPom, vereinz. östl. und nördl. davon, vgl. [6]KAI 105 mit Kt.5,10f.

Pingsten n., *Pingstre* vereinz. ZPom NOPom, Pfingsten. *to Pingste* Kös/Vr. *In Pingsten wier schlicht Wärer* Gwd/Ba. *De hett von Pingsten an nicht schreben* Ghg/Gr. Ausruf des Erstaunens: *Na, nu ward Pingsten!* Kös/Dr. – Ral. zur Angabe von etwas Unmöglichem: *Do kümmt Ostern un Pingsten op einen Dag* Fra/Ln, ähnl. verstr. – Bauernr.: *Helle Pingsten, magere Wiehnachten, natte Pingsten, fette Wiehnachten* Stral HUMGWD 8,21,5. *Wenn't Pingsten rägent, ist keene Frucht sägent* ebd. *Sünd tau Pingsten dei Ierdbeern gaut, denn hett de Landmann gauden Maut* Stral. – Volksbr.: Zu Pfingsten wurden in Pom. Häuser und Ställe mit Birkengrün geschmückt. Auch wurden Nutztiere am Pfingstsonntag von den Hirten, meist Kindern, die dafür Geld erhielten, mit Blumenkränzen, Lärchenzweigen und Birkensträußen geschmückt und auf die Weide geführt. Im westl. VPom, bes. auf dem Darß und auf Rügen, ist bis heute das Tonnenabschlagen, das kein reiner Pfingstbrauch mehr ist, verbreitet. Dabei wird unter einer aufgehängten Tonne durchgeritten, wobei die Tonne zerschlagen werden muß. Vgl. zu den Bräuchen [6]KAI 103ff., mit Kt.5,10 u. 5,11, auch Pingstbom, Pingsduf, Pingstrieden, Pingststruk, Tunnenafschlågen. – **Pingstgeld** n. Geld, das die Hirten für das Schmücken der Tiere am Pfingstmorgen erhielten Dra/Bu. – **Pingsthilligåbend** m. Sonnabend vor Pfingsten verbr. – **Pingstkrut** n., PflN, Kalmus (wurde zu Pfingsten zum Schmücken der Häuser und Stuben verwendet) Sto/Dö,Wd. – **Pingstlilj** f., PflN. **1.** Weiße Narzisse (Narcissus poeticus) Uec/Ue, Sto/Dö,Pf,Wd. Syn. s. Zitsch. – **2.** Margerite Use/Kz, nach DWA 5, Kt.8. – **Pingstmåndag** m. Pfingstmontag verstr. *In Pingstmåndag will wi 'n bäten œwer Land* Gwd/Ba. – Ral.: *Pingstmåndag up'n Ies* überhaupt nicht Gwald. *Dor lur man, bet 't Pingstmåndag ward* das wird nie geschehen Ran/Ro, ähnl. vereinz. – **Pingstoss** m. der zu Pfingsten durch die Stadt geführte Ochse, der mit bunten Bändern geschmückt wird und zumeist danach geschlachtet wird vereinz. VPom., sonst selt. Dahei der ral. Vergleich für einen bunt und auffällig gekleideten Menschen: *sik utputzen / utseihn as'n Pingstoss* verbr. – **Pingstrieden** n. Pfingstreiten verbr. HPom. Volksbr.: Meist am dritten Pfingsttag gab es in HPom neben dem einfachen Ortsumritt mit geschmückten Pferden auch Wettspiele, bei denen die Reiter auf einer hohen Stange angebrachte Gegenstände mit Hilfsmitteln oder der Hand ergreifen mußten. Der erste, dem dies gelang, wurde König. Es folgte ein Ortsumritt des geschmückten Siegers mit anschließendem Tanzfest im Gasthaus. Vgl. HtKös 1922,7,4, BlfPVk 5,159, [6]Kai 109f., Tunnenafschlågen. – **Pingstros** f., PflN, Pfingstrose, Päonie vereinz. – **Pingststruk** m. Birkenreisig, mit dem zu Pfingsten Häuser und Stalltüren geschmückt werden verbr. *De Pingststruk mutt so lang ståhn, bit wedder Pingstre is, denn schleit't nich in* Nau/Fg. Vgl. Maibusch, Maistruk. – **Pingsttee** m. Tee aus Birkenlaub oder Kalmus des Pfingstschmuckes (gilt als besonders heilkräftig) Saa/So, Lau/GW. – **Pingstvågel** m., TiN, 'Pfingstvogel' Pirol verstr. Iron. Vers, der den Pirolruf nachahmt: *Pingsten Bier hålen! Utsupen! Mihr hålen!* HtKös 1927,11,9. – **Pingstvoss** m. 'Pfingstfuchs'. Nur in der Vbdg.: *grienen as'n Pingstvoss* verstohlen, verschmitzt lächeln selt. VPom.

pink Interj. bes. in der Verdopplung *pink, pink* lautm. zur Nachahmung des Finkenrufes vereinz. VPom, Net/Hf,Sl.

Pink f., selt. n., *Pinke* verstr., *Pinge* Slo/La. **1.** häufig *Pinkepinke*, Geld. *Em is dei Pinkepinke utgåhn* Gwd/Ba. – **2.** Portemonnaie, Geldbeutel verstr. *Dei hett nicks in'e Pink* Fra/Br. *De wür doch woll sien Pink upmåken un wat springen låten* Ghg/Li. Spez.: Kasse (meist kleiner Teller) für den Geldeinsatz beim Kartenspiel verstr. *Wer gifft, möt veer Penning in de Pink don* °Ran. → Portmonné.

Pinkel[1] m., pejor., vornehm und dabei eingebildet wirkender Mensch verbr. Zumeist in der Vbdg.: *fien Pinkel* verbr. *He denkt, he is 'n fienen Pinkel, mit em is œwer gor nicks los* Rüg/Pu.

Pinkel[2] f./m. Urin selt. – Volksmed.: *Jeja schlimm' Ogen helpt Utwascha mit Pinkel* Dra/Ko. – **Pinkelküssen** n. Kissen, das Windelkindern im Bett untergelegt wird Gwald, °Ghg, °Pyr, Sch/Wt. Vgl. Pissküssen. – **pinkeln** sw. Wasser lassen verbr. *Ik möt eis pinkeln* Gwd/Ba. Scherzh. bei feinem Regen: *De Natur pinkelt* Gwald. → miegen. – **Pinkelpott** m. Nachttopf selt.

pinken sw., lautm., *pinkern* verstr. **1.** auf etwas Metallisches schlagen, so daß ein heller Klang entsteht verbr. *He pinkt uk denn ganzen Dag up de Seiss* Ran/Ro. *Se füngen an to pinken un to håmern* °Rüg. Spez.: Feuer schlagen mit Stahl und Stein verstr. *As 't no' keen Rietsticken* [Streichhölzer] *jeef, müßta de Lüd Füer pinka* Dra/Dr. – **2.** klimpern (auf einem Instrument) verstr. *He pinkt hüt uk werre ümmerto up dem Klaveer* Pyr/Wi.

Pinkerschmitt m. SpottN für den Schmied vereinz. – **Pinkeschottisch** m. Polka zu einem Tanzlied, bei dessen zweiter Zeile man in die Hände klatscht vereinz., BlfPVk 5,161. Syn. Klatschpolka. – **Pinkhåhn** m., TiN, Pinguin selt., HtKös 1930,8,10. – **Pinkhåmer** m. kleiner Hammer des Schmiedes, mit dem der Schlagtakt angegeben wird selt.

pinkögen sw. zwinkern, mit den Augen plinkern verstr. *Ik dink, de schlöopt u' daubi pinkööjt he* Dra/Bu.

pinkpank Interj., *pinkepanke* verstr., lautm. für den Klang von Hammerschlägen selt. – Im Reimwort: *Pinkepanke, Schmid is kranke, wåhnt hei unne urre båben* des Kinderspiels, bei dem die Fäuste klopfend übereinandergestellt werden und das Kind raten muß, in welcher Faust etwas verborgen ist Gri/Mi, ähnl. verstr.

Pinn f. **1.** kleiner Nagel, Metallstift. *Hei hett dat mit blåg Pinn'n fastmåkt* Gri/Ge. Spez.: Schusternagel mit breitem Kopf vereinz. – **2.** spitze Seite des Hammers verstr. – **3.** seem., Hebelarm am Steuerruder verstr. vpom. Küste, [2]Rud 27, [1]Pee 242f. – **4.** Penis Stral, Pyr/Lt, °Gbg.

Pinnåkel n., seem., erste Silbe betont, Schutzgehäuse für den Schiffskompaß Rüg/Ae, Stral. – Engl. *binnacle.*

pinnen sw. annageln, mit kleinen Nägeln befestigen verstr. – **Pinn(en)schieter** m., pejor. **1.** kleinlicher, pedantischer Mensch, Geizhals verbr. *Ik heff nich väl krägen, hei is 'n Pinnenschieter* Dem/Tp. – **2.** Kind, kleiner Mensch selt. – **pinn(en)schiet(e)rig** Adj. kleinlich, geizig verbr. *Hei is wat pinnenschietrig un ward woll nix rutrücken* Rüg/Ae. – **Pinner** m., Pl. *-s*, Granne Fra/Bh. → Achel. – **pinnig** Adj. penibel, kleinlich vereinz.

Pinnke f., zumeist im Pl. *Pinnkes* Sto/Gl, *Pinnkis* Lau/GW, *Pennkjes* Lau/Ke, kleine runde Birne selt. NOPom. Vgl. Psintke.

pinœteln sw., *pinölern* Ran/Pe, koitieren vereinz. Vgl. nœteln. → fütern.

Pinschen m. Brechstange Dem/Jr. Vgl. MWb 5,424: *Pinsch.*

Pinscher m., *Pünscher* Nau/Db, kleiner Hund vereinz. Übertr.: kleiner Bauer, Siedler vereinz. *Uns Nåhwer is 'n lütten Pinscher* Rüg/Pu.

pinschern sw., *pensch(e)re* vereinz. NOPom. **1.** Knöpfe gegen eine Wand werfen und davon abprallen lassen mit dem Ziel, einen vorbestimmten Abstand von

Wand und Knopf des Mitspielers zu erreichen und den Knopf des anderen so zu gewinnen (Kinderspiel) vereinz. HPom. – **2.** flache Steine über das Wasser werfen und so über der Oberfläche springen lassen Stolp.

Pinsel m. **1.** wie hd. *Reik mi eis de kleine Pinsel vom Brett, ik war de Stallfinstre bitzke strieke* Sto/Gl. – **2.** derb, Penis (bes. des Rehs und Hirschs wegen seines Haarbüschels daran) verstr. – **3.** pejor., einfältiger, auch: kleinlicher Mensch verstr. *Dat is ok su'n Pinsel, denn darfst nich to noh komm'!* Ghg/Ge. – **pins(e)lig** Adj. kleinlich, pedantisch, geizig verstr. VPom MPom. *De Kopmann is sihr pinslig* Ank/An. – **Pinselquäler** m. SpottN für den Maler, Anstreicher verstr. Ebenso: *Pinselschinner* selt. VPom.

Pint m. Penis selt., DÄHWB 349^{b}. – **Pintel** m. eiserner Zapfen am Sensenblatt, mit dem es am Sensenbaum befestigt wird Ghg/Li, Lau/GW.

pintig Adj. mühselig, sehr anstrengend selt. *Na, sone pintige Arbeit müßt denn woll dei Ogen von dei Frugens hellschen angripen* HUMGWD 74,357f.,2.

Pion f., PflN, zweite Silbe betont, Päonie, Pfingstrose verbr. *Dit Johr bläugen dei Pionen spät* Gri/Mi. Im Vergleich: *Du bläuchst ja as 'ne Pion* siehst im Gesicht ganz rot aus Dem/De. *Se hett sich putzt as 'ne Pion* Rüg/Pu.
Lautvar.: *Piol* Stral, *Peon* Gri/Bo, *Pijun* Gwald, *Pijon* verstr., *Pionj* °Kös.

Pipi n., kindspr., Urin vereinz. Vorwiegend in der Vbdg.: *Pipi måken.*

pipinell Adj., *piepe(r)nell* Gwald, Uec/Ge, Pyr/Wa, ulkig, possierlich verstr. VPom, sonst selt. *Du hest di hüt jå so pipinell antreckt* Ank/An.

Pipp m., *Pips* verbr., Hühnerkrankheit mit Atembeschwerden verbr. – Ral.: *'n Pips krägen* gesundheitlichen Schaden nehmen (von Menschen) verbr.; *n' Pips weghemm'* nicht ganz normal sein verbr.; *ein' denn Pips aftrecken* jmd. von schlechten Angewohnheiten befreien verbr. – **2.** der bei Pipserkrankung auftretende verhornte Zungenbelag von Hühnern verstr. *Ik wa' de Henne de Pipp afnaihme, de ware je uk wedder fraite* Dra/Bu.

pippel Nur Reimwort im Fastnachtsspruch: *Hippel de pippel, dei Wost hett twei Zippel, dei Speck hett vier Ecken, dat möt man so schmecken* Ghg/Li, ähnl. verstr. MPom ZPom. Vgl. hippel.

Pipping m., *Pipong* selt. VPom, *Pepäng* °Saa, Pepping, lagerbarer, kleiner Apfel verstr. Vgl. MWB 5,434 *Pippeling.* – Zu engl. *pepping.*

Piråt m. Pirat, Seeräuber vereinz. *Up Rügen un up dei Insel* [Usedom] *hemm' früher dei Piråten haust* Gwd/Ba. Im Vergleich: *Dat Schipp löppt as'n Piråt* ist sehr schnell Fra/Bn.

Pirksœg f. Spiel, bei dem ein Ball mit Schlaghölzern in ein Loch in der Mitte des Spielkreises befördert werden muß °Sch MAH 87. – Eventuell zu Pierdsœg.

Pirl(e)pus' f. Eiszapfen vereinz. Nur im Rä.: *Hinner uns' Hus hingt 'ne Pirlpus'. Wenn dor dei leif Sünn up schmort, uns' Pirlpus' denn rohrt* Ank/Br.

pirren sw. mit feinem Strahl herunterfließen selt. VPom. Beim Aderlaß *sall't Blaud nich pirren, ne lopen so pieplings in'n Strål* ^{5}GIL 57.

Pirt f., Pl. *Pirten, Pirren.* **1.** zumeist Pl., dünne Haarsträhne, Zöpfchen verbr. VPom. *Sien por Pirten up'n Kopp sünd tau tellen* Gri/Ti. *Ümmer hängen em dei Pirten in't Gesicht* Gwd/Ba. – **2.** Kümmerling, unterentwickeltes Gewächs verstr. VPom, sonst selt. *Dei Planten stünn' ierst so stur un nu sünd't dei reinen Pirren* Fra/Bn.

pirteln sw., *pirzeln* Lau/Ke, (trippelnd) hin- und hergehen selt. NOPom, HOMWB 147^{b}.

pirtig Adj., *pirdig* selt., dünn, spärlich von Wuchs verstr. *Mien Hor is tau pirtig, dormit lett sich nicks anfängen* Dem/Tp. *De Planten stohne so pirtig* Lau/GW. – **Pirtner** m. kleiner Siedler, Ackerbürger Rüg/Zi, °Cam.

Pischk m. dicker Gerstenbrei, mit oder ohne Milch bes. zu Pfingsten gegessen °Büt, ^{2}WIN 286, ^{3}BIE 158. – Poln. *pyszka.* – **Pischnitz** f. dicker Brei aus Gerstengraupen Sto/Gl, °Büt, ^{4}WIN 84, HOMWB 147^{b}.

Piss f. Urin. *De janz ull Baud riekt noh Piss* Sto/Gl. Derb von einem minderwertigen Getränk: *Dat schmeckt as Piss* Fra/Pe. In der Vbdg.: *kull Piss* Blasenentzündung verbr. – Ral.: *Dat geiht üm Piss un Pott!* es geht um alles oder nichts! vereinz. VPom MPom. *Måk kein Piss!* mach keinen Unsinn! Kol/Pt. – Volksmed.: *Piss is gaude Medizin, helpt uk gegen Flechten* Gri/Ti. *Gegen Frost höllt ma' de Föt orer de Hänn in warm Piss* Ran/Pe. *Bi insprungen Hänn'n möt man sich in warme Piss waschen* Fra/Fr. Vgl. Piesch. – **Pissbaud** f. öffentliche Toilette verstr. – **Pissbücks** f. ein kleines, noch einnässendes Kind (bes. Mädchen) °Fra, Gwald, Ank/An. – **Pissbüdel** m. kleines, noch einnässendes Kind verbr. – **Pisseemk** f., TiN, Ameise verstr. ZPom NOPom. Vgl. DWA 5, Kt.1. Rsyn. s. Eemk.

Pisseken n. **1.** schwächliches Kind vereinz. HPom. – **2.** ein Weniges, Krümelchen selt. MPom. *Måk man noch 'n Pisseken to!* Ghg/Rs. – **Pissel** f., *-ss-* sth., Pl. *-s.* **1.** etwas spärlich Gewachsenes (Haare, Pflanzen) verstr. HPom. – **2.** Dim. *Pisselke* Dra/Bu,La, Rum/Pr, *Pisseltje* Fla/Ta, ein Weniges, Krümelchen Gwald, Ran/Ro, Ghg/Li.

Piss(el)dauk n./m. Windel verstr. VPom, Saa/Te. *dei Pisseldäuker an'n Åben drögen* Gri/Mi. – **pissen** sw. Wasser lassen. *De Jung' pißt sich in de Hosen* Ran/Sr. *Dat Blot pißt ma' so* das Blut tritt im Strahl aus verbr. Im Vergleich: *Dat is so krumm, as e Bull pißt* ist sehr krumm Gbg/Gz, ähnl. verbr. – Ral.: *sich nich an'n Wågen / an't Bein / in de Tasch pissen låten* verbr. Ausruf der Empörung: *Hest woll in'e Wågenspur pißt?* was fällt dir denn ein? verstr. Scherzh. zu jmd., der sehr schwitzt: *Da bruukst ni so väe pissa* Saa/Te. Anzüglich: *Se kann nich mehr in'e Buddel pissen* hat ihre Jungfräulichkeit verloren Ghg/Gr. Derb: *Nu gauh ma' nåh Hus u' piss Muttra up a Kees, dat e jäl ward!* mach, daß du wegkommst! Dra/Dr, ähnl. verstr. Übertr.: *gägen denn Wind pißt hemm'* geschlechtskrank sein verstr. *De Migga* [Mücken] *pisse* es regnet ganz fein Saa/Ja. – Sagw.: *Låt lope, secht Fritz un pißt in de Bücks* Fra/Br. → miegen. – **Pisser** m. Penis verbr. – **Pisseritzendruppen** Pl. Urin als Heilmittel Rüg/Zi, Dem/De, Saa/Ja. – **pissern** sw., kindspr., iterativ, Wasser lassen verstr. *Ik mööt ees pissern* Ank/An. Zumeist in der Fügung: *Mi pissert (so) as'n Hund* ich muß dringend Wasser lassen verstr. Vgl. pissen. – **Pissgör** n. Schimpfw. für ein kleines, noch einnässendes Kind vereinz. Empört: *Ik bün doch kein Pissjör mehr!* Nau/Fg. – **Pissgrütt** f. Brei aus Sand und Wasser, mit dem Kinder in einer Pfütze spielen selt., MAH 87. *Hier hemm' dei Kinner all werrer Pissgrütt speelt* Ran/Pe. – **Pisshåhn** m., scherzh., Penis verstr. – **Pisshauhn** n., TiN, Ameise °Gri. → Eemk.

pissig[1] Adj., *-ss-* sth., schwächlich, kümmerlich vereinz. Vgl. pies(e)lig, pies(e)rig.

pissig[2] Adj. nach Urin riechend Pyr/Wi, Saa/Ja. – **Pisskachel** f., spött., einnässendes Kind (bes. für Mädchen) verbr. Vgl. Pieschkachel. – **Pisskuhl** f., oft im Dim. *-kuhlke*, *-kühlke*, kleine Grube im Sand, in der Kinder beim Spielen Brei aus Sand und Wasser anrühren verstr. Empört, wenn jmd. einen zweiten unberechtigt duzt: *Wi beid hebbe noch nich Pisskuhlke speelt!* Lau/GW, ähnl. verstr. – **Pissküssen** n. Kissen, das Windelkindern im Bett untergelegt wird verbr. Übertr., Pl.: große, dicke Fausthandschuhe. *Hest di jå so 'ne dicken Pissküssen antreckt* Ghg/Wt. Vgl. Pinkelküssen. – **Pisslappen** m. Windel verstr. *Hing de ulle Pisslappe ni' a'ne Owe!* Reg/Rg. – **Pisslaug** f. lauwarmes, schlechtes Getränk (bes. Kaffee, Bier) Saa/Ja, Sto/Dö. – **Pisslies** f. **1.** einnässendes Mädchen Kol/Go. – **2.** Pl. Fausthandschuhe der Fischer mit Fingerling für den kleinen Finger Use/Wl, Uec/Pa, Saa/Ja. – **3.** TiN. – **3.1.** Bez. verschiedener Quappenarten (die außerhalb des Wassers bei Berührung einen Wasserstrahl ausstoßen) vereinz. vpom. Küste. – **3.2.** Ameise Use/Mi, Cam/Ra. Vgl. DWA 5, Kt.1. Rsyn. s. Eemk.

Pisslinner m., scherzh., *Pisslinder* Fra/Fr, Stral, Gwald, Nau/Db,We, Zylinderhut verstr.

Pissmeis f., TiN, Ameise verstr. westl. ZPom, sonst selt. – **Pissmieg** f., TiN, dass. verstr. VPom MPom. – **Pissmier** f., TiN, Ameise verstr. Vgl. DWA 5, Kt.1. *In'n Gårten sinn Pissmörn* Ran/Sr. – Wetterr.: *Trecken sich dei Pissmürn in't Hus, jifft dat Räjen* Ghg/Li. → Eemk. – **Pissmierenkuråsch** f., scherzh., die letzten Kräfte vor völliger Erschöpfung Uec/Pa, Ghg/Li,Wt, Kol/Go. *Nu sök man no' ees all dien bäten Pissmürnkråsch tohop!* Uec/Pa. – **Pissmink** f., TiN, Ameise vereinz. südl. VPom, vgl. DWA 5, Kt.1. – **Pissmœhl** f., scherzh., Wassermühle selt. – **Pissmügg** f., TiN, 'Pissmücke' Ameise selt. Vgl. DWA 5, Kt.1. – **Pissnelk** f. **1.** PflN, Bartnelke selt. – **2.** Schimpfw. – **2.1.** Mädchen, das noch einnäßt selt. – **2.2.** Mädchen oder Frau mit lockerem Lebenswandel verstr. – **Pisspogg** f., TiN, Kröte selt. NOPom. – **Pisspott** m. **1.** Nachttopf verbr. *De Pisspott höllt söwen Seichen* [Urinportionen] Ran/Pe. Zu einem Betrunkenen: *Fall man nich in'n Pisspott!* Gwd/Ba. *Sei haugt em mit'n Pisspott up'n Kopp* Gwd/Ba. Zeichen für Liederlichkeit: *De stülpt de Pisspott ve d' Husdör* Pyr/Kw. Stoßseufzer: *Ach Gott, secht Lott, fief Kinner un kein' Pisspott!* Gwd/Ba, ähnl. vereinz. – **2.** übertr., topfähnliche Kopfbedeckung (bes. Melone) vereinz. *Dunn sett hei sien' Pisspott up as Teike, dat et vörbi was* Sto/KP. – **Pisspottschwenker** m. SpottN für den Krankenpfleger, Militärsanitäter verbr. *In'n Krieg wier hei uk, œwer man bloots Pisspottschwenker* Gwd/Ba. Auch: SpottN für das Stubenmädchen selt. – **Pissrönn** f., pejor., schmaler, flacher Graben verstr. – **pisswarm** Adj., pejor., wie umgspr., lauwarm, körperwarm (von Flüssigkeiten) verbr. *Dat Wåter is jå pisswarm, dat kann man nich drinken* Gwd/Ba.

Pistol f., *Pixtol* vereinz., *Pixtaul* [2]VOG 64, WAL 11, *Piestol* Nau/Fg,Rh, Pistole. *Låt dei Pistol tau Hus, süss gifft't 'n Unglück* Dem/De. – Im Vergleich, große Schnelligkeit bezeichnend: *Dat keem rut as ut'e Pistol schåten* Gwd/Ba, ähnl. verbr.

Pistur n., zweite Silbe betont, *Piestur* selt. HPom, *Pastur* Nau/Fg,Rh, Gbg/Gz, *Postur* Gbg/Gp, dummer Gesichtsausdruck selt. HPom. *Wat settst du fo ein Piestur up?* Kol/Go.

piteet Adj. etepetete, vorsichtig selt. *Hei fött ehr so piteet an* Kol/Sö.

Pitschbeen f., *Pitschpinn* Gwd/Wo, Pitchpine, sehr qualitätvolles Kiefernholz (vor allem der Sumpf- oder Pechkiefer) Stral, Gwald. – Engl. *pitch pine* Pechkiefer.

Pitt RN Kurzform von Peter selt. Spottvers: *Pitt, Pitt, Pose, scheet sich in'e Hose* Gwd/Ze.

Plääster f./m., *Plåster* Sch/Ac, Rum/Tr, Lau/GW *Pläister* °Lau [2]PIRK 40, *Pleester* Lau/Ke, dicker, ungeschickter Mensch verstr. HPom, sonst selt. Auch: schwerer Gegenstand [2]PIRK 40. Vgl. PRWB 4,499: *Pläster.* – **plääst(e)rig** Adj., *plœstrig* Pyr/Sa, *plåstrig* Stolp, Sto/Dö, ungehobelt, ungeschickt verstr. HPom. – **pläästern** sw. stark regnen selt. *Dat plästert a't Festre* Gbg/Gp.

plachandern sw., *prachandern* Uec/Pa, Neu/Th, Lau/GW,Vl, *plachannere* Dra/Ga, *plajandre* LAUWB 269[b], viel reden, tratschen verstr. HPom. *Plachander nich so väl, måk leiwer dien Arbeet* Lau/Lt. Auch: sich herumtreiben Sch/Sl. Vgl. BBWB 3,638. → schladdern.

Plachantjes Pl., *Plachuttchen* Uec/Pa, *Plachaunkes* °Dra, Kol/Pt, *Plachunges* Sch/Sd, Habseligkeiten vereinz. HPom. Vgl. PRWB 4,491: *Plachunder.*

Placht f. großes, leinenes Tuch zum Tragen von Gras und Heu auf dem Rücken vereinz. HPom, PosWPreuß. – Poln. *płachta*, pomor. *płωxta* Laken.

placken[1] sw., *plecken* vereinz., Flecken bekommen verstr. *So e' hell Tüg plackt licht* Dra/Bu.

placken[2] sw., zumeist refl., sich plagen, quälen; schwer arbeiten vereinz. *Hei hett denn ganzen Dag plackt* Dem/Tp. *Mit de Wäsch möt ik mi sihr placken* Ank/An. Vgl. Plackerie.

Placken m., *Plack* vereinz., *Pleck* vereinz., Pl. wie Sg., *Plackens* vereinz. **1.** Schmutzfleck. Auch: fleckiger Hautausschlag. *Du hest 'n Plack im Kleed* Gbg/Ge. *Dat gifft keene Plack* Pyr/Lt. Iron.: *He is 'n „von", hei hett 'n schwarten Plack vor'n Moors* Ghg/Wt. Übertr.: Makel, schlechter Ruf Pyr/Sh: *Dat Mäken hett 'n Plack.* – Ral.: *Måk di mal kein Placken in't Hemd!* hab dich nicht so! verbr. *Junge Dirns un witte Deuker kriegen licht Placken* HUMGWD 14,44,6, ähnl. vereinz. Vgl. Fleck[1]. – **2.** Flikken aus Stoff vereinz. *Du mööst mi noch 'n Placken in de Bücks setten* Gwald. *De Plack möt gröter sinn as dat Loch* Ank/An. – **3.** bestimmte Stelle, Platz verbr. *Dat is mien Plack!* Saa/St. *Vör Schreck blew he up eenen Plack* NACK 23. – Ral.: *dat Mul up'n richtigen Plack hemm'* vereinz. – **4.** *Plecken* Ran/Pe, kleines Stück Land verbr. *Dat is kein schön' Würtschaft, dei hett hier 'n Placke u' dor 'n Placke* Dra/Dr. *Achtern Hus heff ik uk noch 'n Placken* Gri/Mi. – **5.** kleiner Ort selt. – **Plack(en)-feewer** n. Fleckfieber (durch Ungeziefer ausgelöste Infektionskrankheit) verbr. Scherzh.: *De is dat reine Plackenfeewer* er ist aufdringlich, nicht wieder loszuwerden Ran/Pe, ähnl. verbr. – **plack(en)wies** Adv. stellenweise, verstreut vereinz. *Plackwies steht dat Kuurn gaut* Lau/GW. *Miene Ackers liggen plackwies* Fra/Bn.

Plackerie f. Mühsal, beschwerliche Arbeit verstr. *Dor heff ik väl Plackerie mit hatt* Ank/An. Vgl. placken[2].

Plackfüer n. Schweinerotlauf (bakterielle Infektonskrankheit) verstr. – **plackig** Adj., *pleckig* vereinz. **1.** fleckig, mit Flecken verschmutzt verstr. *Dat Dischdauk is all plackig* Gwd/Ba. Auch: krankheitsbedingt mit fleckigem Hautausschlag versehen selt. – **2.** gefleckt selt. *Dat Fell is plackig* Gwd/Ba; *ne' plackig Kauh* Ghg/Li.

Pladautsch m./f., *Pledautsch* Stral, Sto/Dö, *Pledutz* Lau/GW, Tölpel, ungeschickter Mensch vereinz. *Seih di doch vör, du oll Pladautsch!* Gri/Mi. – **pladauz** Interj., *pladautsch* verstr. HPom, *pledautsch* °Sto, lautm. Ausruf, wenn jmd. oder etwas plötzlich (geräuschvoll) hinfällt verbr. *Pladautsch, do licht hei im Woder!* Saa/Kl. *Dat föl em plådauz ut de Hand* Stett.

Pladauz f., *Plådauz* Dem/Tp, dicker Bauch vereinz. HPom, sonst selt. Syn. s. Mieg[1].

pladauzen sw., *pladautschen* Uec/Ue, poltern, krachen selt. *As mi dat Jeschirr runnerföl, hett dat schön pladauzt* Ghg/Li.

Pladder m./f., *Plarrer* vereinz. **1.** starker Regenguß vereinz. Auch: dünner Kaffee selt. °Ran. – **2.** Morast, Schlamm selt. *Pedd bloß nich in denn Plarrer!* Uec/Ge. – **3.** Klatschbase Sch/Sd, Lau/GW. → Quos. – **Pladderie** f. das Verschütten, Verspritzen von Flüssigkeiten selt. HPom. *Måk ni sunne Pladderie!* Pyr/Wi. – **pladd(e)rig** Adj., *ploddrig* Dra/Bu,La, Kol/Pr, wässerig vereinz. *Hoffentlich jifft't ni wedder so 'ne ploddrig Supp!* Dra/Bu. – **Pladderkanten** m. 'Schwatzkanten' verbleibendes Endstück des Brotes verstr. HPom. Zum Brauchtum s. Kanten. Vgl. Pläpperkanten. – **Pladdermelk** f. Magermilch verbr. Vgl. [4]WIN 50. *Dei Pladdermelk kriegen dei Schwien* Gri/Mi. → Klœtermelk. – **Pladdermul** n. Schandmaul selt. → Quos.

pladdern sw. **1.** stark (und geräuschvoll) regnen. *Ierst wier't man 'n bäten Fisselrägen, œwer nu pladdert't all* Rüg/Dm. *Dat pladdert as wenn't Bindfådens rägent* Gwd/Ba. – **2.** im Wasser planschen, spielen verstr. *Dei Kinner plarrern in't Wårer* Cam/Ca. – **3.** verschütten, vergießen (von Flüssigkeiten) verstr. Auch: ineinandergießen, vermischen vereinz. – **4.** viel reden, schwatzen verstr. HPom, sonst selt. *Hört dei noch up tau plarrern?* Gri/Ti.

Lautvar.: *plarre(r)n* verbr. VPom ZPom, *plattern* Use/Sw,Us, vereinz. HPom, *plådere* Pyr/Wi, °Dra, Saa/Te, verbr. ZPom, °Lau, *plåre* vereinz. ZPom, *plärrern* Fra/Pe, *plåddern* °Ghg, Sch/Sd, Rum/Gw, *plettern* HOEFAMSC 351[a].
Rsyn. zu 1.: *drüüschen, gaddern, geiten, klœtern, plœtern.*

pladdernatt Adj. völlig durchnäßt vereinz.

Plåder m., *Plaure* Gbg/Gp, *Plade* Lau/Vl, Fladen vereinz.

Pladint m., *Pladintsch* Lau/GW, Morast, Schlamm selt. HPom.

Pladråtsch m./f., *Pladrautsch* Pyr/Wa,Wi, °Saa, *Pladråsch* Cam/Ca, *Pladratsch* Sto/Gl. **1.** großer Fleck (von verschütteter Flüssigkeit) vereinz. MPom HPom, sonst selt. *De Jungs hebbe dat Tintefatt ümstett un dat is up'e Deel ein grot Pladratsch wurde* Sto/Gl. – **2.** Kuhfladen vereinz. *Wenn de Köhj up d' Wees sinn, lijjt œwerall 'n grot Pladrautsch* Pyr/Wa.

Pläg f. Pflege, Obhut verbr. VPom, sonst vereinz. *Ik heff den Gorn in Pläg* Ank/An. *Låt em ruhig in'e Klinik, dor hett hei sien Pläg* Gwd/Ba. *Dei Kauh wür bi mi in Pläg gäben* Dem/De. Refl.: *sich gaut Pläg jäwe* sich durch gutes Essen stärken Nau/Nn. Iron.: *Dei is in Pläg* er sitzt im Gefängnis Gwald, ähnl. verstr.

Plåg[1] f., *Plåy* Rum/Km [5]TITA 48, Sto/Gl, Plage, Last, Mühsal verbr. *Mit denn heff ik so väl Plåg* Fra/Bn. *Dor hest du di 'ne schöne Plåg uplåden* Gwd/Ba. *Dat is sien Plåg* seine Krankheit Rum/Ru. – Ral.: *Jeder Dag hett sien Plåg* Fra/Ln, ähnl. vereinz. Stoßseufzer: *Ümmer dei sülwe Plåg, denn ganzen Dag mit'n låhm Pierd* Rüg/Ae.

Plåg[2] s. Plagg.

plägen sw./st., *fleje* Neu/Th, *fläije* °DKr, pflegen. **1.** sich sorgen, um jmd. oder etwas kümmern. *Sei hett em plääqt as ehr eigen Kind* Gwd/Ba. *Sei hett de Kranke bet up'n Dod pläägt* Dem/De. *Dat Veih is gaut pläägt* Gri/Mi. *Uns Mudderspråk willen wi plägen* Fra/Bn. Auch refl.: sich Gutes tun (bes. auf Essen bezogen) verstr. *Dei hett sich orig pläägt* Gri/Mi. *Dormit schow he denn af un plegte sick en gauden Dag in den Goldenen Löwen* [2]TIB 17. – Die selt. Fügung *pläs Gott* ist zusammengezogen aus *pläg' 's Gott* das walte Gott, vgl. MWB 5,449f. *Sei bruken, pläs' Gott, up keinen tau luren!* LUCIA 222. – **2.** gewohnt sein, gewohnheitsmäßig tun verbr. *Hei pläägt to schriewe* Nau/Fg. *Hei pläägt doch süss nich so tau sin!* Ank/Br.

Flex.: Neben hauptsächlich sw. Formen finden sich vereinz. noch st. Formen, bes. im Prät. – Prät.Sg.1. u.3.: *pleech* Rüg/Pu, *plag, plach* HOEFAMSC 352[a], ARN 6,140, *plüch* Nau/Fg,Rh. – Part.Prät: *geplagen* HOEFAMSC 352[a].
Gram.: Formen der Bed.2 erscheinen ohne semantischen Unterschied sowohl mit als auch ohne Infinitivkonjunktion *tau / to*.

plågen sw., *ploge* selt. NOPom, plagen. **1.** quälen, jmd. belästigen verbr. *De Fleegen plågen een' doch sehr* Pyr/Lt. *Mi plojt dat so em Moje* Lau/Ke. *Denn plogt dat Jewissen* Sto/Dö. – Ral.: *Di plågt woll de Düwel?* bist du nicht bei Trost? Gwald, ähnl. verbr. – **2.** refl., schwer arbeiten, sich abmühen verstr. *He plågt sich mit de stumpe Såg* Uec/Pa. *Hei plågt sich von morgens bet låt* Gwd/Ba.

Plagg f., *Plåg* verstr., *Plåck* Neu/Nm, *Plaggen* m. vereinz. **1.** abgestochenes Stück Rasen, Erdscholle verbr. *Dei Plaggen möten wi afstäken* Gri/Mi. – **2.** sumpfiger, unregelmäßiger Rasenboden vereinz. – Mnd. *plagge*. –

Plagghack f. Hacke zum Abstechen von Rasenstücken selt.

Plägkind n. Kind, das einer Familie zur Pflege übergeben ist vereinz. *Sei hett sich 'n Plägkind annåhmen* Gwd/Ba. – **Plägmudder** f. Pflegemutter vereinz. *ein schönes, schlankes Mät'n, wur ick stolz up bün, obwoll ick man ehre Plegmudder bether was* GEB 92. – **Plägvadder** f. Pflegevater vereinz. *Mit sienen Plägvadder steiht hei sich gaut* Gwd/Ba.

Plakåt n. Plakat, großformatiger öffentlicher Aushang verbr. *Hest du dat Plakåt all läsen?* Gwd/Ba. *Mok nich so'n Plakåt dovon!* mach nicht so viel Aufhebens davon! Lau/Ke. Übertr.: großer Fleck verstr. *Du hest a' schön Plakåt up de Dischdeck måkt* Pyr/Wi.

Plamp f. Schlamm, dünnflüssiger Dreck selt., LAUWB 270[a].

Plamsch f. dicke, ungeschickte Frau selt. °Sto.

Plamsur f., Endsilbe betont. **1.** großer Schmutzfleck verbr. *Du hest jå wedder 'ne schön Plamsur in dien Kleed* Gwald. Auch: nässende Wunde Lau/Ke. Vgl. Blamseier. – **2.** in Anlehnung an Bed.1 generalisierend, mißliche Lage verbr. *Dor hebben wi de Plamsur!* da haben wir die Bescherung! °Rüg. – **3.** Morast, Schlamm verstr. *Nåh dem Räjen is dat 'ne schön Plamsur* Nau/We.
Lautvar.: *Plampsur* Rüg/Ae, Gri/Ge, *Plansur* Ran/Ro, Lau/GW, *Plamsei(e)r* vereinz. ZPom, *Plumseier* vereinz. HPom, *Plomseier* Lau/Ke.

Plån[1] m. Vorhaben, Absicht verstr. *Sien Plån is gaut, lett sich œwer nich utführen* Gwd/Ba. *Sei måken all 'n Plån för ehr Sommerreis* Dem/De.

Plån[2] m., *Plaun* Kol/Go. **1.** ebene, große, zusammenhängende Acker-, Wiesenfläche verbr. *He hett siena Plån bi'm Blocksbarg verköfft* Dra/Dr. *Ik wi' de' janzen Plån mit Rogge beseja* Reg/Rg. *De hett 'n groten Plån Weiten* Ghg/Li. – Ral.: *up'n Plån sin* wachsam, zur Stelle sein vereinz. – **2.** weit abgelegenes Gehöft selt. HPom. *De wåhnt up'm Plån* Net/Sl. – **3.** aus mehreren Schwaden Heu zusammengeharkte Reihe selt. °Sto, JOSTWB 71.

Plån[3] m. Plane, wasserdichte Abdeckung (bes. für Wagen) verbr. *Wi decken een Plån œwer, dat de Säck nich natt waren* Pyr/Lt.

plånen sw. einen Plan machen vereinz. *Dei Reis heff ik all 'n half Johr plånt* Gri/Mi. Vgl. plånisieren.

plängschass Adv., *blankschess* Dem/De, schnurstracks, schnellstens verstr. *So plängschass leep hei bi uns dörch 'n Gorn* Dem/Tp. *Sei müßten plängschaß in de Stadt* HUMGWD 4,22,9. Vgl. MWB 5,454, BBWB 3,655: *plengschaß*. – Aus frz. *plein* und *chasse*.

plånisieren sw., *plansere* Lau/Vl, planen verstr. *Dat hett hei genau plånisiert* Ank/An. *De plånisiern schon dåglang mit ehrn Schuppen* Uec/Pa. Vgl. plånen.

Plank f. Planke, Holzbohle, starkes Brett verbr. *Dei Murers kriegen dei Plank nich up'e Rüstung* Gwd/Ba. Spez. seem.: Bretter für Schiffsdeck und -wände verbr. *Hei geiht œwer sien eigen Planken* er hat ein eigenes Schiff Fra/Bn. Scherzh.: *fieftöllige Planke säje* laut schnarchen Cam/Al. Übertr.: große Hand vereinz. – Ral.: *Gåh mi ut de Plank!* geh mir aus dem Weg! Fra/Br, ähnl. vereinz. Von einem sehr kräftigen Mann: *Dat is 'n Kierl, dor kannst du Planken ut snieden* Gri/Ge, ähnl. verstr.

Plänkelie f. kleiner verbaler Streit, Wortgefecht Fra/Pe, Stett. – **Plänkerie** f. dass. verstr. *Se käme in'e Plänkerie, bloß wäje de Gårdetun* Pyr/Wa. *Tauierst was't man Plänkerie un dann gäf't Schacht* Fra/Fr. – **plänkern** sw. mit Worten streiten vereinz. *Hei plänkert mit ehr* Ank/An. Auch: jmd. necken, ärgern selt.

plännern sw. vergießen, verschütten vereinz. HPom. *Sei hett Kaffe up t' schön Dischdeck plintert* Gbg/Gp. Auch refl.: sich bekleckern, naß machen Gbg/Gp, Sto/Gl. Vgl. Plänterie.

Lautvar.: *pläntern* selt., *plintre* Gbg/Gp,Wo, *plindre* Reg/Kt, Sto/Gl, *plendre* Stolp, *plandern* HomWb 147b.

planschen sw. **1.** *plunschen* Dem/De, Gwd/Ze, überschwappen, verschütten verbr. – **2.** im Wasser spielen, herumpatschen verbr. *De Gören planschen denn ganzen Dag in't Wårer* Gwd/Ba. – **3.** vermischen, verdünnen (von Flüssigkeiten) vereinz. *De planschen Wåder mang de Melk* Ank/An. Vgl. Planschmelk. – **Planscherie** f. das Vergießen, Verschütten von Flüssigkeiten verstr. *De Görn hebben werra so väl Planscherie mokt* Ran/Pe. – **Planschmelk** f. Magermilch, verdünnte Milch vereinz. → Klœtermelk.

Plant f. **1.** Pflanze, (gezüchtetes) Gewächs. *Dei Plante kümmere so* Nau/Fg,Rh. Scherzh. von kümmerlichem Bart- und Haarwuchs: *Dor ståhn negen Planten in elben Reigen* Ank/An, ähnl. verbr. – **2.** übertr., leichtfertiges Mädchen, Herumtreiberin verbr. *Dor hett he sich uk 'ne nette Plant uptreckt!* Gwd/Ba.

Plantåsch f. (Obst-)Plantage selt. *Hei hett sich uk 'ne Plantåsch anleggt* Gwd/Ba.

planten sw. pflanzen, zum Wachsen in die Erde bringen. *De Nudle* [Kartoffeln] *war(d)en mit'n Spåden plant't* Ghg/Wt; *planten un säen* Ran/Pe. Salopp, refl.: sich setzen selt. *Hei plant' sich glieks up't Sofa* Gwd/Ba. – **Planter** m. Pflanzer, jmd., der etwas pflanzt vereinz. *Hei arbeit't as Planter in'n Busch* Gwd/Ba. – Ral.: *Wenn de Boom grot, is de Planter dod* HuMGwd 11,23,11.

Plänterie f., *Pländerie* selt., *Planderie* HomWb 147b, das Verschütten von Flüssigkeiten selt. – Zu plännern.

Plantgoorden m. Pflanzgarten selt. Spez.: eingehegte Waldschonung für junge Bäume vereinz. – **Plantholt** n. Pflanzholz, angespitzter Holzpflock für Pflanzlöcher selt. Vgl. Plantpricken. – **Plantör** m., veralt., Tagelöhner, der die Tabakpflanzung hegte und am Gewinn beteiligt wurde selt. °Ran. *De Bur mök dat Land fertig un de Plantör bearbeit' denn Tubbak bet tum Afliefern* Ran/Gl. – **Planttüffel** f. Pflanzkartoffel verbr. – **Plantpricken** m. wie Plantholt verstr. HPom. – **Plantspåden** m. Pflanzspaten, beim dem der obere Teil des Blattes aus Holz besteht selt.

Plånwågen m. (Händler-)Wagen mit übergespannter Plane als Verdeck verbr. *Dor kümmt dei Hannelsmann in sien' Plånwågen* Gri/Mi.

Plapper f., scherzh., *Plapp* HomWb 147b, Mund selt. *Holl dien Plapper!* Sch/Ac. – **plapp(e)rig** Adj., *plawwrig* Gbg/Gp, klatschsüchtig vereinz. *Dei dörfst du nicks hüürn låten, dei is plapprig* Gri/Mi. *Hei is so plawwrig o lett kene töu Wort kaume* Gbg/Gp. – **Pläpperkanten** m. unteres Endstück des Brotes vereinz. HPom. Zum Brauchtum s. Kanten. Vgl. Pladderkanten. – **Plappermœhl** f., scherzh., 'Plappermühle' geschwätziger Mensch verstr. Auch: Kosewort für ein ständig redendes Kind vereinz. Vgl. Klappermœhl. – **Plappermul** n., scherzh., Plappermaul, der sich ständige bewegende Mund eines Schwätzers vereinz. *Ehr geiht dat Plappermul as 'ne Klappermœhl* Gwd/Ba. Übertr.: geschwätziger Mensch. *We' dat ull Plappemul wat tu weeten kriggt, de' wett't morja de ganze Stadt!* Dra/Bu. Auch als Kosewort für Kinder: *Mien lüttes Plappermul!* Gri/Mi. – **plappern** sw., *plawwere* Gbg/Gp, Kol/Pt, *pläppere* vereinz. HPom. **1.** schwatzen, ständig reden verbr. Auch: tratschen, Geheimnisse ausplaudern verstr. *Hei hett doch werrer plappert!* Pyr/Lt. – **2.** (erste Worte) undeutlich sprechen vereinz. *Dat Kind fängt an tau plappern* °Rüg. Vgl. blabbern. – **Plappertasch** f., scherzh., schwatzhafter Mensch selt.

Plärr f. Mensch, der schnell und viel weint selt. – **plärren** sw., *plarren* Stral, HoefAMsc 352a, *pläre* LauWb 270b, laut und viel weinen verbr. *Dat Jör plärrt von morjens bit åbends hentau!* Use/Us. Vgl. blarren. – **Plärrlies** f. Mädchen, das bei jeder Gelegenheit weint selt.

pläs Gott s. plägen.

Pläsier n., *Pläseer* vereinz. MPom, Saa/So, Net/Hf,Sl, Neu/Aa, PfA 48, *Plisier* Pyr/Wa,Wi, Gbg/Ge, *Plissier* Gbg/Gp, Vergnügen, Freude verbr. *Dei jeht sien' Pläsier nåh'* Gbg/Ge. *Hei hett sien Pläsier an dei Musik* Gri/Go. *Hei is bäten tau'm Pläsier nåh' Stadt* Gwd/Ba. – Ral.: *Jedet Tierke hett siə Pläsierke* Lau/GW. – **pläsierlich** Adj., *pläseerlich* Ran/Ro, HoefAMsc 351b, *pliesierlich*

Pyr/Wa,Wi, *plissierlich* Gbg/Gp. **1.** vergnüglich, spaßig verstr. VPom. *Dat wier so pläsierlich, wat dei Lütten upseggen deden bi dei Fier* Gwd/Ba. *Hei kann so pläsierlich vertellen* Rüg/Wi. – **2.** gemütlich, traut verstr. *Du settst di hier plissierlich he', o ik ka' arbeere!* Gbg/Gp. *De beide Ulle seete recht pläsierlich am Disch un drünke Kaffe* Pyr/Wa.

Plåster m./n., *Flaster* selt., *Plauste* °Dra, Saa/Te, Net/Hf,Sl, Gbg/Gp,Gz, Slo/La, *Plooster* Lau/GW,Ke, Pflaster. **1.** Wund-, Heilpflaster. *Legg mi 'n niegen Plåster up!* Gwd/Ba. *De Plåster mütt ümmer wat grötter sin as de Wunn'* Uec/Pa. Spez.: *Hamborger Plåster* schwarzes Rheumapflaster selt. VPom. *Legg di 'n Plåster up't Mul!* sag es nicht weiter! Ank/An. Iron.: *Dei Fru is dat reie Plåster!* ist sehr anhänglich! Dra/Wi, ähnl. verstr. – Ral.: *ein' ein Plåster upleggen* jmd. Entschädigung gewähren müssen verstr. – **2.** Schmutzfleck vereinz. *Hest du 'ne Plauste im Kleed!* Gbg/Gp. Auch: Schmutzhaufen (aus Kot, Sputum). *Du hast dor e' schön Plooster hansatt't* Lau/Ke. – **3.** (Reparatur-)Flicken. *De Stäwel hett 'n Plåster* Uec/Ge. – **4.** Straßenpflaster. Scherzh.: *Dat is so'n Flaste, we' ma' œwe een Steen fällt, ka' ma' sich am andra fasthulla* Dra/Bu. – **5.** Bruchstück, ausgebrochener Placken aus einer Oberfläche selt. – **Plåsterjunker** m. SpottN für medizinisch Tätige wie Sanitäter, Ärzte, Apotheker vereinz. Vgl. Plåsterschmärer. – **Plåsterkasten** m. Aufbewahrungsbehältnis für Pflaster selt. Übertr.: SpottN für Sanitäter vereinz. *Dei Plåstekasten wier groff* Gri/Mi.

plåstern sw. pflastern. **1.** ein Wund-, Heilpflaster auflegen vereinz. Übertr.: *ein' eine plåstern* jmd. eine Ohrfeige geben vereinz. – **2.** Straßenpflaster verlegen selt. *Wi mete de Stråt nieg plåstre* Uec/Ge. – **3.** abplatzen (von Putz) selt. *De Deck plåstert* Ran/Pe.

Lautvar.: *plästern* Gwd/Ze, Uec/Ge, Büt/Bt, *flastern* Uec/Pa, °Dra, Sto/Dö,Pf, *plaustre* °Dra, Gbg/Gp, *ploostern* Lau/GW.

Plåsterschinken m. gekochter Schinken ohne Schwarte vereinz. VPom. – **Plåsterschmärer** m. wie Plåsterjunker verstr. – **Plåsterstein** m. **1.** Stein zum Pflastern der Straße selt. – Ral.: *Plåsterstein rägen* sehr stark regnen selt. – **2.** Pfefferkuchengebäck, in dessen Zuckerguß ein Straßenpflastermuster geritzt wird selt. VPom.

Plåt[1] f., *Plåten* m. Gwald, Dem/Tp, Platte. **1.** Kuchenblech verstr. VPom, sonst selt. *denn Deig up'e Plåt upmåken* Gwd/Ba. *Bring eis dei Plåt mit denn Kringel nåh'n Bäcker!* Rüg/Ae. Übertr.: auf dem Blech gebackener Kuchen selt. *Ik heff uns to Wihnachten dree Plåten backt* Gwald. Vgl. Plåtenkauken. – **2.** eiserne Platte von Herd oder Backofen, direkt über der Feuerstelle verstr. VPom, sonst selt. *Stell dei Supp man up'e Plåt, dor blifft sei warm!* Gwd/Ba. *Dei Kaffe steiht up de Plåt* Gwd/Ba. Vgl. Platt. – **3.** Balken, die die Wand des Scheunenfaches begrenzen Gwald. Auch: das Fach über der Scheunendiele: *Jetzt ståken wi œwer de Plåt* Gri/Mi.

Plåt[2] f. Frauenschürze Rüg/Ae,Dm, Lau/GW,Ve. – Slaw. Lehnwort, vgl. pomor. *plat* Tuch.

Plåtenkauken m., *Plåden-* selt., Blechkuchen verstr. VPom. Auch generalisierend: auf dem Kuchenblech gebackenes Gebäck verstr. Vgl. Plåt[1]. – **Plåtensemmel** f./m. auf dem Blech gebackenes Brötchen selt. VPom.

plätern s. plœtern.

platsch Interj. lautm. für das Geräusch feuchten Klatschens selt. *Platsch, göt sei dat Wårer ut!* Gwd/Ba.

Plåtsch f., selt. m., *Plautsch* Gbg/Gp. **1.** flaches, abgeteiltes Stück von etwas verbr. – **2.** großer Fleck selt. *Du hest 'n schön' Plåtsch up denn Rock* Uec/Pa.

platschbarft Adj. barfuß verstr. MPom ZPom. Vgl. barft, plattbarft, pratschbarft. – **platschen** sw. **1.** planschend im Wasser spielen verstr. *Hei platscht mit dei Hand in't Wårer* Gwd/Ba. – **2.** geräuschvoll überschwappen, verspritzen vereinz. – Ral.: *Dat platscht, as wenn de Kauh in't Water schitt* Sto/Kr. – **3.** *platschre* Büt/Bt, stark regnen selt. *Dat platscht un gütt man so von båben* Gri/Mi. – **4.** plätschernd fließen selt. *Dei Bäk platscht orrig* Gri/Mi.

platt Adj. **1.** eben, ohne Erhebungen. Scherzh.: *De is platt as a Brett* sie hat keinen Busen Dra/Dr. – **2.** flach, niedrig. *Hei föl platt up'e Näs* Gwd/Ba. *Dat Korn liggt platt* liegt am Boden Nau/De. *Hei liggt platt dål, dat duert ni mehr lang* Reg/Kw. – **3.** in der Vbdg. *platt sin* verblüfft, komplett überrascht verbr. *Dat is mi œwern Hals kåmen, ik bün ganz platt* Rüg/Dm. – **4.** verkürzt aus *plattdüütsch*, plattdeutsch. *Jong', räd platt, hochdüütsch breckst di de Tung' entwei* Ran/Pe. Subst.: das Plattdeutsche. – Spruch: *Hoch oder platt, drög oder natt, Beer oder Wien, groff oder fien, awe echt mutt et sin* Fla/Wo. Vgl. plattdüütsch, nedderdüütsch.

Platt f. Platte. **1.** rechteckiges, gleichmäßig breites und dickes, ebenes Materialstück (als Arbeits- und Trittfläche) vereinz. – **2.** gußeiserne Platte des Kochherdes verbr. *Stell de Pott up de Platt, dat'e warm blifft!* Dra/Bu. Vgl. Plåt[1], das urspünglicher ist; unter Einfluß des Hd. kam es jedoch zu einer Vermischung von Lautform u. Bed. – **3.** scherzh., Glatze verbr. Bes. in der Vbdg.: *kåhl Platt* verbr. Scherzh.: *De hett nachts mit'n Kopp an de Wand legen, nu hett he 'ne kåhle Platt* Ran/Pe. Rsyn. s. Glatz. – **4.** veralt., Fußsohle selt., HWWb 231[a]. – Ral.: *de Platt putzen* weglaufen Gwd/Bo.

Plätt f., *Plätte* Sch/Sd, Bügeleisen selt. *De Plätt mutt eeste heet ware* Pyr/Wa. Vgl. Plättiesen, -kluck, -maschin.

Plattbank f. großer Hobel mit schrägstehendem Eisen zum Bearbeiten der schrägen Flächen an Türfüllungen selt. – **plattbarft** Adj., *platten-* Gwald, Dem/De,Tp, barfuß verbr. VPom MPom, verstr. ZPom NOPom. *Mien Kinner gåhn in'n Sommer plattbarft!* Rüg/Pu. Vgl. barft, platschbarft, pratschbarft. – **Plattbein** n. Plattfuß verbr. *Mit dien Plattbeinen peddst mi bi't Danze egalweg up de Föt* Fra/Fr. Von beim Backen auseinandergelaufenen Broten: *Dat sünd richtige Plattbein'* Fra/Br. – **Plattbodden** m., fischerspr., flacher, kielloser Bootsboden vereinz. vpom. Küste. Auch: Boot mit flachem Boden aus quer zur Fahrzeugachse liegenden Planken °Use, [2]RUD 111.

Plättbolten m. Metallbolzen, der in der Glut erhitzt und dann in ein Bolzenbügeleisen eingesetzt wird vereinz.

Plattboot f./n., fischerspr., Boot mit einteiligem, flachem Plankenboden selt., [2]RUD 66.

Plättbrett n. **1.** Bügelbrett. *Tom Bügeln bruken wi dat Plättbrett* Gri/Mi. Spöttisch von einer Frau ohne weibliche Rundungen: *Marke Plättbrett mit twei Rosinen!* Ank/An, ähnl. vereinz. *De is ok rank un schlank wie'n Plättbrett, vörn nüscht un hinnen nüscht* Uec/Pa, ähnl. verbr. – **2.** scherzh., Chemisette selt. – **plättdrög** Adj. halbtrocken (gerade zum Bügeln geeignet) selt. Vgl. plättrecht.

plattdüütsch Adj. niederdeutsch. *All, wat plattdüdsch spreckt, het Maud, All wat plattdüdsch spreckt, is 'n tru Blaud* [4]GIL 1,95. *Im Winter hemm' wi plattdüütsch språken, äwer in'n Sommer hemm' wi hochschnarzen lihrt wegen de Bådegäst* Rüg/Lo. – Ral., mit Bezug auf die Gleichheit von mir und mich im Plattdeutschen: *Wenn du nich weißt, ob mir, ob mich, spräk plattdüütsch, denn blamierst di nich!* Fra/Pe, ähnl. verstr. Vgl. platt, nedderdüütsch. Subst.: *Plattdüütsch* n. die plattdeutsche Sprache. – Die ursprünglich im Nl. (1524, Delft) verwendete Verbindung *in goede platten duytsche* bezeichnete die klare, deutliche Sprache, erst seit dem 17. Jh. benennt man das Nd. im Gegensatz zum Hd. als Plattdeutsch und setzt das Nd. damit auch als minderwertig herab. Heute bezeichnet plattdeutsch generalisierend die nd. Mundart, vgl. MWB 5,462f., HWWB 231[a].

platten sw. Pflanzkartoffeln in Keim tragende Scheiben, Stücke schneiden verstr. *Wi möten Tüffka platten, süss reekt uns' Såt nich* Saa/Ja. Vgl. Platt-tüffel.

plätten sw. **1.** bügeln. *Sei hett kein Tiet, sei möt plätten* Gwd/Ba. – **2.** in der Vbdg.: *ein' een' plätten* jmd. eine Ohrfeige versetzen verbr. – **3.** refl., *plättra* nördl. °Pyr, *pläddre* Stolp, sich (zur Begattung) flach an den Boden drücken (von Hühnern) verstr.

Plattenwågen m. Holzwagen mit schmalen Seitenbrettern zum Transport von Steinen vereinz. *De Plattenwågen dröcht hunnert Zentner* Ran/Pe.

Plätter m., *Plätte* f. °Pyr, Nau/Db, Saa/Ja, alte, schlechte Kopfbedeckung (Hut, schirmlose Mütze, Barett) verbr. *Wat hest du bloß för'n ull Plätter up!* Saa/Le.

platterdings Adv. schlechthin selt., HOEFAMSC 352[b]. *Dat is platterdings unmœglich* Gwald.

Plattfaut m. Plattfuß. **1.** Fußfehlstellung mit eingesunkenem Fußgewölbe verbr. *Wägen Plattfäut wür hei kein Suldåt* Gri/Mi. *Hett dei åwer Plattföt, dei watschelt as ein Änt* Nau/De. – **2.** scherzh., luftloser, platter Reifen verstr. – **plattfäutig** Adj. plattfüßig Gwd/Ba, Pyr/Wa,Wi. – **Plattfrost** m. starker Frost ohne Schnee verstr. ZPom, sonst selt. *Plattfrost nimmt de Rogge sehr mit* Reg/Kt.

Plättfru f. 'Bügelfrau' Bedienstete zum Bügeln vereinz. *Sei geiht as Plättfru ut'n Hus* Gwd/Ba. – **Plättiesen** n. Bügeleisen. Vor dem Aufkommen elektrischer Bügeleisen wurden die Geräte mit glühenden Kohlen oder heißen Bolzen befüllt. *Legg 'n por Kåhlen in't Plättiesen!* Gwd/Ba. Vgl. Plätt, Plättkluck, -maschin.

Platting f., seem., *Pladding* selt. vpom. Küste, zusammengedrehtes oder glattgeflochtenes Kabelgarn vereinz. vpom. Küste. Vgl. MWB 5,464, KLUF 620.

Plättkind n. Nur ral., scherzh.: *Dat ierste is'n Plättkind, dat tweite is'n Rullkind, dat drüdde is'n Kloppkind* beim ersten Kind wird die Wäsche sorgfältig gebügelt, beim zweiten nur noch gerollt, beim dritten lediglich abgeklopft Fra/Pr, ähnl. verstr. – **Plättkluck** f., scherzh., schweres, mit Kohlen beheiztes Bügeleisen vereinz. Vgl. Plätt, Plättiesen, -maschin. – **Plättmaschin** f. wie Plättiesen vereinz. – **plättrecht** Adj. halbtrocken (gerade zum Bügeln geeignet) selt. Vgl. plättdrög.

Platt-tüffel f. zur Saat abgeschnittene Kartoffelscheibe mit Keimstelle vereinz. Vgl. platten.

Platz[1] m. **1.** abgegrenzte Fläche, Stelle (für bestimmte Zwecke) verstr. *Ik gåh nich up'm Platz, bloß am Åbend in'n Sål* Pyr/Lt. *De hett sich'n schön Platz Erdbeer'n anleggt* Uec/Ge. – Hd. *Platz* verdrängt zunehmend nd. Flach, Flag. – **2.** bestimmter (zugewiesener) Ort verstr. *He hett siene Platz in de Kirch* Pyr/Lt. *Dei Sål wier all vull, wi krägen keinen Platz mihr* Gwd/Ba. – In festen Vbdg.: *Platz nähmen* sich setzen verbr.; *to Platz kåmen* (rechtzeitig, sofort) erscheinen, hervortreten verbr.; *mit de Wohrheit to Platz kåmen* Gwald; *mit de Arbeit nich to*

Platz kåmen überlastet sein selt.; *to'n Platz sin* tüchtig, auch: schlagfertig sein selt. – **3.** Raum, Stelle für etwas oder jmd. *Ik bruk nich väl Platz* Pyr/Lt. *De Wåhrheit wist werrer nich Platz jäbe* Ghg/Li. Ausruf, wenn jmd. hastig ankommt: *Platz måkt, Schnellöper kümmt!* Ran/Pe, ähnl. verbr. – Sagw.: *Platz dor! säd Klas taun Muskanten, dor kann uck noch en Minsch sitten* HuMGwd 11,4,8.

Platz[2] f. in den Vbdg.: *dei Platz kriegen / sik dei Platz argern* sehr wütend werden verbr. – **platzen[1]** sw. **1.** durch inneren Druck zerbersten, auseinanderreißen. *De Flasch is platzt* Pyr/Lt. *Du frettst, bet du platzt* Fra/Bn. Übertr.: *Mi platzt dei Kopp* ich habe Kopfschmerzen Rum/Pr. – Ral.: *Mi platzt de Gall°/ de Krågen!* ich bin sehr wütend! verstr. *Wenn't platzt, denn platzt't, un wenn't 'n tinnern Bodden hett* die Wahrheit kommt immer ans Licht, auch: jede Freundschaft kann zerbrechen Ghg/Li, ähnl. vereinz. *Wenn dat Eej platzt, dann stinkt't!* wenn eine enge Freundschaft zerbricht, wird übel nachgeredet Cam/Kn, ähnl. verstr. – **2.** aufplatzen (an der Oberfläche) verbr. *Dei Pelltüften sind all platzt* Use/Sw. *Dat Brot is schön platzt* Stett.

platzen[2] sw., scherzh., sich setzen, Platz nehmen vereinz. *Wist du nich 'n bäten platzen?* Gwd/Ba. *Platz di!* Ank/An.

Platzrägen m. plötzlicher, starker Regen verstr. VPom, sonst selt.

Plaug m. Pflug. *Hei hett denn Dreisch unnern Plaug* er pflügt die Brache Gwd/Ba; *denn Plaug flotter stellen* Fra/Bn. *Hei hett 200 Morge u'nem Plaug* besitzt 200 Morgen Ackerland Cam/Kw. *De Plog geiht flack / deep* Pyr/Lt. *Dei Plaug schütt euwer* springt aus der Spur Dra/La. – Ral.: *Dat is sien Plog un Wågen!* das ist sein Steckenpferd, da weiß er Bescheid! Dra/Dr, ähnl. vereinz. *De Plaug jeht so lange, bit hei 'ne Stein fött* Sch/Ki. *Mit'n krumm' Plaug kannst doch 'ne gråre For trecken* auch krumme Wege führen zum Ziel Rüg/Ae; *fast in'n Plaug sin* zugfest sein (vom Pferd), auch: sehr zuverlässig sein verstr. – Zur Sachgeschichte vgl. MWb 5,466ff. mit Abb.

Lautvar.: *Plog* verbr. °Rüg u. südl. VPom, verbr. MPom SPom, *Plöuch* Gbg/Gp, *Pläög* Gbg/Gz, *Ploüχ* Gbg/Gu Pri/Teu 139, *Ploug* Net/Hf,Sl, *Plāx* Neu/Fl [5]Tita 79. – Pl.: *Pläug, Plög, Plõidž* Neu/Rt [10]Teu 247, *Plaij* Rum/Km [5]Tita 73.

Plaugbom m. oberer langer Pflugbalken, an dem die anderen Teile des Pfluges befestigt werden verstr. – **plaugeggen** sw. eggen direkt nach dem Pflügen Gri/Bo, HoefAMsc 353b.

pläugen sw. pflügen. **1.** mit dem Pflug bearbeiten. *De Buer pläugt denn Acker* Ank/An. *De pläuge œwer sun deipe Fore* Saa/Le; *flach/deep pläugen* Pyr/Lt. Übertr.: *dörch'e Schiet pläugen* durch Schmutz und Morast gehen verbr.; *mit denn Finger in de Näs pläugen* in der Nase bohren selt. *Wat pläugst du im Äten?* was rührst du im Essen? Nau/Zi. – Im Vergleich: *Dat süht ut, as wenn't pläugt is* das ist schlecht geschrieben Dra/La. – Ral.: *Dat is pläugt, as wenn de Bull pißt* die Furchen sind ganz krumm Gwd/Ze, ähnl. verstr.; ebenso: *Dat süht so ut, as wenn dor dei Düwel mit sien Grotmurrer pläugt hett* Ank/Br, ähnl. verstr. *Mit denn is kein Pläugen* mit dem ist nicht gut auszukommen Gwald, ähnl. verbr. *Mit denn heff ik pläugt!* dem habe ich die Meinung gesagt! Uec/Pa, ähnl. verstr.; *mit ein'/wat sîə Pleije hebbe* mit jmd., etwas Mühe, Ärger haben selt. NOPom. – Sagw.: *Ik kann uk al pläugen, seggt de Jung, äverst mit 'n Lepel in dei dicken Arvten* HuMGwd 77,212f.,4. – Volksgl.: *Man sall uk in'e Twölften nich in'e Ier' buddeln, uk nich pläugen, dat bedüd't Unglück* Gwd/Ba. – **2.** Kartoffeln häufeln verstr., vgl. DWA 14, Kt.6.

Lautvar.: *plögen* verbr. °Rüg, südl. VPom, *plöjen* verbr. MPom SPom, vereinz. ZPom *pläuje* Saa/Le, verstr. ZPom, *plauge* Gbg/Gz, *ploidje* Neu/Pn, DKr/Pl [3]Tita 13, *plôeje, plüeja* °DKr [3]Tita 13, *pleige* verstr. östl. ZPom NOPom, *pleije* verstr. NOPom, [2]Mis 24, JostWb 71.

Plaugfor f. Pflugfurche verstr. *Wenn pläugt ward, lopen Kreigen un Möben in dei Plaugfor un säuken Wörm* Gwd/Ba. – **Plauggeschirr** n. sämtliches Pflugzubehör selt. – **Plaughackels** n. grobes Strohhäcksel, als Futter für die Pflugpferde selt. – **Plaugiesen** n. Pflugeisen, Pflugschar vereinz. – **Plaugkolter** m. Pflugmesser selt. – **Plaugland** n. pflügbares Ackerland (im Gegensatz zum Weideland) selt. *Hei hett man por Morgen Plaugland, dat anner sünd all Wischen* Gwd/Ba. – **Plaugmarieken** n. Kalendertag Mariä Verkündigung [25.3.], der Tag, an dem das Pflügen und die Aussaat beginnt verstr. °Rüg, sonst selt. *Plogmarieken trecken de Plögers nåh'n Acker* Rüg/Pu. – **Plaugrad** n. Pflugrad selt. – Kinderspiel: *Plaugråd lopen* kopfüber mit Purzelbäumen einen Hügel hinunterrollen [3]Luch 184. – **Plaugschor** f./n. Pflugschar. *Du hest nich de Mess von'e Plaugschor afkratzt* Sto/Gl. *Dat Plogschår mütt scharpt warden* Ran/Pe. – **Plaugstart** m. **1.** Pflugsterz, Führungsstange des Pfluges mit Handgriffen vereinz. – **2.** Pflugwende, Ackerstelle, an der der Pflug gewendet wird selt., vgl. DWA 8, Kt.6. – **3.** TiN, Bachstelze Rüg/Zi. – **Plaugstœker** m. Stock, mit dem beim Pflügen Unkraut und trockener Mist weggestoßen wird verstr. – **Plaugtüffel** f. Kartoffel, die nach dem Pflügen des abgeernteten Feldes gesammelt wird vereinz.

plautschen sw. **1.** polternd gehen, trampeln °Reg, DKr/La. – **2.** Wasser beim Baden, Rudern in Bewegung bringen selt. VPom. Fischerspr.: Fische mit einer Stange ins Netz jagen Stral, Ras 49. Vgl. BBWb 3,652. – **plautschig** Adj. dick, ungeschickt vereinz. *De süht plump un plautschig ut* Uec/Pa.

Plauz f./m., *Plautsch* Fra/Br, Gwd/Wi, Gbg/Gp, *Plöuz* Gbg/Gp, *Plu(t)z* verstr., dicker Bauch verbr. *sik dei Plauz vullschlån* viel essen verbr. *Dei Pier hemm' sich orig 'ne Plauz anfräten* Gwd/Ba. *He het sich de Plauz schön vollsåpen* er ist sturzbetrunken Rüg/Pu. Scherzh.: *dei Plauz vull hemm'* schwanger sein verstr. VPom MPom. Auch: Magen verstr. – Ral.: *sich de Plauz (vull) argern* sehr wütend werden verbr. Vgl. Platz[2]. Syn. s. Mieg[1]. – Westslaw. Lehnwort, vgl. poln. *płuca* Lungen.

Pleck, pleckig s. Placken, plackig.

pleite Adv. wie hd. vereinz. *De hett sich pleite wirtschaft'* Sto/Dö. → bank(e)rott. – **Pleiterentjee** m. jmd., der sich trotz finanziellen Ruins eine neue Existenz aufbaut vereinz.

Plemp f., veralt., Plempe, Säbel verstr. *mit eis de ganze Stuw vull Franzosen stünn. All de blank Plemp in de Hand* HuMGwd 3,30,8. Vgl. DähWb 352[a]: *Plamp*, BBWb 3,654: *Plempe[1]*.

Plemperie f. Plemperei, das Verschütten von Flüssigkeiten selt. *Nu seh di uk vör, dat du kean Plemperie möckst!* Dra/Bu. – **plemp(e)rig** Adj., *plimprig* Kol/Pr, verwässert, verdünnt vereinz. *Dat Bier schmeckt so plemprig* Pyr/Wi. Vgl. plempig. – **Plempermelk** f. gepanschte, verdünnte Milch vereinz., [4]Win 51. Syn. s. Klœtermelk. – **plempern** sw. **1.** Flüssigkeit verschütten vereinz. *Du hest in'e Keeken bi'm Afwasche plempert* Sto/Gl. – **2.** verdünnen, mit Wasser mischen selt. *De hett de Melk plempert* Ran/Pe. – **3.** im Wasser spielen, herumplanschen selt. *De plempert uk jiern im Wåter* Saa/Le. – **plempig** Adj. verwässert, verdünnt vereinz. *De Supp is plempig* DKr/La. Vgl. plemp(e)rig.

plemplem indekl. Adj. verückt, nicht normal verbr. *De is 'n Happen plemplem* Stett. → mall.

Plentimonni n. viel Geld verstr. *Plentimonni hebben* Rüg/Pu. Vgl. Pennimonni. – Aus engl. *plenty money.*

Lautvar.: *Plentemonni* Ank/An, Gwald, °Ghg, Saa/Ja, *Plennemonni* Fra/Pe, Gwd/Ze, *Plennimonni* Uec/Pa, *Plennimönni* Fra/Zi, *Plonnimonni* Stral.

plesch Adj. geflickt Rüg/Dm, Hidd. *all so'n pleschen Tüg* Hidd.

Plessur f., *Plesseer* Lau/GW, Rüsche vereinz. *'n Kleed mit väl Plessuren* Uec/Ge. – Frz. *plissure* Falte.

Plett f. Pfütze Lau/Ke, [2]Pirk 40. – Pomor. *plëta.*

Plewa f. Pelle auf gekochter Milch Lau/Wi, Slo/Kk. – Entlehnt aus poln. *plewka* Häutchen.

Pli m., *Plü* verbr. VPom, sonst selt., Benehmen, Anstand verbr. *Lüd' [...] dei gor nich 'n Happen Plie in't Lief harn* HuMGwd 5,19,11. Auch: Witz, Verstand verstr. VPom. Vgl. MWb 5,493.

Plicht[1] f. Pflicht, moralische oder dienstliche Aufgabe verstr. In der Paarformel: *Plicht un Schülligkeit* vereinz.

Plicht[2] f., fischerspr. **1.** bewegliches Fußbodenbrett im Boot verstr. VPom MPom. Auch: der gesamte Bodenbelag des Decks vereinz. VPom MPom, [2]Rud 24,76,125. *'ne niege Plicht inmåken* Rüg/Gl. – **2.** loses Sitzbrett im Fischerboot °Rüg, Hidd., [2]Rud 124. – **3.** kleines Bootsverdeck vereinz. – **4.** kleiner Wohnraum auf Booten und Schiffen selt.

Pliddermodd f. Morast, Schlamm selt. VPom. Vgl. MWb 5,495: *Pliddermad.* – **Pliddersupp** f. dünne, fettarme Suppe Neu/Th, Slo/La. Vgl. Pladder[1].

Plier f., pejor., *Blier* °Ghg, Saa/Ja, östl. HPom, *Blirr* Fla/Wo, Auge verstr. *Riet dien Bliere ni so up!* Neu/We.

plieren sw. **1.** blicken mit halbgeschlossenen Augenlidern verbr. *Hei seet dor un plierte in dei Sünn* Dem/De. *Bi den Múŕe sîn Arbeid möt väl nå de Richtschnur måkt waden, doŕ het hei väl to pliŕen* [4]Gil 1,56. *Hei pliert üm'e Eck* Fra/Pe. – **2.** blinzeln, zwinkern verbr. *Koorl pliert immer so mit de Ogen, dei kann woll nicht ordentlich kieke* Sto/Gl. *Dei Lütt, dei pliert so mit dei Ogen* Gwd/Wi. Auch: schielen, weinen vereinz.

Rsyn. zu 2.: *finstern, kniepögen, plierögen, plinke(r)n, plinkögen.*

plierig Adj. **1.** trüb, entzündet verstr. HPom. *Dei Oje sinn mi so plierig* Rum/Pr. – **2.** lauernd schauend selt. VPom. *Herr Reinike [...] stellt plirig sik in Positur* [5]Seg 88. – **Pliermusik** f., scherzh., das Weinen von Kindern vereinz. Schadenfreudig: *Ätsch, ätsch, Pliermusik!* Lau/GW. – **Plierog** n. **1.** halbgeschlossenes, blinzelndes Auge vereinz. *Måk dien Plierogen up!* Gri/Mi. Auch: entzündetes Auge selt. *Bi Schnöf* [Schnupfen] *hett ma' Plierogen* Dra/Bu. – **2.** Mensch, der ständig blinzelt, die Augen zusammenkneift selt. *Hei is 'n Plierog* Gwd/Ba. – **plierögen** sw. **1.** mit halbgeschlossenen Augenlidern sehen selt. – **2.** (vor Müdigkeit) blinzeln, zwinkern selt. → plieren.

Pliet[1] f. verrückter Einfall, Späßchen selt. Im Volkslied: *Uns beiden kümmt dei olle Dag, wi sitten vuller Pliten* [11]Haas 34.

Pliet[2] m./f., *Plietsch* Dem/Tp, Dra/Dr, Pl. *-en, -es.* **1.** TiN. – **1.1.** kleiner Blei, Brachsen verbr. Auch generalisierend: kl., minderwertiger Fisch verbr. *De Pliete sind fer de Katt* Büt/Bt. – **1.2.** Ukelei Rüg/Zu. – **2.** kleines, zartes Pflänzchen vereinz. ZPom. Übertr.: feines, dünnes Haar selt. *Dei hett uk ma' noch drei Pliete up'm Kopp* Gbg/Gp. – **3.** scherzh., alte, flache Mütze selt. HPom. – **4.** veralt., flacher Metalluniformknopf Cam/He, Reg/Pl. Übertr., scherzh.: geringe Summe Kleingeld verstr. *Mit miene pår Pliete kåm ik ni' wiet* Gbg/Ge. – **plietrig** Adj.

kümmerlich, spärlich selt. *Dei Plante stauhe so plietrig* °Kös. – **Plietsack** m. dünner Aal selt. NOPom.

plietsch Adj., *polietsch* verbr. MPom, HPom, pfiffig, schlau, gewitzt verbr. *Dat's 'n plietschen Infall* Gri/Bo. *Wi möten einen schicken, dei 'n bäten plietsch is* Gwald. *Sei sünd doch süs so plitsch* [1]BAND 4,13. – In scherzh. Vergleichen: *Hei is plietsch as Hannes, dei bünn dei Höhner den Steert tauhöcht, dat s' bäter leggen künnen* HUMGWD 11,20,11. *Hei is plietsch as'n däänsch Pierd, hei schitt in'n Schlåp* Fra/Fr, ähnl. vereinz. Vgl. schwienplietsch. – **2.** ulkig, komisch vereinz. *Ja, dat möten ji seihn, dat is tau plietsch* [3]KAL 16. – Sagw.: *Plietsch, plietsch! säd de Düwel, doon lees hei in dei Bibel* HUMGWD 74,136f.,4. – Verkürzt aus politisch.

Rsyn. zu 1.: *beschlågen, driftig, hellköppsch, klauk, klipp*[1], *klüftig, schlau, upgeweckt.*

Plietschigkeit f. Schlauheit, Gerissenheit selt. *Bi all siene Plietschigkeet hett he sich bedümple* [übervorteilen] *lauta* Dra/Bu.

Plimp, plimpere s. Plümp, plümpern.

plind(e)rig Adj. wässerig, gehaltlos vereinz. NOPom. *Hüt Owend is de Supp so plindrig, dei hest du ordentlich tauft* [mit Wasser verdünnt] Sto/Gl. – Zu plännern. – **Plindermelk** f. Magermilch, sehr dünne Milch selt. NOPom. → Klœtermelk.

Plinke s. Plunk.

plinke(r)n sw., *plünkre* °Gbg, Stolp, blinzeln, zwinkern verbr. *He plinkt nich lütt bäten mit de Ogen* Dem/Pz. *He plinkt nech mehr* er ist tot Gbg/Gp. *Dei väl mit de Ojne plinkre, sajet de Wauhrheet nech ümme* Gbg/Gp. *Wat plinkerst du bloß mit diene Ogen, wenn du nich gaut seihne kast, denn goh tum Dokter!* Sto/Gl. → plieren. – **Plinkog** n. zwinkerndes Auge, Augenzwinkern selt. *Hei schmeet em 'n Plinkog tau* Gri/Ti. *De beeden måken Plinkog* zwinkern sich zu Ank/An. – **plinkögen** sw. blinzeln, mit den Augen zwinkern verbr. *Peiter* [...] *plinkögde un reew sik in'e Ogne* [3]SCHWA 95. *Em wier wat in't Og flogen, nu möste hei immertau plinkögen* Gri/Bo. → plieren.

Plins[1] f., *Plinz* vereinz., dünner, in der Pfanne gebackener Kartoffel-, Eier- oder Mehlkuchen verbr. *Murrer backt noch 'n por Plinsen taum Sünndagnåhmiddag* Gwd/Ba. Im Wortspiel mit plinsen: *Nu back ma' wedder Plinsen!* nun weine mal wieder! Ghg/Li, ähnl. verstr. Vgl. Flins.

Plins[2] f. Mensch, der schnell und viel weint (bes. Kinder) Ran/Pe, Reg/Me, Rum/Tr. – Zu plinsen.

plinsche sw. kräftig im Wasser planschen selt. NOPom. *Dat kleie Balg deet in de Wann so plinsche, dat de ganze Stuf schwemmt* Rum/Ru.

plinsen sw., *plinzen* Saa/Ja, Pyr/Wa,Wi, oft weinen (bes. von Kindern) verbr. *Wat stehst du dor un plinst?* Ank/An. *Sei plinst üm jeden Quark* Gwd/Ba. Derb: *Plins ma', bruukst nich pissen jåhn!* Ran/Ro. Vgl. Plins[2]. – **Plinserie** f. das Weinen selt. *Nu låt ma' dien ull Plinserie!* Pyr/Py. – **Plinsgeschirr** n. Nur ral., scherzh.: *Hål dien Plinsgeschirr man werrer rut!* fang nur wieder an zu weinen! Dem/Tp, ähnl. vereinz. – **Plinsmarieken** n. zum Weinen neigendes Mädchen vereinz.

Plinten Pl. Kleingeld selt. MPom HPom. *De hett jå bloß een por Plinte* Cam/Rn.

Plirr, plirrig s. Plurr, plurrig.

Plitikus s. Politikus.

Plitt s. Plütt.

Ploch m. dicker, grober Kerl verstr. HPom. – Zu pomor. *płoχ*. – **plochsch** Adj. kräftig, ungeschlacht, grob verbr. HPom. *Mîə Meister, dat was eie plochsch Kierl* Büt/Bt. – Pomor. *płoχləvi* grob, unverschämt.

Plonn m. Erntefest der polnischen Schnitter selt., UP 7,293. – Pomor. *plon* Ernstefest.

Plonnjoo f.(?) Loch im Eis JOSTWB 71. – Zu pomor. *płońω* offene Stelle im Eis.

Plörös' f. Hutbesatz aus geknüpften Straußenfedern vereinz. Auch: Trauerbesatz selt., HUMGWD 74,125f.,1. – Wie frz. *pleureuse*.

Plörr s. Plürr.

Plœter m., *Plöder* Dem/De, Reg/Kt, °Kol, *Pläter* selt. VPom, *Pleter* Sto/Gl,Kr, Lau/Pb; Pl. *-s*, armer Mensch verstr. *Dat is een richt'gen Plœter, de is arm as 'ne Kirchenmus* Ran/Pe. *Künnen nich ok so'n lütten Pläters von Handwarkslüd eins so wat günnt warden* [7]BAND 115. – **Plœterie** f. ärmlicher Kleinkram selt. – **plœt(e)rig** Adj., *plöt(e)rig, plöd(e)rig* vereinz., *pläutrig* Rüg/Ae, Pyr/Wa,Wi, Saa/Ja, vereinz. ZPom, *pleetrig* Sto/Gl, °Lau [2]PIRK 41. **1.** dürftig, ärmlich verbr. *Dor geiht dat man plœtrig her* Gwald. *Dat Läben was man recht plœtrig in de Johrn nåh'n Krieg* Ran/Pe. *De jauhe so plötrig ajetreckt* gehen so ärmlich angezogen Gbg/Gp. – **2.** dünn, wässerig (von Flüssigkeiten) verbr. *Du hest werrer so'n plœtrig Supp kåkt* Gwald. *De Kaffe is man plöterig* Saa/Le. – **Plœterkråm** m. wertloses Zeug, Plunder selt. *Sei köfft sik all so'n Plöterkråm, de nicks döcht* Ank/An. – **Plœtermelk** f. verwässerte, magere Milch vereinz., [4]WIN 50f. → Klœtermelk. – **plœtern** sw., *plätern* selt. VPom, *plötern* vereinz. **1.** (stark und geräuschvoll) regnen selt. VPom. Auch: plätschernd fließen selt. *Kloar Water, dat plötert un ruuscht in jede Grund* [3]SCHWA 31. → pladdern. – **2.** etwas gießen (und dabei verschütten) selt. – **Plœtersupp** f. dünne, wenig nahrhafte Suppe vereinz. – **Plœtertasch** f. schwatzhafter Mensch, Klatschbase verstr. – Ral.: *Ik segg nicks mier, seed Rötersch, dei oll Plötertasch, doon stürv sei* HuMGwd 76,305f.,3. – **Plœterwirtschaft** f. kleiner, schlecht bewirtschafteter Hof vereinz.

Plötz m., vereinz. f., TiN, *Pletz* vereinz. NOPom, *Plotz* DähWB 353[b], Plötze. *Hest du orrig Plötzen angelt?* Gwd/Ba. – Ral., wenn sich jmd. in die Finger geschneuzt hat: *Då, Katt, hest' ok 'ne Plötz* BlfPVk 10,43. – **Plötzenfräter** m. SpottN für jmd. aus der Mark Brandenburg selt. – **Plötznett** n., fischerspr., Setznetz zum Plötzenfangen vereinz. VPom. Vgl. Boorsnett.

Plowk m. Sumpf nördl. °Sto, BlfPVk 7,64. – Pomor. *plœwk* feuchte Wiese.

Plü s. Pli.

Pluch s. Pluuch.

plücken sw., *plicke* vereinz. NOPom, [5]Tita 47, *plecke* Lau/Ke, pflücken. **1.** Obst, Blumen abpflücken, ernten. *Dat Mäten plückt Blaumen* Ank/An. *Ik will Ierbeern plücken* Gri/Mi. *Krut för dat Veih plücken* Fra/Pe; *Flass plücka* Flachshalme ziehen Saa/So. Auch: Unkraut jäten vereinz., vgl. DWA 14, Kt.3. Übertr.: jmd. ausnutzen (bes. finanziell) verbr. *Dei Gör'n hemm' dei Ollen so lang plückt, bet sei nicks mihr harn* Fra/Br. *De plückt mi ümmetau am Lief* will immerzu Geld haben Reg/Me. Scherzh.: *Denn hemm' wi schön plückt!* dem haben wir beim Kartenspiel viel Geld abgenommen! Ank/An. – Ral.: *Eener mutt 't* [das Geld] *van de Lüj nehmen, va' de Böm kann man 't nich plücken* Pyr/Lt, ähnl. vereinz. *Man plückt nich Kespere* [Kirschen] *von jerem Bom!* man darf von einem Menschen nicht zuviel verlangen! Nau/Fg,Rh. – **2.** rupfen. – **2.1.** Geflügelfedern ausrupfen verbr. Das Gänserupfen (*Gäus plücken*) wurde früher häufig gemeinschaftlich durchgeführt. – Ral.: *ein' dat Fell plücken* mit jmd. streiten, jmd. verprügeln vereinz.; *mit ein' 'n Hauhn to plücken hemm'* verbr. *Hei plückt sin Hauhn, åhn dat't schriggt* er weiß sich seinen Vorteil im Stillen zu verschaffen BlfPVk 10,179. – **2.2.** auseinanderpflücken, -zupfen selt. *Wull plücke* [4]Rosf 483. *De Schåpmess wür plückt* mit den Händen auseinandergerissen und auf dem Feld verteilt Nau/Sr. Übertr.: über jmd. herziehen, übel nachreden selt. *einem kort o' klein plicke* Sto/Dö. – **Plücker** m. **1.** Arbeiter, der Obstbäume aberntet Pyr/Lt. – **2.** Gerät zum Obstpflücken mit gezahntem Rand und Fangsack selt. *Måk denn Plücker trecht, dei Äppel möten runner!* Gwd/Ba. – **Plückfett** n. 'Pflückfett' Darmfett von Schlachttieren verstr. – **Plückfinken** Pl. süßsaures Gericht aus zerkleinerten Innereien (bes. Magen) von Rind oder Schaf verbr. MPom, sonst selt. Auch: Gericht aus Fleischresten (mit Möhren u. Kartoffeln) selt. MPom. Vgl. Plückfleisch. – **Plückfisch** m. Fisch, der von den Gräten befreit worden ist selt. VPom. Auch Bez. für ein Gericht daraus. – **Plückfleisch** n. Gericht aus zerkleinerten Innereien (bes. Magen) von Rind oder Schaf Kol/Go, °Sch. Vgl. Plückfinken. – **plückriep** Adj. pflück–, erntereif selt. *De Äppel sind plückriep* Ran/Pe. – **plückwies** Adv. in kleinen Mengen, stückweise verstr. *Hei betåhlt uk man plückwies* Gwald.

Pludder m., *Plurrer* selt., verwässertes, dünnes Getränk, gehaltlose Suppe vereinz. – **plüdd(e)rig** Adj., *pludd(e)rig* verstr., *pliddrig* Gbg/Gp, dünn, wässerig verbr. *Du hest wedder so 'ne plüddrige Supp kåkt* Ank/An. Vgl. plürrig. – **Plüddermelk** f., *Plürrer-* vereinz. VPom, Uec/Pa, Stett, Cam/Kn, Gbg/Gp, *Pludder-* selt. ZPom, wässrige, sehr magere Milch verstr., [4]Win 50. → Klœtermelk.

Pluderbücks f. Pluderhose, sehr weite Hose selt. In ihrer Tracht *drögen dei Mönchgauder Fischers noch Pluderbücksen* Gwd/Ba. Vgl. Pusselbücks. – **plud(e)rig** Adj., *plurig* selt. HPom, HomWb 149[b], unordentlich, zerzaust verstr. *Se sieht so pludrig ut üm't Hår* Uec/Pa.

Pludermul n., scherzh., schwatzhafter Mensch Lau/GW, HomWb 149[a]. Vgl. Pludertasch.

pludern[1] sw., *plurern* Ghg/Li, *plure* selt. NOPom, jmd. oder etwas zerzausen selt. *De Köter hett de Henn schön plurert* Ghg/Li.

pludern[2] sw., *plurern* selt. **1.** plaudern, sich unterhalten verstr. *De Wiewer hebben werrer vel to plurern* Ran/Pe. – **2.** etwas ausplaudern, verraten verstr. *Nanter was lichtmült west, de hadd pludert* [2]Seg 105. Bes. in der Vbdg.: *ut'e Schaul pludern* verstr. – **Pludertasch** f., scherzh., Mensch, der Neuigkeiten herumerzählt verstr. VPom MPom. Vgl. Pludermul.

Plügg m./f., Pl. *-en*. **1.** kleiner Holznagel (bes. zum Befestigen der Schuhsohle) verbr. *Haugn S' mi por Plüng' in dei Såhl!* Gri/Mi. – **2.** Federkiel (in der Haut des gerupften Geflügels) Pyr/Wa,Wi, Saa/So, °Nau. *Treck doch ees dera Plüjja ut* Saa/So. – **3.** Eiterpfropfen verstr. *In de Wunn' sitt' noch 'n schön Plüjjen drin* Uec/Ge. – **4.** Pl. geringe Summe Kleingeld verstr. *Hei is sien por Plüggen los worden* Gri/Ge. – **5.** Pflanzholz °Dra.

Lautvar.: *Plücken* Rüg/Dm,Zi, *Plüjje* Uec/Ge, °Dra, Saa/So, Nau/Fg,Rh,Wa, *Plöjja* Pyr/Wa,Wi, Saa/Ja, *Ploggo* Net/Hf,Sl, *Plöch* verstr. ZPom, *Plöggen* Dra/Ga, Saa/Ja, °Nau, *Plüng* vereinz. VPom MPom, Nau/Fg, °Gbg, *Pling* Lau/GW,Vi.

Plügger m., *Plüjje* Dra/La, *Plüjjert* °Reg, dicker Mensch selt. HPom.

plümerant s. blümerant.

Plumm f., *Plump* vereinz. VPom, *Plum* verbr. MPom, verstr. SPom ZPom, °Rum, Sto/Gl, *Plium* Neu/Pi,

Fla/Wo, DKr/La, Pl. *-en.* **1.** Pflaume. *Plummen bräken* aussteinen Ran/Ro. *Dei Plumm is noch nich riep* Dem/De. *Œwer't Johr gifft so väl Plummen, dor kannst Stråten mit dämmen* Ank/An. Gerichte mit Pflaumen: *Pluma un Tüffke* Eintopf aus Kartoffeln, Pflaumen und Speck Dra/Bu; *Plumm' un Klüt mit Schinkenknåken* verbr. – Ral.: *De iersten Plumm'n sünd mådig* der erste Gewinn geht wieder verloren Gri/Ge, ähnl. verbr. – Sagw.: *Vadder, hemm' de Plummen uck Been'? frög de Jung, don har hei 'ne Pogg äwerschluckt* HUMGWD 10,37,8. – Volksgl.: *Wenn een Mäken duppelt' Plumm' ett, kricht se Twillings* Uec/Ge, ähnl. Gbg/Gp. Vgl. DWA 17, Kt.7. – **2.** übertr. – **2.1.** weibliches Geschlechtsteil verbr. *He will 'n anner Plumm hemm'* er sucht nach sexueller Abwechslung Ghg/Wt. → Kutt. – **2.2.** (weicher) Fußball vereinz. *Tede knallt de Plumm up'e Kaste* [Tor] Sto/Dö. – **3.** Schimpfw. für einen dummen, nichtsnutzigen Menschen verstr. Auch: Herumtreiberin verstr. – In Zss. Plumm-, Plummen-. – **Plummenaugust** m. Schimpfw., arroganter, unzuverlässiger Mann verbr. *Du büst mi jå 'n schönen Plummenaugust, lettst mi so lang täuben!* Gri/Bo. Auch: Dummkopf verbr. – **Plummenback** m. Fladen aus Brotteig, mit Pflaumen belegt Pyr/Wa,Wi, Ghg/Wt, Sto/Gl.

Plummenbom m. **1.** Pflaumenbaum. *denn Plummenbom schüddeln* Gwd/Ba. – Ral.: *Bi em wassen ok bloß soväl Infäll, as up'n Plumm'bom Äppel wassen* er ist strohdumm Uec/Pa. – **2.** scherzh., Fagott °Ran, °Ghg, DITF 24, HUMGWD 3,10,11.

Volksgl. zu 1.: Wenn heiratsfähige Mädchen in der Silvesternacht am Pflaumenbaum rütteln und dabei nach dem Herkunftsort des Bräutigams fragen, soll die Richtung, aus der Hundegebell erschallt, diesen Ort anzeigen vereinz. Ein eingehender Pflaumenbaum zeigt einen Toten an Sch/Pu.

Plummenbüdel m. Schimpfw. für einen unzuverlässigen, auch besonders dicken Menschen vereinz. – **Plummenfieg** f. 'Pflaumenfeige' Backpflaume selt. °Sch. – **Plummengoorden** m. 'Pflaumengarten'. Nur ral.: *Dat is 'n Läben as in'n Plummengoorden* da geht es sehr lebhaft und lustig zu Dem/De, Sto/Dö, Lau/GW,Ke. – **Plummenkauken** m. Pflaumenkuchen. *Dor sünd noch por Plåten Plummenkauken in'n Åben* Gwd/Ba. – **Plummenkrüd** f. Pflaumenmus verbr. *Du meust noch de Plummekrür in de Backauwe stelle* Gbg/Gp. *Dei sülwstkåkte Plumm'krüd schmeckt an'n besten* Gri/Mi. – **Plummenmaus** n. dass. verstr. VPom, Uec/Pa, Nau/Rh. – **plummennar(r)sch** Adj. **1.** verrückt verstr. – **2.** verstärktes Interesse an Frauen zeigend verstr. – **Plummenpingsten** n. Nur ral. für ein niemals kommendes Datum: *Dor kast bet Plumapingsta up lure!* Dra/Bu, ähnl. verstr. – **Plummenplücker** m. jmd., der Pflaumen pflückt. Auch: Tanz bei Hochzeiten und Erntefesten vereinz. – **Plummenpudding** m. Pudding aus Buchweizen und Backpflaumen Gwald, HUMGWD 14,1,10. – **Plummensack** m. Sack aus dichtem, dickem Gewebe (für Pflaumen) verstr. – **Plummenstein** m. **1.** Pflaumenkern. *Du dörfst dei Plummenstein nich mit runnerschlucken* Gwd/Ba. – **2.** fachspr., glatter Dachziegel, Biberschwanz Fra/Pe,Zi. – **Plummensteinmuster** n. Webmuster auf Handtüchern in Form ineinandergeschachtelter Rauten Dra/Dr,La, vereinz. ZPom. Vgl. MWB 5,509. – **Plummenwalzer** m. Paartanz, ähnlich dem des Rheinländers selt. HPom. – **plummenweik** Adj. weich (wie eine reife Pflaume) vereinz. *Dat Ei is plummenweik kåkt* Gwd/Ba. *He hett'n plummenweiken Handschlag* einen laschen Händedruck Gwald.

plump Adj. ungeschickt. *Dat hat hei tau plump måkt, dat merken sei jo glieks* Gwd/Ba. Subst. als hist. SpottN der Pyritzer: *Plump von Pyritz* vereinz., KRKLPYR 1915,76. Vgl. plumpig.

Plump f. **1.** Pumpe verbr. *Du mußt no' 'na Emmer Waute va' 'ne Plump hola* Dra/Dr. Vgl. Pump[1]. – **2.** seem., Eimer, mit dem auf Schiffen Trinkwasser aus Fässern geschöpft wird Rüg/Sn, Gwald. – **3.** fischerspr., wie Plümper Fra/Bn, Stral, RAS 49.

Plümp f., *Plümpe* Nau/Wn, °Büt, *Plimp* Gri/Ge, dünnes Getränk, bes. Kaffee oder Suppe vereinz.

Plumpatsch m. **1.** Pudding aus Schokolade, Milch und Grütze Ghg/Li, Cam/He, Lau/GW. – **2.** ungeschickter Mensch Dra/La. – **plumpatschig** Adj. unbeholfen, ungeschickt Dra/La, Nau/Fg,Rh.

plumpen sw. **1.** mit dumpfem Geräusch ins Wasser fallen. Nur im Scherzvers: *As de Buer in't Wåter föl, hüürst du em woll plumpen? Har ik em nich ruter hålt, wier hei woll verdrunken* Gri/Ge, ähnl. vereinz. – **2.** fischerspr., Fische mit dem Plümper in das Netz scheuchen Hidd., Rüg/Vi, Fra/Bn, RAS 49. – **3.** Wasser pumpen °Dra, Reg/Kt. *Hull de Emme unne, ik wa' plumpa!* Dra/Dr. Vgl. pumpen[1].

Plümper m., *Plimper* Büt/Wu. **1.** fischerspr., Stange, an der ein ausgehöhltes Holzstück, eine Blechbüchse oder eine lederbezogene Scheibe befestigt ist, um damit Fische ins Netz zu scheuchen verbr., RAS 49. Syn. Plump, Plumps, Plump(s)kül. – **2.** armer Fischer verstr. Häufig in Spottversen wie: *Dei Fischer is'n Plümper, wenn hei nicks fängt, is hei'n Stümper* Dem/De. ähnl. verbr. – **3.** Stange mit durchlöcherter Holzscheibe, die beim Buttern im Butterfaß auf und ab bewegt wird °Dra, vereinz. °Nau, [4]WIN 140. – **plümpern** sw., *plimpere* selt. NOPom. **1.** im Wasser spielen, herumplanschen verbr. *Dei Lütten plümpern in'e Bäk* Gwd/Ba. – **2.** mit Wasser verlängern, verdünnen verbr. *De hett Wåter mank de Melk plümpert* Reg/Za. – **3.** fischerspr., Fische mit dem Plümper in das Netz scheuchen verbr., RAS 49.

Vgl. pulschen, pumpen[3]. – **4.** Butter im Butterfaß stampfen selt. – **5.** dilettantisch auf einem Instrument spielen, klimpern selt. – **Plümpersupp** f. dünn gekochte, wenig nahrhafte Suppe Gbg/Gp, Net/Sl. – **Plümperwåter** n. dünnes Getränk, dünne Suppe Dra/La, Pyr/Py.

Plumpfaut m. dicker, verbundener Fuß Stett, Rum/Ru. – **plumpig** Adj. plump, ungeschickt Pyr/Wi, Reg/Kt. Vgl. plump. – **plumps** lautm. Interj. für ein dumpfes Fallgeräusch (bes. ins Wasser) verstr. *Plumps föl dei Stein in't Wårer* Gwd/Ba. – **Plumps** m., fischerspr., wie Plümper Fra/Pr, Dem/De. – **Plumpsack** m., *Plompsack* Lau/Ke. **1.** dicker, unbeholfener Mensch vereinz. – **2.** im gleichnamigen Kinderspiel die Person, die um den Kreis der Teilnehmer geht und hinter einem Kind z. B. ein Taschentuch fallen läßt. Das so bezeichnete Kind muß nun den Plumpsack fangen. Dazu wird gesungen: *De Plumpsack jeht herüm, un keener dreigt sich üm. Wer sich ümdreigt orrer lacht, kricht denn Puckel vuller Schacht* Stett, ähnl. verbr. Vgl. Klumpsack. – **Plumpsei** n. in kochendes Wasser geschlagenes Ei Nau/Wn. Auch: ein für Zuckerei in eine Tasse geschlagenes Ei °Saa. – **plumpsen** sw. **1.** mit dumpfem Geräusch (ins Wasser) fallen verbr. *Dei Stein plumpst in't Wårer* Gri/Mi. *Ik heff't plumpsen hüürt* Ank/An. – Ral. angesichts unnötiger Geldausgaben: *Nee, denn schmiet ik mien Geld leiwer in't Wårer, denn hür ik dat doch wenigstens plumpsen* Gwd/Ba. – **2.** fischerspr., Fische mit dem Plümper ins Netz scheuchen Fra/Pr, Stral, Dra/Bu, RAS 49. – **plumpsig** Adj. **1.** unförmig, dick Uec/Pa, vereinz. °Sto. *Dat Mäke is so plumpsig* Sto/Dö. – **2.** grob, schlecht ausgeführt selt. *Dei schrifft so plumpsig* Sto/Dö. Auch: ungeschickt selt. *plumpsig uppedde* Pyr/Wa. – **Plump(s)kül** f. **1.** fischerspr., wie Plümper vereinz. In einer Auseinandersetzung: *He kümmt mit de Plumpskül* er wird immer gleich grob Rüg/Zi. – **2.** PflN, Rohrkolben verstr. → Bumskül. – **3.** hölzerner Kartoffelstampfer verstr. – **Plumpspogg** f., TiN, Kaulquappe vereinz. ZPom, vgl. DWA 5, Kt.6. Auch: Wasserfrosch Neu/Sp.

Plumseier s. Plamsur.

Plumskül s. Plump(s)kül.

Plünden m., veralt., *Plünner* JAHN/MEY 86, über der Stirnbinde getragenes Gestell aus Leinen, das zur Kopfbedeckung der Jamunder Mädchentracht gehörte. So beschrieben bei [3]NERE 1,183, BENN 188. Vgl. Plünnerdauk. – Mnd. *plünde* Tuchstück.

Plüng s. Plügg.

Plunk m., Pl. *Plünken, Plinke* vereinz. NOPom, Plunder, abgetragenes Kleid vereinz. HPom. Auch: ärmlich angezogener Mensch vereinz. HPom. – **Plünkenföhrer** m., *-führer* Kolbg, Bel/Zi, Sch/Sc, *-fäuhrer* verstr. HPom, *-feihrer* vereinz. NOPom, wie Plünnenföhrer verbr. HPom. *Dat is wat fe na Plünkaföhrer!* das kann ausrangiert werden! Dra/Dr. – **Plünkenföhrergeld** n. Kleingeld selt. HPom. – **Plünkerjud** m. Schimpfw. für Lumpenfahrer vereinz. HPom. Vgl. Plünnenjud.

Plünn' m., vereinz. f., zumeist im Pl. *Plünnen, Plüngen* °Fra, °Gwd, *Plüne* Sto/Dö. **1.** Lappen, Lumpen, alte, abgetragene Sachen verbr. *Wickel mi ees 'n Plünn' üm'n Finger!* Rüg/Sh. *De hett blot noch Plünnen up'n Lief* Ank/An; *ein' bi de Plünnen hebben* jmd. am Kragen haben Rüg/Zi. – Ral.: *sik in'e Plünnen kriegen/hebben* sich streiten, prügeln verstr.; *ut'e Plünnen gåhn/kåmen* alt und dünn werden vereinz. Auch: Plunder, Habseligkeiten aller Art. *Dei ganzen Plünn' gåhn up einen Wagen rup* Gri/Bo. – Ral.: *dei Plünnen tausåmschmieten* heiraten und einen gemeinsamen Hausstand gründen verstr. – **2.** seem., salopp, Segel selt. *Dat Schipp hett alle Plünnen sett'* °Rüg. – **3.** Säuglingswindel verstr. *Hest du dei Plünn all werrer vull?* Sch/Ki. – **4.** geringe Menge Geld (bes. Scheine) verstr. VPom, Ghg/Li. *Wi will di dien por Plünnen nich afnähmen* Gri/Mi. *Sien por Plünnen reiken nich wiet* Fra/Pe. – Mnd. *plunde, plünde* m./f. Gerümpel, Zeug. – **Plünnenbüdel** m. **1.** Lumpensack selt. *Dat Låken is för'n Lumpenbüdel riep* Dem/Tp. – **2.** Schimpfw. für einen unzuverlässigen Menschen selt. – **Plünnenföhrer** m., *-führer* Kolbg, Bel/Zi, Sch/Sc, *-fäuhrer* verstr. HPom, *-feihrer* vereinz. NOPom, fahrender Lumpen-, Altwarenhändler verstr. *Dat Stück Tüüch is uk bloß noch wat för'n Plünnenföhrer* Ran/Pe. Syn. Plünkenföhrer, Plünnenkierl. – **Plünnenjud** m., Schimpfw., fahrender Lumpen-, Altwarenhändler verstr. Vgl. Plünkerjud. – **Plünnenkierl** m. **1.** wie Plünnenföhrer verstr. *Wi hewwe Lumpe, Knåke un Iesen för'n Plunnekierl* Saa/Bu. – **2.** Vogelscheuche verstr. *Wi hebben up'n Fellen een por Plünnenkierls upstellt* Rüg/Dm. – **Plünnensack** m., *Plünner-* vereinz. **1.** Sack für ausrangierte Kleidung vereinz. Auch: alter, zerschlissener Sack selt. – **2.** Schimpfw. für eine Person in abgetragener Kleidung selt. – **Plünnenwark** n. abgetragene Kleidung Fra/Bn. Auch: schlechter Stoff °Gwd.

Plunner[1] m., *Plunder* verstr., *Pluner* Ran/Sr, Pyr/Wa,Wi, Dra/Ga, Kol/Go, Pl. *Plunnern, Plunn(e)re* verbr. HPom. **1.** Plunder, wertloses Zeug verbr. *Stäk den Plunner in't Füer!* Gwd/Ba. – **2.** Lumpen, abgetragene Kleidung verbr. *Hei hett man luter Plunnern* Pyr/Lt.

Plunner[2] m. blätterteigartiges Buttergebäck mit Zuckerguß Stral, Dem/Tp, Stett.

Plunnerbücks f. alte, abgetragene Hose Ran/Sr, Saa/Te, Gbg/Gp. Auch: weite Pluderhose Fra/Bn, [4]SEG 246.

Plünnerdauk n., veralt., eine der drei Binden der Tracht, die mit Nadeln festgesteckt auf dem Mädchenhaar zu einer Haube geformt wurden JAHN/MEY 86. Vgl. Plünden.

Plunnerie f., *Plunderie* Büt/Bt, Lau/GW. **1.** Lumpen, altes, unbrauchbares Zeug selt. – **2.** unordentliche, vernachlässigte Bauernwirtschaft vereinz. Auch: schlecht ausgeführte Arbeit vereinz. – **plunn(e)rig** Adj., *plünnrig* Gwd/Ba, *plündrig* Kol/Pt, *plundrig* Sto/Dö,Pf. **1.** zerlumpt, zerrissen (von Kleidung) verbr. *De jeht so plunnrig wi e' Zijone* [Zigeuner] Saa/Ja. *Dat Tüg is all so plunnrig* Ran/Pe. – **2.** ärmlich, kümmerlich verstr. *Em geiht dat plünnrig* Gwd/Ba. *Dor geiht dat man sehr plunnrig to* Ran/Pe.

Plunnerkierl m. fahrender Lumpen- und Altwarenhändler Gwald, Pyr/Wi. Auch: Schimpfw. für eine Person in abgetragener Kleidung Ghg/Wt. – **Plunnermatz** m. Schimpfw. für einen unordentlich angezogenen Menschen vereinz. MPom, °Sch, Rum/Pr. – **Plunnermelk** f. fettarme, wässrige Milch Gwd/Ze, Ank/An, Neu/Th.

plünnern sw. plündern, (unrechtmäßig) wegnehmen verbr. *He hett mi bannig plünnert* Uec/Pa. Scherzh.: *Wenn Wihnachten beto is, ward de Wihnachtsbom plünnert* Saa/Le.

Plunsch m., *Plünsch* °Ghg. **1.** Plunder, Lumpen vereinz. *Scheneerst di gor ke beet, in so e' Plunsch unner de Lüd to gohn?* Ghg/Hk. – **2.** dünner Kaffee °Ghg, °Saa, Lau/Vi. Auch: dünne, fettlose Suppe selt.

plunschen s. planschen.

Plünt f. **1.** fachspr., dünne Lederschlaufe am Spinnrad, in der die Achse der Spindel läuft Saa/Le,Te, [4]ROSF 477. – **2.** weibliches Geschlechtsteil vereinz. → Kutt.

Plups m. Nur in der Vbdg.: *up'n Plups* plötzlich, auf einmal Cam/Rv, Sto/Dö. Vgl. Plutz.

Plurch f., vereinz. m., pejor., *Pleuch* Uec/Pa, Ran/Sr, *Plörch* Pyr/Wa,Wi, *Plorch* Fla/Ta, dünnes Getränk (bes. Kaffee und Kaffee-Ersatz) verbr. MPom, sonst vereinz. *Den Kaffe, denn ji kookt hebben, is de reine Plurch* Ran/Pe. Auch: dünne, gehaltlose Suppe verstr.

Rsyn.: *Blümchenkaffe, Juchtel, Juchtelfuchtel, Juuchheidiwåter, Kaffeplümp, Kaffeplurch, Kaffeplürr, Kaffeschlurch, Kåterjüüch, Kåtermieg, Kåterpiss, Klafusterwåter, Klafüt, Klœterjuchtig, Lurch, Negerschweit, Perlonkaffe, Plürr, Plürrerjuuchhei, Schausterlaug, Schlurch, Zigurenkaffe, Zigurenplürr, Zigurenwåter.*

plure, plurig s. pludern[1], plud(e)rig.

Plürr f., selt. m., dünnes, schlechtes Getränk, gehaltlose Suppe verbr. *Hest du ein Plurr kookt, denn hest du woll erscht dörch de Sporbicks lope lote* Sto/Gl. *Geit dei Plürr in'n Drankemmer!* Gwd/Ba. → Plurch.

Lautvar.: *Plurr* verstr., *Plürrt* verstr. VPom, Ran/Na,Sr, *Plür* Fra/Br,Zi, Gri/Ti, Gwald, *Plörr* verstr., *Plirr* Nau/Db, Gbg/Gp, Büt/Bt, Sto/Dö, Lau/GW.

plürren sw., *plüren* Gri/Ti, *plürden* Ank/Br, heftig planschen, (über-)gießen verstr. *Hei plüürt mit Wåter* Gri/Ti. *Du hest mi denn ganzen Teller vull Supp plürrt* Uec/Ue.

Plurrer s. Pludder.

Plürrerjuuchhei f. dünnes Getränk, gehaltlose Suppe verstr. → Plurch.

plürrig Adj. wässrig, gehaltlos (bes. von Getränken, Suppen) verbr. *De Kaffe is so plürrig* Gwald.

Lautvar.: *plürig* Fra/Zi, *plürtig* Dem/Tp, Ran/Sr, *plurrig* verstr. HPom, *plörrig* Gbg/Te, *plirrig* Lau/GW,Ke.

plusen sw. **1.** (zer-)zausen, rupfen (bes. von Haaren und Federn) verbr. *Diern, wer hett di in de Hor pluust?* Rüg/Pt. *De Hund hett dat Hauhn mächtig pluust* Gri/Ge. *Dei Wind hett im Dack pluust* Nau/Fg. Refl.: *Dei Häuhner plusen sich* rupfen sich im Gefieder Gwd/Ba. *Wi hemm' uns orrig pluust* haben uns sehr gestritten Gri/Bo. – **2.** übertr., jmd. ausnehmen, etwas plündern verstr. *Dei heff ik pluust* [beim Kartenspiel] Gwald; *de Wihnachtsbom pluse* °Kös. – **plusig** Adj. **1.** zerzaust, unordentlich (bes. von Haaren) verbr. *Wo seihn sei einmal plusig mit de Hoor ut* [16]BAND 2; *sei seeg ümmer so plusig un unnaschig in't Gesicht ut, as wenn sei'n Grugel vör Water un Seep här* HUMGWD 14,35,11. – **2.** *plusrig* Neu/Aa, weit sitzend (von Kleidung) Gri/Ti. – **Pluskopp** m. leicht erregbarer Mensch verstr.

Pluten Pl. vier in einer Reihe aneinandergebackene Brötchen Dem/Tp, °Ank, wie MWB 5,515.

plutschig Adj. **1.** ungehorsam, frech selt. Vgl. plutzig[2]. – **2.** robust, kräftig selt. – **Plutschmul** n., SpottN, Person mit breitem, aufgedunsenem Gesicht Stral, Ran/Ro. Vgl. MWB 5,516.

Plütt f., *Plitt* vereinz. HPom, Pfütze, kleiner Teich verstr. NOPom. *Dat rejent hiet Plitte* Sto/Dö. Vgl. Pütt. – **plütten** sw. plätschern, planschen [5]BAND 41. – **plüttern** sw. dass. Rüg/Gi.

Plutz f./m., *Plotz* Ran/Ro, Sto/Gl, Lau/GW. Nur in der Vbdg.: *up'e / up'n Plutz* plötzlich, unerwartet verbr. *Up'e Plutz fung dat an to rägnen* Sto/KP. Auch: auf der Stelle, sofort verbr. *Dat jeht nech so up'e Plutz!* Gbg/Gp. Vgl. Plups. – **plutzig**[1] Adj. plötzlich selt. *Ik mutt plutzig dorhen* Stolp.

plutzig[2] Adj. **1.** dick, pausbäckig selt. *dat Gesicht is plutzig* [5]GIL 19. – **2.** patzig, grob selt. *Wat bist du bloß fer eie plutzig Bingel* Lau/GW. Vgl. plutschig.

Plutzwirtschaft f. kleine, schlecht geführte Bauernwirtschaft Ank/An, Pyr/Sh, Saa/Ja.

Pluuch f., selt. n., *Pluch* selt., *Pluck* °Kol, Pl. *-e*, auch *Pluje.* **1.** schlechtes, altes Bettzeug mit verklumpten

Federn verbr. HPom. *Wi mieste luter nîə Bäde hebbe, dat sind allens so'n Pluche* Sto/Gl. Auch generalisierend: Bett. *in't Pluuch geha* Saa/Te. → Bedd. – **2.** altes, abgetragenes Kleidungsstück, Lumpen verbr. HPom. *Treck dei Pluche ut!* Rum/Pr. – **3.** Pl. Habseligkeiten verstr. HPom. – Pomor. *pluχa* Deckbett.

Pluusterback f. **1.** zumeist Pl., dicke (aufgeblasene) Backe, Pausbacke verbr. VPom MPom, sonst selt. *Dei hett richtig 'n por Pluusterbacken an'n Kopp* Fra/Br. *He streek ehr de Pluusterbacken* Ran/Pe. Syn. Puustback. – **2.** pausbäckiger Mensch vereinz. – **pluusterbäckig** Adj., *pluustigbackig* Ank/An, pausbäckig selt. VPom. *dat Gesicht* [...] *plûstigbackig, as bi'n Posaunenengel* [4]GIL 1,117. – **Pluusterfedder** f. Halsfeder von Hahn und Truthahn verbr. – **pluust(e)rig** Adj. **1.** zerzaust, unordentlich verbr. *Måk mi nich dei Hor pluustrig!* Rüg/Ae. *Dat Korn is pluustrig* liegt zerknickt Sch/AR. Vgl. pluustig. – **2.** aufgeplustert, voluminös verbr. VPom, sonst selt. *Dei Häuhner / Spatzen måken sich so pluustrig* Gwd/Ba. *De Ros is all pluustrig* weit aufgeblüht Ran/Pe. Auch: zu weit sitzend selt. VPom, Uec/Pa. *De Blus sitt' so pluustrig* Gwald. – **pluustern** sw., *plüüstern* vereinz. **1.** refl., sich aufplustern (bes. von Vögeln) verstr. VPom, sonst selt. *Dei Spatzen pluustern sik* Gwd/Ba. Auch: das Gefieder mit dem Schnabel glätten vereinz. Übertr.: sich sehr aufregen selt. *Wi dei sich pluustre kann!* Sto/Dö. – **2.** durcheinanderwühlen, zerzausen selt. *Dei Hund hett de Häuhne schön pluustet* Neu/Th. Auch refl.: *sich in de Hår pluustern* Uec/Ge. – **Pluusterschinken** m. in Brotteig gebackener Schinken vereinz. – **pluustig** Adj., *plüüstig* Pyr/Sa, Saa/Ja. **1.** unordentlich, zerzaust vereinz. Vgl. pluust(e)rig. – **2.** pausbäckig vereinz.

Po m. gemeinsame Kasse beim Kartenspiel selt. VPom. *Jeder möt 'n Gröschen in'n Po setten* Gwd/Wi. Vgl. Pott. – Frz. *pot.*

Poäng m., *Puäng* Gri/Bo, Moment, (bestimmter) Zeitpunkt verstr. *Hei hett den richtigen Poäng afpaßt* Gwd/Ba. Zumeist in der Vbdg.: *up'n letzten / höchsten Poäng* in letzter Minute verbr. *Du täufst bit up'n letzten Poäng* Fra/Br. *Mauk, dat du nah de Schol kümmst, dat is up'm letzta Poäng* Pyr/Wi. Vgl. MWB 5,343: *Peäng.* – Zu frz. *point.*

Pöbel m./n. wie hd. *Mit dat Pöbel giff di man nich af* Gwd/Ba. – **pöbelig** Adj. frech, unfreundlich selt.

Pobjanske f., Pl. *-s*, unwahre Geschichte, Märchen selt. NOPom, [2]PIRK 41. *Hei vertallt reine Pobjanskes* Lau/Pb. – Poln. *powiastka* kurze Geschichte.

pochen s. puchen.

Pock f. **1.** Pocke, Eiterbläschen auf der Haut selt. Auch: Einstichstelle der Pockenspritze selt. *Dei Pocken siepern* eitern Gwd/Ba. *Dei Lütt hett Pocken krägen* ist gegen Pocken geimpft worden Pyr/Wi; *Pocke sette* Bel/Rn. – **pockennorig** Adj. pockennarbig Fra/Ln, Gwd/Ba, Ran/Sr, [4]HOEFE 53.

Pockholt n. importiertes, sehr hartes Holz (bes. für Wellenlager verwendet) verstr. Vgl. MWB 5,517.

Podagra n. Gicht verstr., DÄHWB 355[b]. Auch: generalisierend für rheumatische Erkrankung verstr. *Ik heff dat Poragrå so in'n Knie* Gri/Mi.

Lautvar.: *Podegrå* Fra/Bn,Br, *Puddergrå* Gri/Ti, *Poragrå* Gri/Mi, *Purregrå* Gwald, Gri/Go, *Puttegrå* Dem/Tp, Stett, *Pudgraud* Dra/Ga, *Potegråd* °Reg. Scherzh.: *Potengram* Stral, Lau/Vl.

Podecks m., kindspr., Gesäß vereinz. Drohung: *Wenn du nich ruhig bist, gifft't wat up'n Podecks!* Ran/Pe. → Noors.

Podöller, podöllrig s. Perdoll, perdollsch.

pofeln sw. Krankheiten besprechen Ghg/Wl, Pyr/Py. Vgl. BBWB 3,667: *pöfeln* hexen.

Pog f., fischerspr., gesprochen *Pooch, Paug* Rüg/Ae,Mu, Pl. *Pogen, Paugen.* **1.** Netzstück unterschiedlicher Größe verstr. vpom. Küste, RAS 23f. *Wur lang un deip sünd dien Pogen?* Gwd/Fr. – **2.** Flügel der Zeese selt., RAS 23,68f. – Etym. unklar.

Pogg f., selt. m., Pl. *-en.* **1.** TiN, Frosch, Kröte. Gegenüber dem ursprünglich nl. *Padd,* das im mittelpom. Keil und südöstl. ZPom vorherrscht, findet sich *Pogg* im übrigen Teil Pommerns, vgl. dazu [6]TEU 341 mit Kt.42. *Dei Pogge quake, as wenn se leike* Kol/Ma. *In unsen Keller sitt' 'ne grote Porch, ik heff mi so verfiert!* Dem/Tp. Spez.: *gräun Porch* Wasserfrosch vereinz. Scherzh., wenn der Magen knurrt: *Dei hett Poggen in'n Buk* Fra/Fr. Zu einem frechen Kind: *Di sall de grot Pogg bieten!* Dem/De. – **2.** übertr., verhärteter Nasenschleim selt. VPom, verbr. HPom, HOEFAMSC 356[a]. *Hei puult sich dei Poje ut de Näs* Nau/De. – **3.** Rinderkrankheit, die mit geblähtem Bauch einhergeht verbr. VPom, °Rum, HOMWB 149[a]. – **4.** *Puch* Gwald, Portemonnaie vereinz. *Kiek man in dien Poch nåh, ob du noch Geld hest!* Rüg/Dm. → Portmonné.

Lautvar.: *Porch* verstr. VPom, Nau/Db,Dr, vereinz. °Sch, Rum/Br,Tr, selt. °Sto, *Poj* vereinz. MPom HPom, *Påj* Ghg/Wt, Saa/Zr, Dra/Bu, verbr. westl. ZPom, Fri/Bo, *Påsch* (*-sch-* sth.) Saa/Te, Dra/Bu,Rt, verbr. ZPom NOPom. Zu Seltenheitsbelegen vgl. DWA 13, Kt.2. – Pl. *Poggen* verbr., *Pongen* verstr. VPom, *Porje* LAUWB 273[b].

Phras.: Ral.: *Dei geiht kein hinkend Pogg ut'n Wech* der ist hochmütig, arrogant Gri/Mi, ähnl. verbr. *De süht de Pogg för'n Ossen an* ist dumm HTKÖS 1925,11,7. *Door sünd mier Adebors as Poggen* es sind mehr Leute mit einer Sache beschäftigt als nötig HUMGWD 74,67f.,4. – Im Vergleich: *Hei geiht as 'ne Pogg im Månschien* stolziert sehr eingebildet daher Cam/Bn, ähnl. verbr. *Du büst kolt as 'ne Pogg* Gri/Mi. *Hei sitt dor as 'ne*

Pogg up't Glatties er ist ganz hilflos HUMGWD 75,278f.,3, ähnl. verstr. – Sprw.: *Een Porch kann man so lang päre, bet s' quakt* Nau/Db, ähnl. HUMGWD 13,36,8, DÄHWB 356ª. – Sagw.: *Kümmt de Frühling, denn quaken dei Poggen, seggt Witt, dor har de Adebor em en Jung bröcht* HUMGWD 8,12,2. *De Geschmack is verschieden, seggt Hans, as he stats 'n Fisch 'ne Pogg for* [de] *Måhltid füng* BLFPVK 9,7. *Denn helpt dat nich, seggt de Pogg' tau den Brümmer un schnappt em weg* HTKLANK 1935,85. *So wat läwt nich, sä' de Buur, dunn fünn hei 'ne dodig Pogg* HUMGWD 5,6,3. *Dat möt doch Wull afgäben, sä dei Bur, don schrapt hei 'ne Porg* Fra/Br. – Volksgl.: *Wer 'ne Pogg dotmeckt, verlißt dat Ojelicht* Lau/GW. *Wenn up einen 'ne Pogg kimmt, dei kricht eie Kind* Sto/Dö,Pf,Wd. – Wetterr.: *Dei Pogge quake hüt so, dat gifft gaur Werre* verstr.

poggendot Adj. mausetot selt. *Dei Katt wier pågedot* Sto/Dö. – **Poggenhand** f., zumeist Pl., kalte, feuchte Hand selt. – **Poggenkanter** m., scherzh., 'Froschkantor' Vorsänger der Frösche selt. – **Poggenknief** n. altes, stumpfes Messer vereinz. *Mit dienem Poggeknief krichst du doch nischt afschnäre* Nau/De. – **Poggenkunter** m., selt. f. **1.** TiN, Kröte Dra/Bu, Kös/At, LAUWB 274ª. Vgl. DWA 4, Kt.13. – **2.** kleines Messer Kol/Go. – **Poggenläpel** m., PflN, Echter Froschlöffel (Sumpfpflanze) selt. VPom, Net/Hf. Vgl. MARZELL 1,191. – **Poggenledder** n. schlechtes, leicht reißendes Leder °Dem, Rum/Tr. – **Poggenleik** m., *-leikels* n., Froschlaich. Übertr.: Sagokörner verbr. *Dor is jo Pongenleikels in dei Supp!* Dem/De. – Ral.: *Dat sitt'/höllt tausåm as Poggenleik* verbr. Vgl. Poggenog. – **Poggenmul** n., Schimpfw., Mensch mit breitem, zahnlosem Mund DÄHWB 355ᵇ. – **Poggenog** n. **1.** Froschauge selt. Scherzh.: *Dat rägnet Poggeogen* es regnet Blasen KRKLBEL 1932,77. – **2.** übertr. – **2.1.** hervorstehendes Auge Rum/Tr, vereinz. NOPom. – **2.2.** zumeist Pl., Sagokorn verbr. *Poggenogen in Melk schmecken gaut* Gri/Mi. Vgl. Poggenleik. – **2.3.** Keimstelle der Kartoffel Sch/Pk, Sto/Dö, Büt/Bt, Lau/Lt. – **Poggenpauhl** m. Froschteich, kleiner Tümpel verbr. *Dei Pongenpauhl is utdröögt* Gri/Mi. Scherzh.: *In'n Poggapoa is Musik* quaken die Frösche Saa/Ja. – **Poggenquetsch** f., scherzh., Nachharke Rüg/Rm, Gwd/Sm, vgl. DWA 14, Kt.8. Syn. Poggenstöwer. – **Poggenritzer** m., scherzh., altes, stumpfes Messer Rüg/Pt,Zi. – **Poggenschlitzer** m., *-schlirzer* vereinz. °Gri, altes, stumpfes Messer verbr. VPom. – **Poggenstauhl** m., PflN, scherzh., 'Froschstuhl' Pilz verbr. VPom, sonst selt., vgl. DWA 11, Kt.7. *Œwe Johr gifft't wenig Pong'stäuhl* Gri/Mi. *Nee, dei Pongenstäuhl ät ik nich!* Gwd/Ba. Spez.: Fliegenpilz vereinz. VPom MPom. – **Poggenstöwer** m. wie Poggenquetsch selt. °Rüg.

Pœhl n./m. Pfühl, breites, längeres Kissen unter dem Laken in Höhe des Kopfkissens verbr. *Ik bruk keinen Pœhl, ik mag nich so hoch mit'n Kopp lingen* Gwd/Ba. *Up su'n lange Peuhl köne twei schlåpe* Saa/Le.

Lautvar.: *Pähl* vereinz. VPom, Sto/Kr, NDKBL 13,71, HOEFAMSC 342ᵇ, *Pehl* HOMWB 145ª, *Pohl* Gbg/Wo, Kol/Zw, *Peuhl* Saa/Le, verstr. ZPom SPom, *Peuha* Net/Hf,Sl, *Poil* LAUWB 273ª.

Pœhler m. dünner Pfahl Ghg/Bo,Li, Pyr/Sa, Cam/Hl. *Dat Kind ritt up'm Pœhler* benutzt einen Pfahl als Steckenpferd Ghg/Bo.

Poj-, Pöj- s. Püj-.

Pojatz m. **1.** SpottN, Bajazzo, Spaßmacher, herumalbernder Mensch verbr. *Hei hett sich upputzt as so'n Pojatz* Rüg/Sw. *Ik wa' mi doch nich tom Peijatz måken* Ank/An. – **2.** TiN, Papagei selt. HPom.

Lautvar.: *Pajatz* Gri/Ge, Gwald, *Pujatz* vereinz. *Pogatz* Gwd/Ba, Gri/Mi, Lau/GW, *Peijatz* vereinz., *Pijatz* selt. VPom NOPom. – Dim.: *Pojatzke, Pojatzki* vereinz., *Pujatzk* Fra/Wi, Ran/Pe, Sch/Go, *Pijatzk* vereinz. VPom, Rum/Tr.

Pojatzenstreich m. dummer Streich vereinz. *Hei hett nix as Pojatzenstreich in'n Kopp* Gwd/Ba. – **Pojatzkopp** m., Schimpfw., mürrischer, unzuverlässiger Mensch selt.

Pojienekiep f. (großer) Kartoffelkorb vereinz. HPom. Vgl. Pejieme. – Zur Etym. aus jidd. *pach* Blech vgl. ZFSL 31,1,118ff. – **Pojienekorf** m. dass. LAUWB 273ª.

Pojifke f., *Pojifte* LAUWB 273ª, abgelegene Gegend selt. HPom. Vgl. PRWB 4,541: *Pogiften.*

Pok m. **1.** hist., langes Messer vereinz. – **2.** Übername für die Bewohner von Mönchgut (nach den dort früher üblichen, langen Messern, im Gegensatz zu den Bewohnern jenseits des Mönchgrabens, die Kollen genannt wurden) verbr. VPom, ADL 32, [1]GRÜ 231. Vgl. Pok(en)land.

pœkeln sw. **1.** in etwas herumstochern (und dabei etwas herauspulen), bohren verstr. MPom HPom. *Pekel doch nich so em Eten!* Lau/Ke; *im Füer pekle* Büt/Bt. *Wat pœkelst du i' dem Koken? Laut de Rosina ma' e!* Dra/Bu. *De pœkelt in'e Näs* Nau/Wn. – **2.** reizen, kitzeln Nau/Fg,Rh, Sch/Sd. *Dat peukelt mi* Sch/Sd.

Laut- u. Formvar.: *pökeln* vereinz., *peukele* Saa/Ja,Te, Dra/Bu, verbr. ZPom, *pokele* vereinz. ZPom, *påkele* Kol/Go, °Kös, *pörkle* Kol/Ma, *pekele* verstr. NOPom, HOMWB 145ª, *pökere* selt. HPom, *peukere* verstr. ZPom, Saa/Ja, Dra/Fa, *pok(e)re* °Kös, Lau/Lt.

pöken sw., refl., *poken* Ghg/Li, sich gegenseitig ärgern, reizen verstr. VPom, Ghg/Li. *Dei Jungs pöken sich* Gri/Ge. – Mnd. *pôken* mit Messer oder Dolch stechen. – **Pok(en)land** n. die Halbinsel Mönchgut vereinz. VPom, ADL 23. Vgl. Pok.

Pokenooks m., kindspr., Gesäß Rüg/Dm, Gwald, Gbg/Gp. → Noors. – Zusammengebildet aus Pöker und Noors.

Pöker[1] m., kindspr., *Poker* Pyr/Sh, Lau/GW, Dim. *Pöking* vereinz. VPom, Gesäß verbr. *Hest du di denn*

Pöker stött'? Gwd/Ba. Drohung: *Ka'st gliek de Pöke vollkrieja!* Dra/Bu. → Noors.

Pöker² m., Pl. *-s*, TiN. **1.** Bez. verschiedener Entenarten wie Eis-, Reiher-, Schellente vereinz. VPom. – **2.** Blesshuhn vereinz. °Rüg, Gri/Bo, Gwd/Wo. → Zapp.

pökere s. pœkeln.

pokratern sw., *prokråtern* Ran/Pe, schimpfen selt. MPom. *Dor hett mien Fru schön prokråtert* Ran/Pe. → schimpen.

Pokreem' m., fischerspr., scherzh., Vierkantriemen der Mönchguter Fischer selt. °Rüg, ¹PEE 241. Vgl. Pok.

Pœks m., *Pooks* Fra/Ln, ⁷ROSF 267, *Peuks* Neu/Gc, kleiner, dicker Mensch (bes. Junge) verbr. VPom, sonst selt. Vgl. MWB 5,524.

Polack s. Pol(l)ack.

polen sw. 'polnisch sprechen' undeutlich sprechen, kauderwelschen verbr. VPom. *Dei Lütt fingt all an tau polen* Gri/Go. *De Kirl künn keen Dütsch un pohlt 'ne Sprak tausam, ut dei keen Düwel klauk warden künn* HUMGWD 7,34,6. Vgl. pol(l)acken.

polieren sw. wie hd. vereinz. *Wenn dat Metz schläpen is, möt dat poliert warn* Gwald. – Ral.: *Em hemm' s' dei Fress poliert* Gwd/Ba. – **poliert** Part.Adj. gerissen, listig verbr. *De mökt dat up sun polierte Tour* Ank/An. *Dat is 'n janz polierten Kerl* Ran/Sr.

polietsch s. plietsch.

Politessen Pl., scherzh., Kniffe, Raffiniertheiten selt. *He geiht mit allen Politessen vör* Ran/Pe.

Politik f. wie hd. *Politik is Kauhhannel* Gwd/Ba. – Ral.: *Sup di dun un frät di dick un holl dien Mul von Politik* Gwd/Ba, ähnl. verbr. – **Politikus** m., *Plitikus* vereinz. VPom, Ran/Ro. **1.** sehr praktisch veranlagter, pfiffiger Mensch verstr. *Dat is su' Pulitikus, de wett sich ümme to helpe* Pyr/Wi. – **2.** seem., großer Suppenlöffel vereinz. VPom, sonst selt., HTKLKOL 1927,53. Vgl. MWB 5,500: *Plitikus.*

Politkendräger m. Klatschmaul °Sch.

Pölitz ON (°Ran). Der Ort war u. a. bekannt für seine (Tier-)Märkte. – Ral., um das Ende einer Sache zu verkünden: *Rut ut Pölitz, Marcht is ut!* Stett, ähnl. verstr.

Polizei f., *Polezei* °Rüg, Pyr/Lt, *Pul(l)izei* verstr. VPom, °Dra, HUMGWD 2,21,3, wie hd. – Ral.: *De hebben jo mihr Glück as de Polezei erlauft* °Rüg. *Hei is dümmer as de Polezei erlauft* Pyr/Lt. – **Polizeifinger** m., scherzh., Mohrrübe vereinz. – **Polizeiog** n., scherzh., 'Polizeiauge' Kartoffel- und Sagograupe selt., ⁴WIN 102. Vgl. Polizistenog. – **Polizist** m. wie hd. *Sien Jung' is Polizist worn* Gwd/Ba. – Sagw.: *Wer kann wider die Obrigkeit? säd de lütt Diern as de Polizist ehr ümfaten un küssen deed* HUMGWD 11,49,4. Syn. s. Schandarm. – **Polizistenog** n., scherzh., 'Polizistenauge' wie Polizeiog °Ghg, Stolp, ⁴WIN 102.

Polk f., *Poolk* JOSTWB 72, einfacher, offener Geschirrschrank nördl. °Stolp, BLFPVK 7,64. – Pomor. *pᵘolka.*

Pölk m./n., Pl. *Pölk, Pölke.* **1.** TiN, junger Eber (älter als ein Vierteljahr) verbr. *Ji hebbe jo in de ein Bucht scheene Pölke* Sto/Gl. *Denn Pölk låt ik tau Tucht* Gwd/Ba. → Bier². – **2.** übertr., Schimpfw. für dicke, schmutzige, unangenehme Menschen verstr.
Lautvar.: *Polk* verstr., *Pelk* Sto/Dö,Wd, *Polks* selt. NOPom, BLFPVK 10,10, *Bölks* Reg/Me, *Pöltj* Neu/Rt,Th.

Polka f./m. wie hd. – Ral.: *mit ein' Polka danzen* jmd. gehörig die Meinung sagen Gwald, Sto/Dö,Pf. – **Polkahor** n. Haarfrisur mit längeren Locken vereinz. *en lütten, dicken Mann mit Polkahoor* HUMGWD 8,33,1. – **Polkalock** f., zumeist Pl., (gedrehte, gebrannte) Locke, die ins Gesicht fällt vereinz. *Dei hett sich hüt Polkalocke måkt* Reg/Me. Auch: langes, ungepflegtes Haar vereinz. *Låt di blos dei Polkalocken afschnieden!* Gri/Go.

polken sw. in etwas bohren verbr. *Wat polkst in'e Tähnen?* Gwald. *Polk ni ümmerto in'e Näs!* Neu/Gc. *Dei Lütt polkt dei Rosinen ut'n Kringel* Rüg/Ae.
Lautvar.: *pölken* Saa/Ja, Sch/Pu,Sd, Neu/Rd, *palkern* Ghg/Bo, *polkere* selt. HPom, *pulkre* selt. NOPom, iterativ: *polksen* selt. MPom HPom.

Polkfinger m. schmutziger Finger vereinz. *Dien Pölkfinger wasch ierst, wenn du eten wist!* Saa/Ja. – **Polkfleisch** n. vom Knochen abgelöstes Fleisch selt.

Pölksœg f. (zum ersten Mal gedecktes) Jungschwein °Dem, Ank/Km.

Poll¹ m., *Pöll* Gri/Mi. **1.** Pflanzenspitze, Baumwipfel selt. *De Bom* [...] *wir gesund von'n Poll bet up den Pahl* ²SCHWA 50. – **2.** Haarschopf, Haartolle vereinz. VPom MPom. – **3.** Federhaube der Vögel Rüg/Zi, DÄHWB 356ᵇ. – **4.** Kopf eines Menschen selt., DÄHWB 356ᵇ. – **5.** Herzblatt, jüngster Trieb einer Pflanze vereinz. *Dei Pöll is verfuult* Gri/Mi. Auch: Kohlstrunk vereinz. – **6.** m./n. Kerngehäuse des Obstes selt. HPom. – Mnd. *pol* Wuchsspitze einer Pflanze.

Poll² s. Boll.

Pöll f., *Pell* verstr., Pl. *-en, -(e)s*, Pelle. **1.** Schale, Hülse (bes. von Gemüse u. Obst) verbr. *De Tüfte gåhn all ut'e Pöll* Uec/Ge. *Dei Appelsinen hebben 'ne dicke Pöll* Rüg/Ae. – **2.** Haut verstr. *Ik bün bet up de Pöll dörch natt* Gri/Ti. *Dei Wunn hett all 'ne Pöll* ist schon mit neuer Haut überzogen Uec/Pa. *De Melk hett een Pell* Ran/Na.

Übertr.: Kleidungstück vereinz. *Dei hett so väl Pölle a'* Reg/Me; *gaut in'e Pöll sin* gut angezogen sein verstr. – Ral.: *ein' up de Pell liggen / sitten* jmd. bedrängen verbr.; *ein' nich von'e Pöll gåhn* dass. verbr.; *wat up'e Pöll kriegen* Prügel bekommen vereinz.

Pol(l)ack m., *Pul(l)ack* verstr., KÜHL 41, [2]MIS 75. **1.** pejor., Pole. Auch generalisierend: ausländischer Wanderarbeiter vereinz. – **2.** übertr. auf minderwertige Dinge und Tiere. Spez.: kleine Gans: *Im Harfst ware Polacken köfft un fettmåkt* Nau/Wn; Rest in der Pfeife: *Un blöst den Pollak rut ut sine Pip* PAL 234. – **3.** Mensch, der undeutlich, schlecht deutsch spricht vereinz. Auch: Kleinkind, das erst sprechen lernt, kauderwelscht verstr. *Hei is noch'n lütten Polack* Gri/Mi. – **pol(l)acken** sw., *pul(l)acken* selt., kauderwelschen, unverständlich sprechen verstr. *Dei Lütt is all vier Johr olt un pollackt ümmer noch* Gwd/Ba. Vgl. polen. – **pol(l)acksch** Adj., *pul(l)acksch* Ghg/Wt, wirr, zusammenhanglos redend oder schreibend Dem/De, Sch/Pu.

pollen sw. Blütenstaub sammeln und tragen (von Bienen) selt. *De Imme polle äwa schön* Saa/Kl.

pöllen sw., *pellen* verstr. MPom, Saa/Ja, °Cam, Sto/Kr. **1.** abpellen, von Haut, Schale befreien verbr. *Patüffle pölle* Kol/Go. Nach Sonnenbrand: *De Hut pöllt sich* Gwald. Im Vergleich: *utseihn as ut'n Ei pöllt* gut angezogen sein verbr. – **2.** ausbuddeln und sammeln, ernten (bes. Kartoffeln) verstr. *Wi möten noch drei Dåg Tüften pöllen, denn sünd wi farig* Gwd/Ba.

Pollenbom m., PflN, Meerzwiebel (Drimia maritima) vereinz. – Zu Poll[2]. – **Pollenlok** n. Zwiebellauch °Ghg, Saa/Mu, Nau/Db. – **Pollenog** n., scherzh., zumeist Pl., hervorstehende Augen Saa/Te, Cam/Kw. Auch: große, runde Augen vereinz. – **Pollensaft** m. Zwiebelsaft selt. HPom. *Jeja Frostbüla mutt ma' Pollasaft upmåka* Saa/Te.

Poller m., seem., wie hd. *An'n Poller waren dei Taugen* [Taue] *fastmåkt* Ank/Km.

Pöller m., zumeist Pl., *Peller* vereinz., Dim. *Pölling* selt. VPom, Pellkartoffel verstr. *De Pöllers schålen ut* platzen auf Uec/Ge. → Pölltüffel. – **Pölljungs** Pl., scherzh., Pellkartoffeln selt. → Pölltüffel.

pollno(w)sch Adj. zum ON Pollnow (°Sch). – Ral., wenn jmd. vor Staunen der Mund offen steht, mit Bezug auf die Pollnower Wallfahrtskirche: *Sien Muul steiht open as de Pollnowsche Kark* POMHTB 1955,73, ähnl. vereinz.

Pöllnudel f. wie Pölltüffel verbr. MPom.

pollsur Adj. **1.** ausgedünnt, wipfeldürr (von Tannen) selt. VPom, vgl. MWB 5,532. *Dei Dann is pollsur* Rüg/Dm. – **2.** bankrott Gri/Lo, Ank/An, Lau/Vl. – Zu Poll[1].

Pölltüffel f., zumeist im Pl. **1.** Pellkartoffel verbr. VPom, sonst selt. *Hüt gifft' Pölltüffel un Hiering* Gri/Mi. *De Pölltüffel sünd utschålt* haben zu lange gekocht und ihre Pelle schon verloren Rüg/Zi. – **2.** scherzh. – **2.1.** alte, unzuverlässige Taschenuhr verstr. – **2.2.** Loch im Strumpf verstr. VPom. *Du hest schöne Pölltüffeln in'n Strump* Fra/Br.

Rsyn. zu 1.: *Bräugten, Bräugtüffel, Krüllers, Krüllpatüffel, Krülltüffel, Krülltüften, Pöller, Pöllnudel, Pölltüft, Pulkes, Queller, Quellpantüffel.* – Scherzh.: *Judenjungs, Kiddeljungs, Pölljungs.*

Pölltüft f., zumeist im Pl., Pellkartoffel verbr. VPom, sonst selt. – Ral.: *En vergnögt Hart is bäter as'n Spint Pelltüften* HUMGWD 6,20,11. – Volksmed.: *Heete Pölltüften, mit de Hand in'n Büdel terdrückt, up Frostbülen lengen* Gwald. → Pölltüffel.

polnisch s. poolsch.

Polrock m., hist., 'Polenrock' langer, schwarzer Rock aus Leinen und Wolle, den kaschubische Kinder beiderlei Geschlechts trugen selt. NOPom, POMPBL 2,340.

Polt f., vereinz. n./m., fischerspr., *Pult* selt., Boot mit flachem Boden (und Fischkasten), das gestakt oder gerudert wird verbr. vpom. Küste, selt. MPom, [1]PEE 228ff. *Up de Polt verköpen de Fischer de Fisch* Ank/An. Auch generell: kleines (Ruder-)Boot verstr. vpom. Küste.

Pomåd f., *Pomår* selt. VPom, Pomade vereinz. *Hei hett sich dat Hor vull Pomåd schmäärt* Gwd/Ba. – **Pomådenhingst** m. 'Pomadenhengst' übermäßig herausgeputzter Mann selt. – **pomådig** Adj., *pomåde* selt. **1.** langsam, bedächtig verstr. VPom, sonst selt. *De arbeet' sihr pomådig* Ank/An. *Immer pomåde, wi hewwe no' Tiet* Saa/Ja. → sacht. – **2.** gleichgültig verstr. VPom, sonst selt. *Du måkst jå wedder so'n pomådiges Gesicht* Gwald.

pomale Adj. langsam, gemächlich verbr. HPom, sonst selt. *Ma' immer pomalle!* Bel/Ei. *Wi arbeire ümme so pomallé* immer eben weg °Reg. → sacht. – Poln. *pomału* langsam, nach und nach.

Laut- u. Formvar.: *pomalu* Dem/Kt, *pomal* Saa/Ja, Nau/Fg,Rh, °Reg, Kol/Pr, *pomalle* vereinz. HPom, *pomallé* °Reg, *pomalo* vereinz. HPom, *pomalum* Stolp, *permalo* Büt/Bt, Sto/Dö, *pamalge* HUMGWD 4,32,9, *pomalig* °Dra.

Pommer m. Bewohner der früheren preußischen Provinz Pommern und des heutigen östlichen Teils des Bundeslandes Mecklenburg-Vorpommern. *Dei Pommern sünd stur* Gwd/Ba. *Mit'n Pommer möt man ierst 'n Schäpel Solt äten, bet man mit em warm ward, äwer denn höllt de Fründschaft för't ganze Läben* Gwald. – Ral.: *De Pommer is in'n Winter so dumm as in'n Sommer* Uec/Pa, ähnl. verbr., mit schlagfertiger Antwort darauf: *Un dei annern sünd in't Frühjohr un in'n Harfst so dœmlich* Gwald. *En Pommer süht mit een Oog mihr as söben Kaschuben* HUMGWD 8,39,2. *Wat en Pommer is von rechte Oort, de dräggt den Pelz bet Himmelfohrt. Un deht em denn de Buuk noch weh, denn dräggt he em bet Bartholomä* [24.8.]. *Un fängt em denn to friere an, so treckt he em von vöre an* HTKÖS 1926,16,12, ähnl. verbr.

Pom(m)eranz f. **1.** Frucht der Pomeranze selt. – **2.** spött. Bez. für ein pommersches, schwerfälliges Mädchen vom Lande selt.

Pommernblaut n. Pommernblut. Nur ral.: *Pommernblaut is doch kein Bottermelk!* die Pommern sind charakterfest! °Ghg, Sto/KP. – **Pommern** die ehemalige preußische Provinz Pommern, die im Bewußtsein der Bevölkerung wesentlich aus zwei Teilen bestand, nämlich aus dem von 1648–1815 schwedischen Vorpommern (*Vörpommern*) und dem größeren Hinterpommern (*Achterpommern, Hinnerpommern*). Aus Sicht der Bewohner Rügens begann Pommern jedoch erst auf dem vorpommerschen Festland, während sie sich selbst als Rüganer bezeichneten: *drœben in Pommern* °Rüg. – Ral.: *Je neger nah Pommern, je faster de Fuust* HUMGWD 8,39,2. – **pommersch** Adj. aus Pommern stammend, von pommerscher Art. *pommersche Gäus, pommerscher Schinken* Gwd/Ba. – Ral.: *Pommersch Fäutke u' inglisch Schäuhke passe nich tohop* Dra/La. *Een pommersch Mågen kann allens verdrågen* Ank/An. *De is mit de pommersche Klokheit behaft't* ist dumm HTKÖS 1925,11,7.

Pompabüdel m., scherzh., *Pompbüdel* Sto/Gl, Pompadour verstr. *Dien Pompabüdel is åwer grot, wenn du em vull hest, is de halwe Markt leddig* Saa/Ja. – Zusammengebildet aus frz. *pompadour* und *Büdel* Beutel.

Pomuchel m., *Promuchel* verstr. HPom, *Pumuchel* Pyr/Wi, *Prumuchel* Rum/Pr. **1.** TiN, Dorsch verbr. *Ik war' hiet me eine Pomuchel tom Middag måke* Lau/Lt. Vgl. Dösch1. – **2.** übertr., brummiger, unangenehmer Mensch, Grobian verstr. – Wohl aus dem Slaw. entlehnt, vgl. [4]BIE 182. – **Pomuchelskopp** m. 'Dorschkopf'. **1.** Schimpfw., launischer, trotziger Mensch verbr. *Mit dem Promuchelskopp is ja keia Räden!* Reg/Rg. Vgl. MWB 5,535 mit dem Hinweis auf die literarische Figur bei Fritz Reuter. Auch: Dummkopf. *Mit em is nicks antofangen, dat is 'n richtigen Pomuchelskopp* Rüg/Pt. – **2.** kleiner, in Schmalz ausgebackener Pfannkuchen °Gwd. *Wi hemm' Pomuchelsköpp backt* Gwald.

Pomuffelskopp m. SpottN für die Bürger aus Gollnow (°Nau) vereinz. – **pomüfflig** Adj. launisch, wortkarg selt. ZPom.

pönen sw., seem., ein Schiff anstreichen Stral, Gwald.

Ponnaw' s. Punnåf.

Ponni[1] n. Pony, kleine Pferderasse verstr. *Seih di vör, dat Ponni bitt!* Gwd/Ba. *De föhrt 'n Ponni vörn Wågen* Ran/Pe.

Ponni[2] m. Ponyfrisur mit gleichlangen Haarsträhnen in der Stirn vereinz. *Sei hett sich 'n Ponni schnieden låten* Gwd/Ba.

Pontius RN. Auf die biblische Gestalt Pontius Pilatus bezogen, nur ral.: *von Pontius nåh Pilatus lopen* erfolglos von einem zum anderen laufen verstr. Wenn sich zwei wieder vertragen haben: *Pontius u' Pilatus sün werre Frünn'* Dra/La.

Pooks[1] m., kindspr., *Pööks* Stett, Gesäß verbr. VPom, sonst selt. *Wenn du noch lang schrichst, kriggst du wat up'n Pooks!* Rüg/Dm. *Sett' di man up dienen Pööks!* Stett. → Noors.

Pooks[2] s. Puuks[2].

poolsch Adj., *polnisch* verstr., polnisch. **1.** aus Polen stammend. *Karpen up poolsche Oort* Karpfen mit Bier und Pfefferkuchen HUMGWD 74f.,1,2; *poolsche Jääs* kleine, magere Gänse Pyr/Wa,Wi. – *poolsch* steht auch für katholisch: *dei pohlsche Lüd* HOMWB 149[a]. *Du meckst dreimål dat Krüz as'n poolsch Pop* Saa/Le. *Dor jeht et tau as in'e poolsche Kirch* da geht es sehr laut zu verstr. – Ra., die das problematische Verhältnis zwischen Pommern und Polen reflektieren: *Dat is 'n poolschen Hund* ein falscher Kerl Gri/Mi. *Dat is 'ne poolsche Wirtschaft* eine unordentliche, schlecht geführte Wirtschaft vereinz. Wenn jmd. nicht bezahlen kann: *Du büst woll ut'n poolschen Kraug* vereinz.; *poolschen Afschied nähmen* fortgehen, ohne sich zu verabschieden verstr.; *poolsch inköpen* stehlen °Ank; *poolsch tausåm'läben* unverheiratet zusammenleben verstr.; *'n poolsch Johr måken* die Dienststellung vor Ablauf der vereinbarten Zeit verlassen vereinz.; *poolsch räden* kauderwelschen vereinz.; *ein' poolsch sin* böse mit jmd. sein selt. NOPom. – **2.** PflN, in der Vbdg.: *poolsch Schauh* Blauer Eisenhut (Aconitum napellus) verstr.

Poonschk m. morastiger Brei, den Kinder beim Spielen zusammenrühren Sto/Dö, Lau/GW,Lt. Vgl. Pansch. – **poonschkre** sw. im Morast spielen, darin rühren selt. HPom. *Wo dat rejent, will wi poonschkre* Sto/Dö.

Popel m., *Puppel* Pyr/Sh, Popel, verhärteter Nasenschleim verbr. *Na, Jong', hest all werra 'n Popel ut'e Näs puult?* Ran/Pe. – Ral., wenn jmd. popelt: *Bi Popels is Ball* Gwald, ähnl. verbr. – **popeln** sw., *pöpeln* Ank/Kr, *puppeln* Pyr/Sh, in etwas bohren (bes. in der Nase) verbr.

Du sa'st nich ümmer in dei Näs popeln! Gwd/Ba. – Ral.: *Popel in dien eigen Näs!* kümmere dich um deine eigenen Dinge! Gwd/Ba.

Popo m., kindspr., Gesäß selt., LAUWB 273b. *Dien Kopp is jå so blank as de Popo* Ank/An. → Noors. – **Poposcheitel** m., scherzh., Mittelscheitel (bis zum Hinterkopf) verstr. *De hett jo 'n Poposcheitel wie so'n Gardeleutnant* Ran/Pe.

Popp f. **1.** Puppe. – **1.1.** Spielzeugpuppe. *Hål di dien Popp un späl dormit!* Gwald. Im Vergleich: *Sei süht ut/geiht as 'ne Popp* ist besonders gut und ordentlich angezogen verstr. – Ral.: *Dat geiht gliek in dei Poppen* das kostet zuviel Gri/Ti, ähnl. verstr. *Morgen schlåpen wi bet in'e Puppen* außerordentlich lange Stett, ähnl. verstr. – **1.2.** Probierpuppe des Schneiders selt. *Dei Pupp steiht up'n Dreifaut* Ghg/Ke. – **1.3.** übertr., kleines Kind (bes. Mädchen) verbr. – Volksgl.: *Dei Årebor hett ehr 'ne Popp bröcht* Gwd/Ba. – **2.** zur Garbe zusammengebundene Getreidehalme verbr. *Denn sett me de Puppe to kleine Hocke* Sto/Dö. Im Vergleich: *Dat Kuurn steiht as 'ne Pupp* das Getreide steht dicht und gerade aufgerichtet Lau/GW. Vgl. poppen. – **3.** Larve des Maikäfers, Engerling verstr., vgl. DWA 13, Kt.1. → Engerling. – **4.** Verband am Finger verstr. – **5.** fachspr., gedrechselter, kugelförmiger Zieraufsatz an Möbellehnen selt. Auch: Holzstange am Spinnrad, auf der die Spindel sitzt selt. HPom, 4ROSF 475. – **6.** kugeliger Auswuchs an Kartoffeln vereinz.

Laut- u. Formvar.: *Pupp* vereinz. VPom, verbr. HPom, *Pöppe* °Gwd, *Püppe* Reg/Kt,Wt. – Dim. bes. zu 1.: *Püpping, Pöpping* verstr. VPom, *Poppkje* Lau/Ke, sonst *-ke(n)*.

Pöppedeiken n., *Pöpperdeiking* Rüg/Pt, Püppchen selt. VPom.

Pöppel f., PflN, *Poppel* selt., *Päppel* Fra/Ln, HOMWB 143a, wie hd. *Pappel* vereinz., Pappel (Schwarz- u. Silberpappel) verbr. *De Blitz hett im Goorde in'e grot Pappel inschlone* Sto/Gl.

Rsyn. zu. 1.: Spez. auf die Silberpappel bezogen: *Abeel, Alberbom, Sülwerpöppel, Wittpöppel.*

Pöppelflott n., fischerspr., Schwimmer an Netzen aus Pappelholz vereinz. VPom.

Pöppelke n., PflN, Trollblume (Trollius europaeus) selt. ZPom. – **Pöppelkrut** n., PflN, Rundblättrige Malve (Malva rotundifolia) selt., HOM 2,149.

poppen sw., *puppen* vereinz. **1.** mit Puppen spielen verstr. *Sei is all 'ne grode Diern un mag noch giern poppen* Gwd/Ba. – **2.** Pflanzen zu Bündeln zusammenbinden verstr. *Flass ward puppt* Reg/Kw. – **3.** (unter dem Eis) fischen mit einer Angel, die an einem puppenförmigen Holz- oder Strohschwimmer befestigt ist vereinz. – **Poppenbalg** m. Körper, Rumpf der Puppe Gri/Sv, Dra/Bu. – **poppenlustig** Adj. lustig, sehr vergnügt vereinz. VPom, Stett. *Up dei Hochtiet wiern sei all poppenlustig un fidel* Gwd/Ba. – **Poppenspäl** n. **1.** Kasperletheater verstr. *Wierst du bi't Puppenspill up'm Markt?* Saa/Ja. – Ral.: *Dat is'n Poppenspäl* ist etwas ganz Einfaches vereinz. – **2.** Zirkus verstr. *Dat Puppenspäl is in't Dörp* Ran/Pe. – **Poppenspäler** m. **1.** (umherziehender) Handpuppenspieler des Kasperletheaters verstr. *Puppenspälers sünd in'n Dörp* Gbg/Gp. – **2.** Zirkusartist verstr. Auch: Gaukler selt. – **Poppenspälerie** f. das Puppenspiel 1KAL 64. Übertr.: einfache, nicht ernstzunehmende Angelegenheit selt. VPom. – **Poppenstuf** f. Puppenstube. *Dei Diern späält mit ehr Puppenstuf* Gwd/Ba. Übertr.: sehr kleiner Wohnraum vereinz. *Dat sünd uk man luter Puppestuwe in dat Hus* Pyr/Lt.

Po(p)pier n., Pl. *-n, -e,* Papier. **1.** dünnes Material zum Beschreiben, Bedrucken, Verpacken. *Giff mi ees a grot Stück Pappeer* Dra/Dr. In fester Vbdg.: *wat tau Papier bringen / up Papier festhollen* etwas aufschreiben verbr. Scherzh.: *Wenn hei läsen sall, is em dat Schwarte up dat witt Poppier ümmer in'n Weg* HUMGWD 9,12,11. – Ral.: *Dat is all in Papeer un Tüten* ist längst beschlossen, erledigt Uec/Pa. *Dat is nich ut Papier!* ist eine aufwendige, anstrengende Sache! Sto/Dö. *Dat kümmt nich up't Papeer!* das kommt nicht in Frage! Saa/Te. – **2.** zumeist im Pl., wichtiges Schriftstück. – **2.1.** Vertrag, Akte verstr. *Ik heff kein Poppieren doräwer* Gri/Ti. Scherzh.: *Hei hett em in'e Popiern käken* hat sein Geheimnis entdeckt Gwald, ähnl. verstr. – **2.2.** persönliche Dokumente, Ausweis verbr. *de Poppiern vörwiesen* Stett. *Sien Poppiern sünd nich in Ordnung* Gwd/Ba. *He hett sien Papeern krägen* ist entlassen worden Uec/Pa, ähnl. verstr. Scherzh.: *Dei hett woll denn Ollen sien Papiern funnen* er verhält sich wie sein Vater Dem/De. – **2.3.** Wertpapier, Aktie verstr. *He hett Popeere kofft* Pyr/Lt. *Dat geiht in'e Papiere* reißt ein Loch in die Finanzen Fra/Zi.

Lautvar.: *Poppeer* Pyr/Lt, *Papeer* verstr. MPom, Saa/Te, Dra/Bu, Reg/St, *Peppier* Kol/Go, Sto/Dö,Pf, wie hd. *Papier* verstr.

po(p)piern Adj., *papiern* verstr., *papeern* Uec/Pa, Nau/Fg,Rh, *puppiern* Gbg/Gz. **1.** aus Papier bestehend. *Un is mit sin poppiren Mat den Herrn glik Mat tau nehmen prat* 1GRAU 35. – **2.** schlecht, minderwertig verbr. *Dat is ma su papeern Tüüch* Nau/Fg.

poppig Adj., *puppig* verstr., kugelige Auswüchse habend (von Kartoffeln) verstr.

por indekl. Indefpron., *pår* Pyr/Lt, *paue* Dra/Bu, DKr/La, Kol/Go, ein paar, einige, nicht viele. *Dor liggen jo bloß 'n ganz por Äppel up't Schapp* Gwald; *poor Weeken* 2SCHWA 30. *Du kriggst gliek 'n por achter dei Uhr'n* einige Ohrfeigen Gwd/Ba. In der sog. Elferzählung wird *por* Vielfachen von zehn vorangestellt, wobei der Grundwert um 10% erhöht wird und somit ein Vielfaches von elf ergibt: *a pår twintig* = 22, *a pår drüttig* = 33 usw. Saa/Ja. Vgl. hierzu elben u. [9]ROSF 132.

Por[1] n. Paar. **1.** zwei eng verbundene Lebewesen (bes. Liebes-, Ehepaar). *Sei gäben ein ståtsches Por af* ein stattliches Brautpaar Gwd/Ba. *Dit Pörken lewt in 'ne harmonische Eh'* [5]BAND 86; *ea Por tohopreda* einem Paar zum Heiraten zureden Saa/Te. *Hest hüürt? Möllersch hett a Porke* hat Zwillinge Dra/Bu. Spöttisch von einem windigen Paar: *Dat's uk so'n Pörken!* Gwd/Ba. Iron.: *'n Por sün* im Streit liegen verstr. – Ral.: *Gliek Blaut, gliek Glaut, gliek Johr, gäben dat beste Poor* HUMGWD 4,13,8. – **2.** zwei zusammengehörende Dinge. *Hest woll twee Por Strümp an* Uec/Pa; *'n Por Bücksen* (wegen zweier Hosenbeine) Gwd/Ba. Spez.: zwei Hände voll (als Maß beim Flachsbrechen) Saa/Ja. – Im Vergleich: *De passen tosåm' as'n Por Schlarpen* passen sehr gut zusammen Gwald.

Lautvar.: *På'* Reg/Db, *Paue* Kol/Go, Net/Sl. – Dim.: *Pörken* vereinz., *Pärken* Pyr/Lt, *Porke* Dra/Bu,La, Rum/Tr, Sto/Sy.

Por[2] m., *Pår* °Büt [2]MIS 34, Nebel, Dampf verstr. westl. ZPom, NOPom. Vgl. DWA 2, Kt.57. *Dei Pår sticht up* Rum/Ru. Vgl. porig[3]. – Pomor. *para*, poln. *para* Dunst, Dampf.

pore sw., *paure* Slo/La. **1.** langsam kochen, dämpfen (bes. von Kartoffeln) vereinz. westl. ZPom, NOPom. – **2.** schwitzen verstr. HPom. Auch: in Fäulnis übergehen vereinz. HPom. *Wi meete de janz Tüffelmiet upmoke, de Tüffel pore dor all in* Sto/Gl.

poren sw., refl., sich paaren, koitieren verbr. *Dei Minschen poren sich uk* Ank/Br. Auch: ein Paar bilden selt.

Porhupe m. sehr großer Dunghaufen selt. HPom. *Ehr måkt dat gor nischt ut, bit Frühstück 'ne Porhupe to verkarren* Sto/Dö. – Zu pore.

porig[1] Adj. paarig, zu zweit selt. *Wi arbeeten porig* Ran/Pe; *porig mit eenen gåhn* schwere Gegenstände zu zweit tragen Ghg/Wt.

porig[2] Adj., *pårig* selt. HPom, *pauig* Slo/La, abgestanden schmeckend (bes. von Kartoffeln) vereinz. HPom.

porig[3] Adj., *pårig* Nau/Ga, neblig vereinz. HPom. *Porig Wedder* Neu/Th. Vgl. Por[2].

Porkennœt Pl. 'Pärchennüsse' zusammengewachsene Nüsse vereinz.

Porkuhl f. große Grube, in der Flachs zum Mürbemachen gelagert wird Uec/Ge, Lau/GW. – Zu pore.

Porst m., PflN, *Post* selt., Sumpfporst vereinz., PRIT/JES 206. *Dei Porst is gaut gegen Motten* Gri/Mi.

Portion s. Pottschon.

Portjuchhé n., scherzh., *Pottjuchhé* selt. VPom, Portemonnaie verbr. *Ik heff mien Portjuchhé verlur'n* Ank/An. *In mien Portjuchhé is de Schwindsucht* Pyr/Wa. → Portmonné.

Portmonné n., *Portmanné* verstr., Portemonnaie verbr. *He hett dat grot Portmané* er ist spendabel Pyr/Lt. *Hei sitt up sien Portmanné* ist geizig Gwd/Ba.

Rsyn.: *Börs[1]*, *Büdel*, *Geldbüdel*, *Pink*, *Pogg*. – Scherzh.: *Berta*, *Fortzmanné*, *Marie*, *Portjuchhé*.

Po(r)trett n., *Pu(r)trett* verstr., *Pudderett* Dem/Kt, *Patrett* Gri/Lo. **1.** Porträt, Abbild verstr. *Dat Kind is ganz sien Putrett* ist sein Ebenbild Uec/Ue. – **2.** Schimpfw., unangenehmer, wunderlicher Mensch verbr. Auch: aufgeputzte oder häßliche Frau verbr. *Wat bildet sik dat oll Purtrett in!* Ank/An. – **po(r)trettern** sw. porträtieren (durch Fotografie oder Gemälde) selt. *Wist di eis werrer potrettre lota?* Reg/Rg.

Porz(e)lån n., *Potzlån* Gwd/Ba, *Putz(e)lån* vereinz. VPom, Porzellan vereinz. *Dei düere Tass ut Potzlån hett sei intweischmäten* Gwd/Ba. – **Porz(e)lånfuhr** f. wackelige, übervolle Fuhre vereinz. VPom, °Ghg. *Mit de Porzlånfohr mötst Schritt för Schritt führen* Ghg/Gr. – **Porz(e)lånhund** m. englischer Porzellanhund als Mitbringsel der Seeleute (zwei sich anblickende Exemplare im Fenster leichter Mädchen signalisierten angeblich Herrenbesuch) selt.

Pos' f., Pl. *Posen*. **1.** Federkiel verbr. *Giff mi eis 'ne Pos' taum Piepenpurren!* Gwd/Ba. – **2.** fischerspr., Pose, Schwimmer aus einem Federkiel selt. *'ne Pos' an'e Angel* Gwd/Ba. – **3.** Pl. Federn verbr. *de Adebor* [...] *nusselt den Kopp in de Posen* [2]VOG 48. – Ral.: *eenen bi de Posen kriegen* jmd. habhaft werden Ran/Pe. Auch pars pro toto übertr. auf (Feder-)Betten. *in'e Posen gåhn* Stral. *Findst hüt woll werre nich ut'e Posen* Ank/An. Aufforderung zum Aufstehen: *Nu ma' rut ut de Posen un rin in de Hosen!* Uec/Pa. → Bedd.

Posauk m., Schimpfw., ungebildeter Mensch ohne Manieren selt. HPom. Vgl. PRWB 4,558: *Posauk(e)*.

Posaun f., *Persaun* HUS 1901,183, *Pesuun* Stolp, *Pösuhn* HOMWB 149[b], Posaune verstr. *He blöst de Posun* Dra/Bu. Auch: Mensch, der Neuigkeiten sofort weitererzählt selt. – Ral.: *in de Posun blåsen* etwas ausplaudern selt. – **posaunen** sw. Posaune spielen selt. Scherzh., wenn jmd. ständig Winde läßt: *Du posaunst jå alle Ogenblick* Ank/An.

Poscher m. Pfennigstück Rüg/Zi, Ank/Br, °Dem, Cam/Ki. Vgl. MWB 5,548: *poscher* Adj. nicht viel wert.

Pœsel m., *Päsel* Gri/Ti, Gbg/Gp, Sto/Dö, WUTA 41, *Päusel* Gbg/Gp, DKr/La, *Pœseler* HTSPOM 1935,20. **1.** Kosew. für ein kleines Kind verbr. *Kumm mål her, mien lütt Pœsel!* Dem/Tp. Schimpfw. für einen nichtsnutzigen, ungepflegten Menschen vereinz. Auch: Mensch, der pausenlos herumwirtschaftet selt. VPom. Im Neckvers: *Joochen Pœsel, wat büst för'n Œsel* Fra/Br. – **2.** Docht der Öllampe verstr. Vgl. Œsel[2]. – **pœseln** sw., *päseln* Rüg/Ls. **1.** schwer arbeiten, sich abrackern selt. Ebenso MWB 5,548, BBWB 3,682. – **2.** wehen selt. *Dei Wind pœselt um'e Eck* Pyr/Wa.

Posematuckel m., *Pusemetockel* Gwald, *-tuckel* Rum/Ru, schlecht gearbeitete Sache selt. Auch: schlechter Mensch Ank/An, Rum/Ru.

Posement n., *Posament* Gwald. **1.** Posament, Zierbesatz auf Textilien selt., HOEFAMSC 375[a]. *Murrer is hier in'n Låden un will Posementen köpen* Gwd/Ba. – Ral.: *Måk nich so väl Posamenten!* mach nicht so viele Umstände! Gwald. – **Posementierer** m., veralt., Zierbortenhersteller Stral, HOEFAMSC 375[a].

Posemuckel 1. Bez. für einen fiktiven, weit abgelegenen, unbedeutenden Ort verbr. *Wo wist ha? Na' Posemuckel, wo de Hunn mit'm Schwanz blaffa* Pyr/Wi. Auch: Bez. für Pasewalk vereinz. VPom, Stett. – Ral.: *ut Posemuckel sin* dumm, hinterwäldlerisch sein verstr. – **2.** m. Kosew. für Kinder vereinz.

Posen s. Pos'.

Posentur f., Endsilbe betont. **1.** Positur, der Situation angemessene, straffe Körperhaltung verbr. *Ick dacht, dat dese Posentur Indruck up em maken müßt* [1]BAND 4,17. In den Vbdg.: *sik in Posentur schmieten/setten* Haltung annehmen verstr., auch: sich bes. gut anziehen vereinz. Wenn jmd. sich nicht waschen mag: *Bi dat väl Waschen jeiht de Posementur verlorn* Uec/Pa, ähnl. vereinz. – **2.** dummer, unfreundlicher Gesichtsausdruck verstr. *Du settst 'ne schön Posentur up!* Pyr/Wi.

Laut- u. Formvar.: *Positur* verbr. VPom, vereinz. MPom, *Posetur* verstr. VPom, Uec/Pa, Gbg/Gp, Neu/Aa, *Posementur* verstr., *Pesentur* nördl. °Pyr, *Pùstûr* PFA 49.

Pöserie f. **1.** mühsame, aufwendige Arbeit °Ghg. – **2.** das Aufwirbeln von Staub selt. HPom. *Hör mit de Pöseriej up, du sühst doch, dat hier Wäsch uphingt is!* Dra/La. – **pösern** sw., *päusern* verstr., *pausern* selt., *pesern* Uec/Pa, °Ghg, Sto/Ku, Büt/Bt, Lau/GW. **1.** in verglimmender Asche herumstochern, um das Feuer erneut anzufachen verbr. *De pesert solang bi dat Füer, bet't utjeht* Uec/Pa. *De Gören mœgen tau giern 'n bäten in't Füer päusern* Gwald. – **2.** stieben, aufwirbeln verbr. HPom. *Der Wind pösert de Feddra von' Disch* Dra/Ga. *De Schnee pösert* Dra/Dr. Auch: stauben, qualmen verstr. HPom. *Du rönnst, dat't ümmer so pösert u' dampt* Dra/Bu. *De Acke is drög, dat pösert* DKr/La. Vgl. dunen[2].

Poss n. **1.** PflN, Moos verstr. – **2.** Pflanzendecke aus Moos, Heidekraut und Blaubeerkraut im Wald (die für Stallstreu oder zur Abdeckung von Mieten abgeharkt wird) verbr. *Wenn't wenig Stroh gifft, möte wi Poss nähme* Kol/Pe. *Wi hewwe Poss hackt, töum Miete bedecke* Cam/Dw.

Possekel m., selt. f., zweite Silbe betont. **1.** schwerer Hammer der Schmiede und Steinschläger vereinz. Auch: dicker Stab aus Holz oder Eisen Uec/Pa, Ran/Pe. – **2.** dicker Stock, Knüppel vereinz. MPom. – Zu litauisch *posékelis* Schmiedehammer.

Lautvar.: *Pussekel* Kol/Sö, *Proßœkel* vereinz. MPom HPom, *Prußœkel* Use/Us, Uec/Pa, *Proßekel* Stett, Dra/Ga, *Prußekel* Rum/Pr, *Prozœkel* Ran/Pe, *Prozekel* °Ghg, *Prosetjel* Neu/Th, *Proseitje* Slo/Sl.

Pösser m., *Pössert* vereinz. ZPom, *Pössel* selt. HPom. **1.** ärmlicher Kleinbauer vereinz. MPom HPom. Auch: schmutziger, unansehnlicher Mensch Saa/KL, Reg/Sh, °Sch. – **2.** kleiner, stämmiger Mensch (bes. für Jungen) vereinz. – **pösserig** Adj. unansehnlich Pyr/Wi, Saa/KL, vereinz. °Sch.

Posslus f., TiN, 'Mooslaus' Kornkäfer Ghg/Hi,Li, Lau/GW,Vl.

Post[1] f. **1.** wie hd. Scherzh.: *Dat is de Ollsch von de Post* ein Klatschweib Ghg/Li. Auch: die Beförderung der Post selt. *Dat kümmt per Post* Gwald. *Ik heff per Post grateliert* Ank/An. Im Neckvers: *Dei Herren von de Post, dei supen, wenn't nicks kost'* Use/Sw, ähnl. vereinz. – **2.** Postgut (Briefe, Pakete usw.). *Ik hebb hüt keen Post* Pyr/Lt. – **3.** Postkutsche, Postauto selt. – Ral.: *mit dei letzte Post* im letzten Augenblick verstr. *Dorüm führt dei Post doch!* dennoch geht alles seinen Gang! Gwald, ähnl. MWB 5,551. – Sagw.: *Nu geiht dei Post af, seggt de Papagei, as de Kater mit em tau Bœn fohrt* Gri/Ge.

Post[2] f./m., Pl. *Pöst, Pösten*, Pfosten verstr. *Ik möt an'n Gorntun noch 'n niegen Post insetten* Gwd/Ba; *a' Post ut Mursteene* gemauerter Pfeiler Saa/Ja. Vgl. Posten[1].

Post[3] s. Porst.

Postbåd m. Postbote verstr. *Dei Postbåd kümmt jeden Morgen* Gwd/Ba. Auch: Mensch, der alle Neuigkeiten ausplaudert Rum/Tr. – **Postelljon** m., veralt., *Postljon* Gwd/Ba, Postillon, Briefbote selt.

Posten[1] m. Pfosten verstr. *Wi willen Posten insetten* Gwald. Spez., veralt.: der senkrechte Pfosten des Fensterrahmens zum Anschlagen der Fensterflügel vereinz. *In dei Finstern mäuten niege Posten rin, dei sünd ful* Fra/Bn. Vgl. Post[2].

Posten² m. **1.** bestimmte Stelle, an die jmd. befohlen wird (um aufzupassen) verbr. *Dei ståhe Posten, dat ehr nischt wegkümmt* Sch/Pu. – Ral.: *nich up'n Posten sin* sich krank fühlen, nicht einsetzbar sein verstr. – **2.** berufliche Anstellung, Arbeit verstr. *Hei hett jo woll uk 'n gauden Posten afkrägen* Gwd/Ba. *Hüt war'n Posten verdeilt* Gri/Go. – **3.** eine best. Menge von etwas (im kaufmännischen Sinne) verstr. *Ik heff 'ne schöne Poste tau betohle* Dra/La.

Posten³ m. grobe Schrotkugel Rüg/Wi, Pyr/Lt. – Frz. *poste*, vgl. MWB 5,553.

postewieren sw. Geld verdienen selt. VPom.

postieren sw. sich an eine bestimmte Stelle begeben °Fra, °Gwd, Ank/An, Uec/Pa. *Postier di man dorhen, dor kannst gaut kieken!* Gwald.

Postschwed m. unterer Postbeamter, Briefträger verstr. VPom, sonst selt. *Meist is dei Kopmann uk Postschwed up'n Dörp* Gwd/Ba.

Postür n., zweite Silbe betont, *Pastür* vereinz. *Pistür* Gwald, HUMGWD 4,30,7, Schimpfw. für verrückte, wunderliche Frauen verstr. VPom.

Pot f., *Pout* °Lau STRI 24, Dim. *Pöting* selt. VPom, Pfote. **1.** Tierpfote. *Dei Katt hett 'ne witte Pot* Saa/Le. Befehlend zum Hund: *Schenk Pot!* Pyr/Lt. Als Gericht: *Schnut und Poten in'n Kohl kåken* Fra/Kr. – **2.** übertr., Hand verbr. *Wasch di eerst de Poten!* Pyr/Lt. *Hei hett mit dei Poten dortwischen klårt* Dem/De. – Ral.: *an'e Poten sugen möten* arm sein vereinz.; *lange Poten måken* stehlen vereinz.; *œwre Pot arbeiten* von der verkehrten Seite her arbeiten und sich dadurch behindern vereinz.; *'ne dulle/schön Pot schriewen* eine schlechte, schöne Handschrift haben selt.; *up'e Pote bestarben* nicht gedeihen, verkümmern verstr. Auch: Fuß selt. *Dei is œwer dei Pot schåten* sie lahmt Gwd/Ze. *Hei is so schlicht up'e Poten* Ank/An. – **3.** Zinken des Jätepflugs vereinz. Vgl. Poter.

Potelg s. Butelg.

pœteln sw., *peuteln* vereinz. °Pyr. **1.** in etwas bohren, herumstochern vereinz. *sich in de Näs pœteln* Pyr/Sh. *De Kinna pœtla de Rosinen ut dem Koka* Pyr/Wi. Vgl. pœtern. – **2.** übertr., auf jmd. einen Reiz ausüben vereinz. *Dat pœtelt em uk no recht im Ors* Pyr/Wi. – **3.** pellen °Ghg, Nau/Db,Fg.

poten sw., *pöten* Ghg/Wt. **1.** streicheln selt. Übertr.: schmeicheln selt. *Vör pöt se em un hinner krappt* [kratzt] *se em* Ghg/Wt. – Ral. über jmd., der versucht, sich beliebt zu machen: *Oh, wo jern pot't uns Katt!* Ghg/Li, ähnl. vereinz. – **2.** jmd. ärgern selt. NOPom.

Potentåt m., *Potentaut* Dra/Bu, Herrscher, hochstehende Persönlichkeit verbr. VPom, sonst selt. *Sei hett väle Potentåten deint* Dem/Kt. *De trät up as en Potentåt* Uec/Ue. *Dei Potentåten hemm' gaut räden, dei weiten jo nich, wur'n armen Minschen taumaut is* Gwd/Ba. Übertr.: Angeber, Wichtigtuer vereinz. – In scherzh. veränderter Form: *Potendåten* Pl. Untaten vereinz. Nur als Aufforderung, wenn man ein unartiges Kind einsperrt: *Dor kannst du œwer all dien Potendåten nåhdenken!* vereinz. – **2.** Pl., scherzh., Füße (und Hände) selt. VPom. – **potentåt(i)sch** Adj. majestätisch, gravitätisch selt.

Potenzen Pl. **1.** nur in fester Vbdg.: *œwer/in de Potenzen gåhn* sehr teuer sein vereinz. – **2.** scherzh., Frauenbrüste Gri/Ge, Net/Hf.

Poter m. Jätepflug selt. HPom. Vgl. Pot³.

Pöter m., kindspr., Gesäß verbr. *Na, büst up dienen lütten Pöter follen?* Dem/Tp. – Dissimilation von Pöker.

pœtern sw. in etwas herumstochern, bohren vereinz. Refl.: *De pœtert sik in de Tähnen* Uec/Ue. Syn. pœteln.

Pöters Pl. Pulswärmer verstr. VPom. → Handpöters. – Zu Pot. – **Pöting** n., zumeist Pl., Pulswärmer selt. VPom.

pott indekl. Adj. völlig egal verstr. Verkürzt aus pottegål, gebräuchlicher ist die Vollform.

Pott m., Pl. *Pött, Pötters, Pett* vereinz. NOPom, ²MIS 14, ⁵TITA 77, Dim. *Pöttke* Pyr/Lt, Nau/Db. **1.** Gefäß. – **1.1.** Kochtopf. Mit attr. Bestimmung: *grot/lütt/iesern Pott* Gwald. *Wat hest in'n Pott? Dat rüükt so schön* Ank/Br. *De äten all ut einen Pott* Fra/Ba. *Sett denn Pott man nich so nipp up'n Disch* Dem/Du. *De kauke in einen Pott* kochen gemeinschaftlich Kol/Go. *Mannslüd bi de Pött, dat geiht nich, dor is een tau väl* HUMGWD 10,34,8. – **1.2.** große Tasse (z.T. ohne Henkel), Becher verstr. *De Kinna kreja 'ne Pott tum Drinka* Dra/Wi. → Bäker. – **1.3.** Nachttopf verbr. *He mutt up'n Pott* Pyr/Lt. *Ik mücht so'n Pott, wo sœben Miegels ringåhn* Fra/Br. Scherzh., wenn jmd. prahlt *Ik kann dat måken*: *Jå, wenn du up'n Pott sittst!* Gwald, ähnl. verstr. Auch generalisierend: Abort, Toilette verbr. – **1.4.** Schale, in der beim Kartenspiel der Einsatz gesammelt wird vereinz. VPom MPom. *Du hest 'n Gröschen up'n Pott to setten* Gri/Mi; *in'n Pott spälen* so spielen, daß der gesamte Einsatz am Ende allen gehört Stett. Auch übertr.: der Geldeinsatz beim Kartenspiel selt. *He geiht mit'm ganzen Pott af* Pyr/Lt. Vgl. Po. – **2.** Loch in der Erde, in das beim Spielen der Kinder Gegenstände hineinbefördert werden müssen (z. B. Murmeln) selt. Vgl. potten, Pottenlock. – **3.** übertr., runder, auch: ausgefallener Hut, Mütze vereinz. *Wat hest du denn för'n Pott up?* Ghg/Li. – **4.** hist., Hohlmaß verschiedenen Umfangs (zwischen 0,5 und 1 Liter, bes. für Bier) verstr. VPom, sonst selt., KÜHL 52. Vgl. Pottmåt. – **5.** scherzh., großes Schiff vereinz. VPom. – **6.** Tagelöhnerhaus selt. Zumeist jedoch in Zss., die die Zahl der in den Häusern wohnenden Familien angeben. Vgl. Einpott, Tweipott, Dreipott.

Phras. zu. 1.1.: In Vergleichen: *He süht ut as so'n Pott vull Müs'* sieht traurig aus Uec/Ge, ähnl. verstr. *Dei kiekt in ehr Kind as in' gollen Pott* sieht nur das Gute an ihrem Kind Gri/Mi. *Alles, as't in'n Pott jeht* alles so machen, daß es seinen gewohnten Gang geht Dra/La, ähnl. vereinz.; *dumm as'n Pott Grütt* verstr.; *dicht hollen as'n Pott* verschwiegen sein vereinz. – Ral.: *ein' up'n Pott setten/helpen* jmd. gehörig die Meinung sagen verbr.; *nich tau Pott kåmen* mit etwas nicht fertig werden verbr. VPom, sonst selt.; *ein' annern in'n Pott kieken* sich neugierig in anderer Leute Leben einmischen vereinz. HPom. *Ut'n Pott äten gifft dick Backen* Gri/Ti. *Dat kümmt nich in'n Pott!* das kommt nicht in Frage! vereinz. *Gåh mi von'e Pött!* geh mir vom Leib! vereinz. HPom. *Lütte Pött hemm' uk Uhren* Kinder schnappen auch nicht für sie Bestimmtes auf selt. Letzte Habe: *üm all sien Pött sin* nichts mehr haben verbr. VPom; *nich Pott noch Pann hemm'* vereinz.; *nicks in'n Pott hemm'* vereinz. *Dor is nicks in'n Pott un unnern Pott* Dem/De, ähnl. verstr. Menschen, Dinge, die zusammengehören: *Is kein Pott tau scheif, dat sik nich en Deckel dartau find'* [1]NERE 95. *Jeder Pott find' sien Stülp* [Deckel] Gwd/Wo, ähnl. verbr. Aber: *Pott åhn Stülp* alte Jungfer vereinz. *So'n Pott, so'n Stülp* wie der Herr, so's Gescherr verbr. *Dat kümmt alles in eine Pott* bleibt in der Familie Cam/Do,Ds. *Wat dau ik mit dem Pott, wo keie Deckel uppaßt?* Lau/GW, ähnl. vereinz.; *tau jeden Pott 'n Stülp hemm'* immer die passende Antwort haben verstr. VPom, sonst selt. Übereinstimmende Meinung: *dei kieken / kåken / spälen in einen Pott* stecken unter einer Decke verstr. *Twischen dei beiden is't ein Pott un ein Pann* HUMGWD 76,235f.,4. *Nu is de Pott intwei* jetzt ist die Freundschaft zerbrochen verbr. – Wetterr.: *Wenn de Pott brennt* [wenn Funken am Topfboden erscheinen], *ward dat gaur Werrer* verstr. – Sprw.: *Klein Pött kåke licht œwer* kleine Leute sind leicht gereizt vereinz. *Terbråken Pött hollen am längsten* Gri/Mi. *Bråken Pott gifft't allwägen* Fehler werden überall gemacht verstr. – Sagw.: *Mit Lachen ward kein Husstand führt, säd de Fru, don har sei denn Pott intweischmäten* VPom. – In (Tanz-)Liedern: *Wenn hier en Pott mit Bohnen steiht, un dor en Pott mit Brie, denn låt ik Brie un Bohnen ståhn un gåh nåh mien Marie* [...] Gwd/Zi, ähnl. verstr. *Wenn de Pott äwer 'n Loch hett, leiwer Heinrich, leiwer Heinrich? – Stopp et to, lewe Liese* [...] [2]BIEL 29f.

Pottåp m., Schimpfw., dummer Mensch Rüg/Zi, Ran/Ro. – **Pottasch** f. Pottasche vereinz. *Dei Kauken is mit Pottasch backt* Gwd/Ba. *Pött, dei taum iersten Mål bruukt würre, warden mit Pottasch utkåkt* Dem/Tp. – **pottbeit** Adv. Nur in der Vbdg.: *pottbeit sin* ein Spiel verloren haben Dem/Tp, Uec/Ge. Vgl. MWB 5,563. – **Pottbinner** m. Topfbinder, der gesprungene Steintöpfe mit Draht umflicht und so repariert verbr. Vgl. Pottflicker. – **Pottbinnertang'** f. Zange des Topfbinders verstr. – **Pottbrett** n. Wandregal für Töpfe und Deckel verstr. Auch: Holzbrett als Untersetzer für heiße Töpfe vereinz. – **Pottbuddel** f., *Potts-* Dem/Tp, PAL 174, kurze, bauchige Flasche vereinz. VPom. Scherzh.: *Dei wåhnt in'e Pottbuddel* wohnt sehr beengt Ank/An. – **Pottdeckel** m. Topfdeckel. Übertr., scherzh.: flache Kopfbedeckung verstr. *De hett uk sun'n ull Pottdeckel up'm Kopp* Ran/Pe. – **pottegål** indekl. Adj., *putt-* vereinz., ganz und gar egal, gleich verbr. *Em is allens pottegål* Ank/An. *Dat is mi pottegål, ob du dat wist oder nich!* Gwd/Ba. Scherzh.: *Dat is alles pottegal, ob Speck orre Ål* Pyr/Sa. Auch verkürzt zu pott. – **potten** sw. Murmeln spielen, wobei die Murmeln in ein Loch befördert werden müssen verstr. Vgl. Pott, Pottenlock.

pott(en)- in Zss. als Steigerungspartikel vor zahlreichen Adjektiven. – **pott(en)dicht** Adj. überaus dicht, undurchlässig verstr. VPom, sonst selt. *De Tunn is pottdicht* Gri/Ge. – **pottendick** Adj. stark neblig Rüg/Bt, Use/Us. – **pott(en)düüster** Adj. stockdunkel selt. *Dat is buten pottdüster* Uec/Ge. – **Pött(en)kieker** m., scherzh., *Pott(en)-* vereinz., *Pöttken-* Uec/Pa,Ue, 'Topfgucker' jmd., der bei der Zubereitung des Essens gern in die Töpfe schaut verbr. *Na, mien lütten Pottkieker!* Rüg/Ae. Spez.: Mann, der sich intensiv um Haus- und Küchenwirtschaft kümmert verstr. *Ik har nich dacht, dat dien Mann son'n Pöttenkieker wier!* Rüg/Dm. *Va'm Pottkieke willa de Frugas nüscht weta* Dra/Bu. Auch generalisierend: neugieriger Mensch verbr. – **Pottenlock** n. Kinderspiel, bei dem Murmeln in ein Loch getrieben werden müssen selt. Vgl. Pott, potten. – **pottenmäud** Adj. sehr müde, übermüdet selt. VPom. *Hüt åbend bün ik pottenmäud* Gwd/Ba. – Entstellt aus paddenmäud. – **pott(en)warm** Adj. behaglich warm vereinz. VPom, Stett. *Mien Stuf wier pottwarm* Stett.

Pötter m. **1.** Ofensetzer verstr. VPom, sonst selt. *Dei Pötter möt'n Åben ümsetten* Gwd/Ba. – Im Sagw.: *Wecker Arbeit hett, möt dorför sorgen, dat hei sei behöllt, säd de Pötter un föl mit'n Åben üm* Gwald. *Meine Werke folgen mir nach, säd de Pötter, don stört't de Aben achter em tosam!* UP 1922,94. – **2.** Töpfer, Keramiker allg. Scherzh. Aufforderung zum Trinken: *'n richtigen Pötter möt buten un binnen natt sin* Gwald. – Sagw.: *Gott help uns drütteihn, säd de Pötter, un füll mit twölf Pött von'n Bœn* Stral. *Fertig! seed de Pötter, doon was de Leem all* HUMGWD 77,123f.,4. – **3.** Schimpfw. – **3.1.** (alter) sonderbarer Kauz, Krauter verbr. VPom, sonst selt. *Dat's uk so'n eigen Pötter* Gri/Go. – **3.2.** Pfuscher, schlechter, unfähiger Handwerker verstr. VPom, sonst selt. *Wat soll ik mit denn Pötter anfängen?* Gri/Mi. – **4.** Kosew. für ein kleines Kind verstr. VPom, sonst selt. *Vör so'n lütten Pötter hest du Angst?* Rüg/Ae.

Lautvar.: *Pörrer* verstr. VPom, sonst selt., *Pödder* verbr. VPom, *Petter* verbr. NOPom, *Potter* vereinz. Zu Seltenheitsbelegen vgl. DWA 9, Kt.6.

Pötterie f. Töpferarbeit selt. Scherzh.: *De leiw Gott hett toirst de Pötteri mokt, hei meik Adame ut Leim* HTKÖS 1931,7,12. – **pötterlatiensch** Adj. unverständlich, undeutlich (von Sprache) selt. *De räd' pötterlatiensch* Uec/Pa.

pöttern[1] sw. **1.** töpfern, Keramikwaren herstellen verbr. – **2.** herumwerkeln, vor sich hin arbeiten verbr. *Dei*

Oll pöttert hier noch 'n bäten un dor noch 'n bäten Cam/Ca. – **3.** zerschlagen, in Scherben werfen verstr. *De schön Kaffekann hest du uk pöttert* Pyr/Wa,Wi.

Lautvar.: *pörrern* verstr. VPom, *pöddern* vereinz., *poddern* Rüg/Ae, *pettre* Sch/Sd, *peddre* Lau/Ke.

pöttern² sw., Lautvar. s. pöttern¹. **1.** in etwas herumstochern verbr. *Wat pötterst du dor in de Rägentunn?* Fra/Zi. *Pörrer man 'n bäten in't Füer, denn mag 't bäter brennen* Dem/De. *Wat pörrerst di werrer in'e Näs!* Ank/Br. *De Mann füng* [...] *an, mit'n Stock in ein Eck achter de Maschin tau pöttern* ⁵BAND 238. – **2.** fischerspr., ins Wasser stoßen, um Fische (bes. Aale) ins Netz zu treiben vereinz., RAS 49. Vgl. plümpern.

Pötterschört f. Töpferschürze. Im Vergleich: *nieglich as 'ne Pötterschört* sehr neugierig vereinz. VPom. *De süht ut as 'ne Pötterschört* ist sehr schmutzig Uec/Ue.

Pötterstock m. Stock, mit dem beim Pflügen und Drillen Unkraut weggestoßen wird selt. VPom. Vgl. Plaugstœker.

Pottfisch m. kleiner Fisch, der zum Braten nicht taugt und deshalb gekocht wird Uec/Pa, selt. HPom. *Va' de Plötze mauke wi Pottfisch, tum Bråda sin s' tu kleen* Dra/Bu. – **Pottflicker** m. Topfflicker, Handwerker der gesprungene irdene Töpfe mit einem Drahtgeflecht umwickelt Gri/Mi. Auch: SpottN für den Klempner Uec/Ge, Ghg/Li, Nau/Db, Kol/Do. Vgl. Pottbinner. – **Pottgrütt** f. Grützwurst, im Kessel gekocht vereinz. *An Pottgrütt kann ik mi dotäten* Gri/Mi. Vgl. Kätelgrütt. – **Potthåken** m. Haken zum Anfassen heißer Topfbügel selt. VPom. Auch: Haken am offenen Herd, in den der Topf eingehängt wird Ran/Pe. – **Potthaut** m. Hut mit hohem Kopfteil verstr. – Sagw.: *Wat dei Wiewer sick för snacksche Potthööt äwer dei Uhren treecken, säd de lütt Jung, wenn'n 't nödig hett, kann'n sick glieks rupsetten* HUMGWD 8,46,8. – **Potthusår** m., scherzh., Koch, Köchin vereinz.

Pöttk s. Paddick.

Pottkauken m. Napfkuchen verstr. *Pottkoka mit Rosine eta de Kinner gern* Saa/Ja. – Sagw.: *Schönes Heu, säd de Äsel, don frät he denn Pottkauken* Stral. Vgl. Nappkauken. – **Pottkees** m. in einem Topf auf verschiedene Weise zubereiteter Käse (z. B. aus Quark und alten Käseresten, die mit Natron und Salz vergoren werden) verstr. VPom, Pyr/Lt, Cam/Rv, vgl. ⁴WIN 234f., HOEFAMSC 358ᵃ. – **Pottkranz** m., seem., kranzförmige Topfunterlage aus Tauwerk Fra/Bn, Gwald. – **Pottkratzer** m. **1.** scherzh., Köchin, Küchenmädchen verstr. – **2.** Bürste zum Reinigen der Töpfe selt. Vgl. Pottquast. – **Pottlicker** m., scherzh., 'Topflecker' jmd., der gern die Reste aus dem Kochtopf kratzt verstr. *Dei meisten Kinner sünn Pottlickers* Gri/Mi. Auch: Zeigefinger Pyr/Lt. – **Pottmåt** n., vereinz. f., veralt., Maßtopf für eine Flüssigkeitsmenge (von 0,5 bis zu 1 Liter) vereinz. Scherzh. von jmd., der zu viel trinkt: *De hett sien eegen Pottmåt* Uec/Pa. Auch: abgemessene Flüssigkeitsmenge selt. *'n Pottmåt vull Schnaps* Gwd/Ba. Vgl. Pott². – **Pottmütz** f. Mütze der Mönchguter Männertracht aus bunter Wolle mit dicker Quaste an der Spitze Mönchg., ADL 123. – **Pottneger** m. Schimpfw. für einen schmutzigen Menschen verbr. *Hei is de reinste Pottneger* Gwd/Ba.

Pottpurri n., *Puttpurri* Rüg/Zi, Stral, aus lauter Resten zusammengekochtes Essen selt. VPom. – Zu frz. *potpourri.*

Pottquast m. Topfreiniger aus einem mit Draht zusammengehaltenen Büschel kleiner Zweige vereinz. *Pottquast ut Knister* [Wacholder] Gbg/Gp. Vgl. Pottkratzer.

pöttrig Adj., *puttrig* Gri/Ge,Mi, *püttrig* °Dem, Uec/Ge, unsicher, stöckerig (vom Gehen alter Menschen) verbr. *Hei is all wat pöttrig up dei Bein'* Gwd/Ba. *Oll' Lür gåhn oft all puttrig* Gri/Ge.

Pottschon f., *Pottschun* Gwald, wie hd. *Portion* vereinz., Portion, bestimmte, zugemessene Menge (bes. von Speisen) verbr. *Hei hålt sich 'ne Pottschon Arften* Gri/Ti. Auch: unbestimmte, große Menge verstr. *Du bringst 'n Portion Küll mit rin* Gwald. *Dor hüürt all 'ne grot Pottschon Dœmlichkeit tau!* Gwd/Ba.

Pottschör f. Topfscherbe, zerbrochenes Porzellan und Steingutgeschirr selt. *Up'n Polteråbend hemm' s' dei ganze Däl vull Pottschör schmäten* Gwd/Ba. – Ral. am Polterabend: *Je mihr Pottschör desto mihr Glück* BLFPVK 2,84. – **Pottschwank** m. neben einem Herd mit offenem Feuer angebrachte, schwenkbare Aufhängevorrichung für einen Topf, um diesen über das Feuer bewegen zu können vereinz. HPom. – **Pottschwart** f. Ruß, der sich an Topf und Ofen absetzt selt. HPom. – **Pottsœg** f. 'Pottsau' Schimpfw. für einen Schmutzfinken verstr. – **pott-ut** Adv. ganz und gar vorbei, zu Ende vereinz. *Mit dem is et pottut* Lau/GW. – **Pottwust** f. darmlose Wurst aus Blut, Grütze und Wurstwasser, die im Topf gekocht wird verstr. *Pottwust schmeckt got to Pellnudeln* Ghg/Wt.

potz Interj., *putz* Gbg/Gp, zum Ausdruck der Überraschung, des Erstaunens oder im Fluch verbr. *Potz, Himmel, Oorsch un Twiern!* Sto/Gl. *Putz, Dunner o Doria!* Gbg/Gp. Auch als Primärglied in folgenden Zss. – **potzdusend** Interj. Ausdruck der Verwunderung verbr. *Potzdusend, is dat 'n Ding!* Uec/Pa. – **potzzapperlot** Interj. dass. verstr. *Potzzapperlot, wat hemm' ji hier bloß måkt!* Ghg/Li.

power Adj. ärmlich, mittellos verbr. VPom, sonst selt. *He is een power Minsch* Uec/Ue. *Dor geiht dat ganz power tau* Dem/Tp. *Dat Land is power* mager, wenig fruchtbar Gwd/Ba. – Zu frz. *pauvre* arm. – **pow(e)rig** Adj. dass. selt. *Dat seech dor man powrig ut* Dem/De. – **Powerinski** m., iron., armer Mensch selt. VPom.

powig Adj. **1.** weich, schwammig vereinz. *De hett 'n powig Gesicht* Dra/Ga. – **2.** morsch, verrottet vereinz. *Dat Holt is all powig, dat is nich mihr tau verwenn'* Dem/Tp. Vgl. paufistig.

prachandern s. plachandern.

Pracher m. Bettler, Landstreicher, Habenichts verbr. *Giff den ollen Pracher man'n Gröschen, denn ward he woll tofräden sinn* Rüg/Zi. *Uns Unkel, dei eie ganz gaut Gewes her, is äwer Nacht tom Pracher wore* ist über Nacht verarmt Kös/Sr. In Vergleichen: *Hei sitt vull Lüs' as'n Pracher* Gwd/Ba. *Hei löppt rüm as'n Pracher* sieht armselig aus Fra/Bn. *Dat hett hei rut as de Pracher dat Lusen* darauf versteht er sich Stett, ähnl. vereinz. *Je gröter dei Pracher, je gröter dei Lus* VHTSTO 1930,12,5f. – Ral.: *Wenn dei Pracher nicks hemm' sall, verliert hei dat Brot ut dei Kiep* Fra/Bn, ähnl. verbr. *Hett de Pracher wat, hett hei keie Fatt* Sto/Kb, ähnl. verstr. – Sagw.: *O wat all! saed' de Pracher, und as he tosêg, härr he nix* [1]HOEFE 66; *t' frîrt jeder, dornâ he Klêder hett, saed' de Pracher, dôr härr he in'n Winter 'n terräten Rock an* [1]HOEFE 66. *Schlicht Handwark, dat sienen Mann nich nährt, seggt de Pracher* Gwald. → Schnurrer. – Bereits mnd. *pracher*. – **Pracherbotter** f. **1.** Nur ral., keine konkrete Sache bezeichnend: *Dei hett ehr Mul mit Pracherbotter schmärt* sie redet ohne Unterlaß verbr. *Dem geiht dat Mul, as wenn't mit Pracherbodder schmeert is* verbr. Vgl. [4]WIN 192f. – **2.** Prügel, Schläge verstr. – **Pracherbüdel** m. Bettelsack verbr. Auch: Klingelbeutel, mit dem in der Kirche die Kollekte eingesammelt wird Kol/Pr. – **Prachergeld** n., pejor., Kleingeld verbr. – **Prachergröschen** m. kleines Trinkgeld verstr. *Hett de Herr di Prachergröschen gäwen?* Ran/Ro. Auch: kleiner Nebenverdienst selt. – **Pracherharbarg** f. 'Bettlerherberge' armseliger Haushalt vereinz. – **Pracherie** f. **1.** Bettelei verstr. – **2.** ärmliche Bauernwirtschaft vereinz. HPom. – **Pracherkauken** m. Kuchen aus gezuckerten Apfelstücken, die mit geriebenem Brot, Rosinen und Butterflocken in eine Form geschichtet und gebacken werden verbr. – **prachern** sw. **1.** betteln um Almosen verbr. *De lääft uk bloots von prachern* Gwald. *Dei prachern langs dat ganze Dörp* Fra/Bn. – **2.** inständig, weinerlich bitten (bes. von Kindern) verbr. *De prachert solang, bet he alles kricht* Dra/Bu. *Dat Kind prachert in eis nåh Bongs* Saa/Ja. – **3.** feilschen, handeln (um Nachlaß beim Kauf) vereinz. *Hei prachert solang, dat man wat afläte möt* Kol/Pr. – **4.** viel reden schwatzen verstr. – **Prachersack** m. Bettelsack verstr. – **Pracherstipp** f. einfache Soße, die aus Mehl und Wasser zubereitet wird Uec/Ge, Dra/Bu. – **Prachersupp** f. dünne, gehaltose Suppe selt. – **Prachervolk** n. Schimpfw. für Bettler, arme Leute vereinz. VPom, Sch/Pu.

Pracht f. wie hd. *Dei Blaumen in'n Goorden, dat's 'ne wohre Pracht* Gwd/Ba. – Sagw.: *Dat is 'ne Pracht, sär Widow* [FN], *dunn har hei de Schnufftobak im Lappe* Cam/Bn. – **prächtig** Adj. **1.** mit aller Pracht ausgestattet, strahlend (vor Schönheit, Glanz und Reichtum). – **2.** großartig, gut gelungen verstr. *Dei Kauken süht jå prächtig ut* Gwd/Ba. Ausdruck des Wohlbehagens: *Wie schmeckst du prächtig, Kaffe met Rum!* Net/Hf, ähnl. verstr. Iron., wenn etwas mißlungen ist: *Dit is jå prächtig!* Pyr/Lt.

prädigen sw. predigen. **1.** eine Predigt halten. – Ral., wenn jmd. nicht zugehört hat und nachfragen muß: *Tweimal prädigt de Paster nich!* Dem/De. – Sagw.: *Dat kümmt von't lange Prädigen, sä' de Paster, don har hei vör Angst in'e Bücks schäten* Dem/De. – **2.** jmd. eindringlich und umfänglich ermahnen verbr. *Då kann eener ümmerto präjen, de hören nich* Pyr/Lt. *Låt dei Ollsch doch prädigen!* Gwd/Ba.

Lautvar: *prädijen* vereinz., *präje* Pyr/Lt, vereinz. ZPom, *prädje* Kol/Pr, Fla/Ta, *prärge* Gbg/Gz, *prerije* Kös/Dr, *preidigen* Pyr/Wa,Wi.

Prädiger m., *Prärge* Gbg/Gz, *Präger* °Sch OPOMHT 1931,38,1, *Predger* Lau/Gr BLFPVK 9,53, Prediger, Pastor selt. HPom.

Prädigt f. **1.** im Gottesdienst gehaltene Predigt. Scherzh.: *Ick holl't mit ne korte Predigt un ne lange Mettwust, seggt de Köster* HTKLANK 1931,74. – Wetterr.: *Wenn dat unner dei Prädigt rägent, rägent dat dei ganze Woch* Gwd/Ba. – **2.** Ermahnung, Vorhaltung verbr. *Dei hett mi 'ne schöne Predigt hollen* Fra/Bn. Auch: lange Rede selt.

Lautvar.: *Prääjt* Pyr/Lt, Dra/Ka, *Prääch* Reg/Kt, Dra/Ka, *Praädch* LAUWB 274[b], *Präädsch* Neu/Rt, *Preidj* Pyr/Wa,Wi.

Prager Pl. umherziehende Musikanten (zumeist aus Böhmen) verstr. VPom, HUMGWD 14,48,7ff. *don würden se* [*de Muskanten*] *blot "de Prager" heten, denn ut Böhmen kemen de Kierls* [4]HOEFE 12. Vgl. Böhmer.

pråhlen sw., *prohle* Ran/Ro, Lau/GW, *prauhle* verstr. °Gbg, *prauhla* Dra/Bu, prahlen, angeben. *Dat is nich so grotorig mit em, hei pråhlt blot so giern* Gwd/Ba. *Pråhl sacht!* gib nicht so an! Reg/Me, ähnl. verbr. *Dat Kuurn pråhlt* das Getreide ist üppig entwickelt Dem/Tp. Auch tr. gebr.: *He fung nu* [...] *an, sinen Fründ Wulf ut vulle Backen to prahlen* übermäßig zu loben [2]TIB 110. – Ral.: *Pråhlen wi nich, so sünd wi arme Lüd'* Gwald. – Sprw.: *Pråhlen un leigen wasst an eenen Bom* Stral. – **Pråhler**

m. **1.** Prahler, Angeber. – Ral.: *Wenn ein Stœhner nischt hett, hett ein Pråhler eiste recht nischt* Nau/De, ähnl. verbr. – **2.** PflN, Feuerbohne Gri/Ti. Vgl. MWB 5,575: *Prahlbohn.* – **Pråhlhans** m. Angeber, Aufschneider verbr. – Spruch: *So geiht't dei Prahlhäns' alle Tied, un wenn sei meen'n, sei stahn, denn liggen sei in dei Schiet!* HUMGWD 12,9,5. – **pråhlig** Adj., *prauhlig* Gbg/Gp, *prohlig* Lau/GW, prahlerisch, protzig vereinz. *De räd't so pråhlig* Ghg/Wt. Ebenso: *pråhlsch* vereinz. – **Pråhloorsch** m. großspuriger Mensch vereinz. HPom. – **pråhlsch** s. pråhlig.

Pråhm m., Pl. *-s.* **1.** *Prauhm* Gbg/Vi, Net/Hf,Sl, Prahm, flacher, breiter Lastkahn, bes. für Binnengewässer verstr. Solche Kähne wurden oft zu Fährzwecken eingesetzt: *Dat Fuhrwark ward mit 'n Pråhm œwersett't* Gwd/Ba. *Dat Schipp is stief as 'n Pråhm* ist sehr schwerfällig Gwald. – **2.** fischerspr., größeres Ruderboot mit flachem Boden Rüg/Mu, [1]PEE 234. – **Pråhmgosser** m. Gehilfe auf einem Prahm vereinz. an der Swinemündung, PZ 18.01.1975.

Präkel m., Pl. *-s, Präk(e)le* vereinz. HPom, spitzer, länglicher Gegenstand. **1.** Stachel, Dorn. Auch: Splitter, bes. aus Holz. *Ik heff mi 'n Präkel in'e Hand inräte* Sch/Sd. Zu jmd., der sehr unruhig ist: *Du hest woll 'n Präkel in'n Noors!* Rüg/Ae, ähnl. verstr. Vgl. Prickel. – **2.** Holznagel zum Besohlen von Schuhen verstr. – **3.** Hölzchen, mit dem das Ende von Würsten verschlossen wird verstr. VPom, sonst selt. Vgl. Wustpräkel. Auch: Zahnstocher Pyr/Sa. – **4.** kurzer, zugespitzter Stock, Pflanzholz vereinz. HPom. – **5.** Pfriem zum Korbflechten selt. – **6.** alte, stark gebrauchte Forke vereinz. HPom.

Lautvar.: *Prekel* vereinz. MPom NOPom, HOMWB 149[b], *Prœkel* Pyr/Sa, Saa/Jk, *Präl* Slo/La, *Prēikl* °Büt [2]MIS 19, *Praika* Dra/Bu, *Präckel* Rum/Km [5]TITA 45, *Präätjel* Neu/Pn,Th, *Präätschel* Fla/Ta, Slo/La.

Präkeldissel f., PflN, Eselsdistel (Distel mit sehr dornigen Blättern) Sto/Wd.

präkeln sw. **1.** stechen, pieksen. *He prekelt denn Ossen mit de Spitz, dat he em vörwarts kricht* Uec/Pa. Spez.: den Wurstdarm beim Stopfen oder Kochen mit einer Nadel einstechen, um Luft entweichen zu lassen VPom, sonst vereinz. *Wi möten dei Wust präkeln, dat sei nich platzt* Gri/Mi. Vgl. prickeln. – **2.** schmerzhaft kribbeln verbr. MPom, sonst vereinz. *Dat präkelt mi in de Knåken, dat jifft woll anner Wäder* Uec/Ue. *Mi prekeln de Händ'n vör Küll* Ran/Pe. – **3.** *preckle* LAUWB 275[b], (schlecht) stricken, nähen oder häkeln verstr. *Wat präkelst du hüt werrer, dat ward in'n Läben nicks!* Rüg/Dm.

Lautvar.: *prekeln* vereinz. MPom NOPom, *preikele* Kol/Go, Dra/Bu, *präätjele* Neu/Pn,Th, *präätschele* Fla/Ta, *pråtschele* Slo/La,Pa.

praktisch Adj. **1.** sehr nützlich, zweckmäßig vereinz. *Dat Handwarkstüg is sihr praktisch* Gwd/Ba. *Dat Kleed is för'n Alldag praktisch* Dem/Tp. – **2.** geschickt, anstellig vereinz. – Sagw.: *Ümmer praktisch, secht dei Diern, un sett denn Flicken näben dat Lock* Gwald.

Praliné n. 'Praline' steifer, runder (zumeist schwarzer) Männerhut vereinz. VPom. *Wat süht hei dull ut mit sien' Praliné* Gri/Go. Vgl. PRWB 4,567: *Praline.*

prall Adj., *prell* selt., *prallig* selt. **1.** straff gespannt, stramm. *Dat Kleed sitt so prall* Ran/Ro. *De Fru is prall buugt* hat einen kräftigen Körperbau Ank/An; *en prallen Geldbüdel* ein voller Geldbeutel HUMGWD 75,38,2. – **2.** ungehindert auftreffend, blendend hell (von Lichtstrahlen) verstr. *Sett di nich so in dei prall Sünn!* Gbg/Ge. – **prallen** sw. **1.** hart auf etwas oder jmd. auftreffen vereinz. – **2.** intensiv Licht und Wärme aussenden selt. VPom NOPom. *De Sinn* [Sonne] *prallt mächtig* Sto/Pf. – **prallig** s. prall. – **Prallnoors** m. sehr dicker Mensch Uec/Pa, JOSTWB 73. – **Prallstein** s. Prellstein.

Prammel s. Prangel.

pramsen s. premsen.

Prangel m., *Prangen* selt. VPom, *Prammel* HUMGWD 76,145f.,3, dicker Stock, Knüppel. *Hei geiht mit 'n Prangel up em los* Gwd/Ba. *De hett mi mit 'n Prangel schlågen* Ghg/Wt; *'n eeken Prangel* Nau/Bl. Übertr.: großer Penis verstr. Vgl. Bengel[2], Schacht.

Pranger m. wie hd. vereinz. Gebräuchlicher war in den pom. Mundarten die Bez. Kåk.

Prank f., *Prang* Gbg/Gp, Pranke, sehr große Hand verstr. *De hett Pranken grot as 'n Waschholt* Uec/Ue. Prügelandrohung: *Wenn ik di in'e Pranken krich, geiht di dat nich gaut!* Dem/Tp.

pranschen sw., *pranschkre* Sto/Dö,Pf, allerlei durcheinander kochen selt. VPom, Ghg/Li, Pyr/Sh, Sch/Pu, Lau/GW. Vgl. prascheire.

pranzeln sw. viel reden, schwatzen vereinz. VPom, sonst selt.

präpeln sw. **1.** tüchtig, viel essen verstr. *Bi dei Hochtiet gifft 't düchtig wat tau präpeln* Dem/Kt. – **2.** jmd. viel zu essen geben vereinz. VPom. *Sei präpelt denn Lütten* Gwd/Ba. Vgl. päpeln.

prascheire sw., pejor., vielerlei zusammenkochen vereinz. NOPom, [5]KNO 2,12, [4]BIE 176. Vgl. brescheire, pranschen. – Zu pomor. *pražəc* schmoren. – **Praschnitz** m./f., *Praschitz* Lau/Vl, breiartiges Gericht vereinz. NOPom, [5]KNO 2,12, [4]BIE 176, [10]WIN 109. Auch: Rührei Lau/Vl. – Zu pomor. *pražńica* breiartiges Essen (bes. aus Eiern, Speck u. Milch).

Prassel[1] m. **1.** Regenguß Uec/Ue. – **2.** dicker Knüppel Nau/Fg, Reg/Sh, Sch/Pk,Wa, Büt/Bt. – **Prassel**[2] f., Pl. *-n*, PflN, Knackelbeere (Erdbeerart) vereinz. östl. HPom, HOM 2,34, PRIT/JES 154[b]. Syn. Knäckelbeer, Knickelbeer. – Zu mnd. *prasselen* lärmen, beständige Geräusche hervorrufen (die Beeren knacken beim Abbrechen), vgl. MARZELL 2,466ff. – **prasseln** sw., *-ss-* bes. in HPom auch sth., *prasteln* verstr. **1.** wie hd. *Dei Hågel prasselt man so an dei Finsterschieben* Gwd/Ba. *Dat Füer prasselt in'n Åben* Stral. – **2.** viel reden, schwatzen verstr. *Wenn doch uns Tanten nich so väl prasseln wull, dat is nich uttauhollen* Dem/Tp. Vgl. brasseln.

Prastel f. geschwätzige Frau vereinz. MPom HPom.

prasteln s. prasseln.

Prasunn f., Endsilbe betont, *Prasuun* Slo/He, Gericht aus zerstampften Kartoffeln, die mit Mehl, Speck und Zwiebeln verrührt werden Neu/Pn,Th, Fla/Ta,Wo. Übertr.: Mischmasch Neu/Pn. Vgl. PRWB 4,581.

Prat m.(?) lange Stange (bei der Eisfischerei) JOSTWB 73. – Pomor. *prąt.*

pråt Adj. parat, bereit, fertig verbr. *Wenn ik pråt bün, gåhn wi los* Dem/De. *Hest du dat Middag all pråt?* Uec/Ue. *Jung, hest du din' Schaularbeiten prat?* [2]TIB 61. *Måk di pråt, 't ward Tiet!* Dem/Tp. In Vbdg. mit weiteren Verben: *pråt kåmen* zurechtkommen verstr.; *pråt liggen* bereitliegen verstr.; *pråt ståhn* bereitstehen verbr. Vgl. brett.

Lautvar.: *paråt* vereinz., *peroot* Sto/Pf,Wd, Lau/GW, *proot* Ran/Ro, WAR 32, *praut* Dra/Bu, Kol/Go, Gbg/Gp, *prōut* °Büt [2]MIS 28. Zu Seltenheitsbelegen östl. der unteren Oder vgl. PRI/TEU 228.

Pråt m., selt. f./n., *Praut* verstr. °Gbg, *Prautsch* Gbg/Gp, großer Redeschwall, Gerede, Geschwätz verbr. VPom, sonst vereinz. *Ik kann denn Pråt nich mihr mit anhüürn* Gri/Ti. *Wat för'n dummen Pråt hebben sei wedder upbröcht?* Fra/Fr. [*Sei*] *hüllen wedder vergneugten Praht* HUMGWD 12,28,7. Vgl. pråten.

präteln s. prœteln.

pråten sw., *praute* verstr. °Gbg, *prote* Sch/Pu, viel reden, schwatzen, tratschen vereinz. Subst.: *So hürt man mank de Lüd dat Praten* GEB 41; *langes Praten* [1]TIB 23. Vgl. Pråt. → schladdern. – Mnd. *prōten.*

pratsch Interj. zur Nachahmung eines schlagenden, klatschenden Geräusches verstr. HPom, HOMWB 149[b]. *Pratsch, do(r) hest eine weg!* bekommst du eine Ohrfeige! Fla/Ta. Auch adv. gebr.: *Sei is pratsch he'falle* ist heftig hingefallen Gbg/Gp.

Pratsch f., selt. m./n. **1.** unförmig große Hand verstr. östl. HPom, sonst vereinz. *Pratsche as 'ne Kinnerweig hebbe* Sch/Pk. – **2.** Ohrfeige vereinz. HPom. Vgl. Bratsch. – **3.** (großer) Kartoffelpuffer verbr. im Abteigebiet Belbuck, sonst selt. *Kartüffel racke, wi wille Pratsche backe!* Reg/Kt. Beliebtes Gericht: *Pratsch mit säut Jrütt* mit Milchreis Gbg/Wo. – **4.** nicht gut aufgegangenes, klitschiges Backwerk vereinz. HPom, sonst selt. *Uns Brot is ditmål Pratsch* Saa/Ja. – **5.** alte, abgetragene Mütze Ran/Pe, vereinz. HPom. Vgl. DWA 12, Kt.7. *Dei ull Pratsch nimm man af vom Kopp!* Slo/La.

Laut- u. Formvar.: *Pratz* Gri/Bo, Gwd/Ba, *Pratk* Dra/Bu, Rum/Ru,Ve, Neu/Kn, Lau/GW, DKr/La, *Praatsch* Uec/Pa, Cam/Kt, *Pratsche(n)* m. selt. HPom. – Pl. zumeist *-en*, *-es* selt. HPom, HTKLREG 1930,69.

pratschbarft Adj. barfuß Cam/Si, Gbg/Vi. Vgl. platschbarft.

Pråtsche Pl., *Pråitsche* Kol/Kr,Zw, hartes, noch unreifes Obst, bes. Äpfel °Kol. Vgl. Prötsche.

pratschen sw., *praatsche* Cam/Do, *pråtsche* Reg/Kw, jmd. ohrfeigen, (ins Gesicht) schlagen verstr. HPom, sonst selt. *Ik heff em wat in't Gesicht pratscht* Dem/Kt. Vgl. bratschen.

pråtschen sw., *pråschen* Fra/Pe, *prautsche* Gbg/Gp. **1.** schwatzen, tratschen vereinz. → schladdern. – **2.** prahlen, angeben vereinz. *Sei pråtscht so mit ehre Ring' un Käden* Fra/Zi.

pratschig Adj., *praatschig* Dra/Dr, von breiter, plumper Form vereinz. *Dat Brot is so pratschig* Ran/Pe.

pråtschig Adj. prahlerisch, protzig vereinz. *Du rädst hüt so pråtschig, hest du wat arft?* Saa/Ja. *Grot un pråtschig wier dat in't Blatt tau läsen* Ank/An.

Prätzel s. Brezel.

präuben sw. probieren. **1.** prüfen, von etwas kosten. *Wi willen denn Schnaps man eis präuben* Gri/Go; *dei Wust / dat Äten präuben* Gwd/Ba. *Dat mutt ik eiste präuwe, ob dat jaut is* Nau/Fg. – **2.** etwas einstudieren vereinz.

Lautvar.: *präuwen* vereinz. VPom, verstr. ZPom, *proiwe* Reg/Kt, *pröwen* verbr. MPom, vereinz. HPom, *pröben* Uec/Pa,Ue, Ghg/Wt, *prowen* selt. VPom MPom, *prauben* verbr. °Fra, Gri/Mi, *prauwen* Fra/Bn.

Prauf f., *Prauw'* verstr., *Prof, Prow'* vereinz., Pl. *Prauben, Prauwen* verstr., *Proben, Prowen* vereinz. **1.** Probe, Prüfung. *Dat du dei Prauw vör di besteihst* MARK 50. *Denn Lihrling möt ik ierst tau Prauf nähmen* Ank/Br; *to Prauw predigen* [2]TIB 10. – **2.** das Einstudieren eines Stückes vereinz. *De Prauwen makten am meisten Spaß* SPI 13. – **3.** Kostprobe, geringe Menge von etwas. *Giff mi 'ne Prauf von'n Kauken mit!* Gri/Ge. In fester Vbdg.: *nich dei Prauf!* überhaupt nichts! verstr. [...] *süs marken sei nix an ehr? Nich de Prauw!* [1]TIB 101. – Zss. s. Proben-.

präuwen s. präuben.

predd(e)le, preddeln s. pretteln.

Predulch s. Bredulch.

Pree n. Vorrecht verbr. VPom, sonst selt. Nur in der festen Fügung: *dat Pree hemm'*. *Wenn sei nich dat Pree hett, is sei nich tau bruken* Gri/Ti; *in sinen Hus' wull hei allein dat Preh hebben, mulful tau sin* [2]BAND 15.

preien sw., seem., ein anderes Schiff (bes. bei der Begegnung auf See) anrufen verstr. vpom. Küste. Gebräuchlicher ist anpreien. – Nl. *praaien*.

Preil m.(?) Heringsfischerei Sto/Rw [5]KNO 2,12. – Vgl. pomor. *präil* Sucher für Angel und Netz.

Prein m., *Preen* Saa/Te, *Preem* vereinz. °Rüg, Ran/Fr, Pfriem. **1.** Spitzbohrer zum Durchstechen von Leder vereinz. Vgl. DWA 12, Kt.9. → Uurt[3]. – **2.** dicker, großer Nagel Ank/Br, Kol/Pr, vereinz. NOPom. – **3.** Hölzchen zum Verschließen von Würsten Nau/Fg,Rh, Stolp. Vgl. Prün. – **4.** Spindel am Spinnrad Saa/Te [4]ROSF 476. – Mnd. *prên* Pfriem, Ahle.

preislich Adj., *prieslich* Ghg/Wt, vereinz. HPom, selbstgefällig, auffällig verstr. VPom, sonst selt. *Se stellt sich so preislich mank dei annern Hochtietsgäst, as wenn se de Brut wier* Rüg/Pu. *Hei sitt preislich up sienen Platz, so as sühst mi woll?* Fra/Zi. *Dat Hus liggt preislich an de Habenstrat* HUMGWD 9,47,11.

Preisnitze f., PflN, Preiselbeere Kös/Kw, vgl. DWA 10, Kt.6. → Preisselbeer. – Nach [10]WIN 110 Kontaminationsform aus *Buschnitze* und Preiselbeere.

Preisselbeer f., PflN, Preiselbeere verbr. *Preisselbeern gifft dat hier nich, dei kåmen ut Schweden* Gwd/El; *'n Korf vull Preusselbeern plücken* Ran/Pe.

Lautvar.: *Preusselbeer* verstr. MPom, sonst selt., *Presselbeer* °Ghg, *Prasselbeer* selt., *Preistelbeer* Nau/Db, LAUWB 275, *Prüßelbeer* Pyr/Sa. Verkürzt: *Preisbeer* selt. Weitere Seltenheitsbelege s. DWA 10, Kt.6.

Rsyn.: *Bäsing, Borrufke, Bruschnitzke, Brusselbeer, Buschbeer, Drufnitsche, Hinz(el)beer, Kalürke, Kramsbeer, Kranskrut, Kraunsbeer, Linjong', Mählbeer, Mussbeer, Preisnitze, Prüzelbeer, Sonitsche.*

Preisselfieg f., PflN, Marienblatt, Breiter Salbei (Tanacetum balsamita) Kol/Zw, Bel/Pp. Vgl. MARZELL 4,529.

Preister m., Pl. *-s*, Priester, (evangelischer) Geistlicher. *De Preester hett ehr tosåm'gäben* hat sie getraut Gwald. *Uns Jung' sall Preester warn, de sall sik nich so afracken as wi* Rüg/Pu. *Hei studiert up Preister* studiert Theologie Dem/De. *Hei räd't / kann läsen as 'n Preister* redet sehr viel, kann sehr gut lesen Gwd/Ba. In fester Vbdg.: *nåh'n Preister gåhn* zum Konfirmandenunterricht gehen verbr. → Paster.

Lautvar.: Zur räumlichen Verteilung von Monophthongen und Diphthongen im Stammvokal (bes. *Preister* u. *Preester*) s. Kt.11, Bd.1, LXV.

Phras.: Ral.: *Dei Preister un dei Hund verdeinen ehr Brot mit'n Mund* Ank/An, ähnl. vereinz. *Wenn 't bi dei Preisters regent, drüppelt dat bi dei Kösters* HUMGWD 76,49f.,4. – Rä.: *Wecker steiht mirren in't Holt un räd't ümmertau, œwer kein antwuurt' em?* = *dei Preister up'e Kanzel* Gri/Ti. – Neckr.: *De Preister is dat allerbest, de kimmt tauerst in't warme Nest* Stolp.

Preisteracker m. Pfarracker, Land im Besitz der Kirche verstr. *Dei Preisteracker is an dei Buern verpacht' worden* Dem/De. Vgl. Preisterland, -plån. – **Preisterärmel** m. sehr weiter Ärmel vereinz. MPom. – Ral.: *'n Gewissen as 'n Preisterärmel hebben* keine Gewissensbisse kennen Stett. – **Preisterbälg** Pl. Konfirmanden verstr. °Gbg, [1]EBE 21. – **Preisterbank** f. Kirchenbank für Angehörige und Personal des Pastors vereinz. MPom HPom. Vgl. Preisterstauhl. – **Preisterbur** m. Pächter des Pfarrackers vereinz. Vgl. Preisterpächter. – **Preisterdiern** f. Pastorentochter. Spöttisch: *Preesterdierns un Möllerpird dägen nicks un sünd nicks wirt* °Rüg HUMGWD 11,49,4, ähnl. vereinz., [14]HAAS 86. Vgl. Preistermamsell. – **Preisterdör** f. Eingangstür zur Sakristei, die für den Pastor vorgesehen ist Stral, °Ran, Saa/Jk. – **Preisterduf** f., TiN, 'Priestertaube' Dohle Gwald, Ank/An, Dra/Bu. – **Preistergaus** f. Gans, die dem Pastor als Abgabe zustand (bes. zur Konfirmation) vereinz. – **Preisterhaut** m. Priesterhut. **1.** großer, schwarzer Hut mit breiter Krempe vereinz. – **2.** PflN, Pfaffenhütchen, Spindelstrauch vereinz. VPom. – **Preisterhoff** m. das Pfarrgrundstück mit allen Gebäuden vereinz. Vgl. Preisterie. – **Preisterhus** n. Pfarrhaus verstr. *Dat Preesterhus steiht dicht bi de Kirch* Ran/Sr. – **Preisterie** f. **1.** wie Preisterhoff verstr. Auch: die zur Pfarre gehörende Landwirtschaft vereinz. *De Preesteriej licht ganz ut'm Dörp* Pyr/Wi. – **2.** der Pastor und seine Familie vereinz. VPom. *Dei ganze Preisterie wier dor tau Besäuk* Gwd/Ze. – **Preisterjung'** m. **1.** Pastorensohn vereinz. – **2.** Konfirmand vereinz. VPom. – **Preisterknaster** m. schlechter Tabak vereinz. VPom. – **Preisterkutscher** m. SpottN für den Pächter des Pfarrackers (weil dieser den Pastor bei auswärtigen Diensthandlungen fahren mußte) Fra/Bn, °Ghg. – **Preisterland** n. Land im Besitz der Kirche verstr. *Wenn dei Preester väl Land har, verpacht' hei dat Preesterland an Buern* Ghg/Li. Vgl. Preisteracker, -plån. – **Preisterlüs'** Pl., scherzh., 'Priesterläuse' mit klettenartigen Widerhaken versehene Samen oder Fruchtköpfe verschiedener Pflanzen. Spez.: Samen des Zweizahns (Bidens tripartitus) verstr.; Fruchtköpfe des Klebkrauts (Galium aparine) verstr.; Fruchtköpfe der Kleinen und Großen Klette (Arctium minus, Arctium lappa) vereinz. – **Preistermamsell** f. Pastorentochter vereinz. *Se deet so as 'ne Preistermamsell* ist arrogant Gwald. Vgl. Preisterdiern. – **preistern** sw. predigen verbr. *Uns Paster* *nümmt dat mit sien Preestern sihr genau* Use/Wl. Auch: viel und in belehrender Weise reden verbr. *Mien Dokter hett all wedder œwer dei Gesundheit preistert* Dem/De. Vgl. pastern, påtern. – **Preisternäs** f., scherzh., ‘Priesternase’ das Hinterteil von Enten- u. Gänsen vereinz. VPom. – **Preisterpächter** m. Pächter des Pfarrackers vereinz. VPom. Vgl. Preisterbur. – **Preisterplån** m. Pfarracker Uec/Pa, vereinz. HPom. Vgl. Preisteracker, -land. – **Preisterquartål** n. Versammlung der Pastoren eines Kirchenkreises vereinz. VPom. *Uns Paster is nåh't Preisterquartål führt* Dem/Tp. Vgl. Pasterdag. – **Preistersch** f. Pastorenfrau verstr. – **Preisterschaul** f. Konfirmandenunterricht vereinz. VPom, Sto/Pf. → Pasterstund. – **Preisterstauhl** m. Kirchengestühl in Kanzelnähe für Familie und Personal des Pastors vereinz. Vgl. Preisterbank. – **Preisterstund** f. Konfirmandenunterricht verstr. VPom, sonst vereinz. → Pasterstund.

Prekademussen Pl. umständliche, weitschweifige Einleitungsworte selt. VPom, Hau 335. Vgl. MWb 5,590. – Dazu: *prekademussen* sw. unnötig lange diskutieren [1]Band 2,86.

prekawieren sw. **1.** refl., sich vorsehen vereinz. VPom. *Du mööst di prekawieren, süss geiht dat scheif* Gri/Ti. – **2.** auf etwas vorbereiten, einstellen vereinz. VPom. *Du mööst em 'n bäten prekawieren, dat he sik nich so verfiert* Rüg/Dm. – Zu lat. *praecavere.*

Prelick n., fischerspr., Netzwand, die Fische in Bügelreusen lenken soll Uec/Ue, Ras 122. – Etym. unklar.

prellen sw., *brellen* Fra/Bi. **1.** jmd. betrügen vereinz. *Sei hemm' em üm sien Geld prellt* Gwd/Ba. – **2.** federnd schlagen vereinz. Refl.: sich eine Prellung zuziehen selt. *Hei hett sich nicks bråken, hei hett sich man prellt* Gri/Bo. – **3.** intensiv um etwas bitten Gri/Go, Gwald. – **Preller** m. Verweis, Tadel vereinz. VPom MPom. *Se kreeg in'e Schaul 'n düchtigen Preller* Gwald.

Prellhiering m. ausgenommener Hering, der auseinandergeklappt auf Holzstecken gespießt an der Luft getrocknet wird, um dann geräuchert zu werden verstr. °Rüg, [1]Grü 23, Stef 295. Vgl. Flickhiering, Prölhiering. – Das Erstglied nach [1]Pee 33 kontrahiert aus Präkel.

Prellstein m., *Prallstein* vereinz., wie hd. verstr. Auch: Begrenzungsstein an gefährlichen Straßenabschnitten (z. B. Kurven, Böschungen) Kol/Pr, Rum/Ru.

Premerant m., *Prewerant* Lau/Vl, *Primdarant* Dra/Dr, Präparand, jmd., der sich auf das Lehrerseminar vorbereitet vereinz. *Sine Premeranten* [...] *müßten unnerrichten, dormit sei wat lihrten* Gri/Gl HuMGwd 10,41,5.

premsen sw., *pramsen* selt. VPom, *promse* selt. HPom, *bremse* Sto/Gl, fest in etwas hineinstopfen, -pressen VPom, sonst verstr. *Hei premst dat Tüg in'n Kuffert* Gwd/Ba. *Ik heff mi dei Taschen vull Äppel premst* Rüg/Ae. – **premsenvull** Adj., *premsigvull* vereinz. VPom, *premsendig-* selt. VPom, HuMGwd 4,22,10, *premsing-* Darß, Rüg/Ae, [1]Seg 88, sehr voll vereinz. VPom, selt. MPom. *Dei Büdel is pramsenvull, dor geiht nicks mihr rin* Gwd/Ba.

Prenzlau ON (in der Uckermark). – Ral.: *utseihn, as wenn man Prenzlau verråden hett* ein sehr trauriges Gesicht machen verstr. VPom MPom. Vgl. MWb 5,591.

Prepoost s. Propoost.

presch s. press.

preschen sw. sich sehr schnell fortbewegen vereinz. *Dat Pierd prescht œwer denn Acker* Gwd/Ba.

Presenning s. Bresenning.

press Adj., *presch* Uec/Ge, Ran/Pe, Reg/Wo, *prasch* Nau/Fg,Rh, Kol/Pr, Lau/GW, *prass* Gri/Ti. **1.** prall, intensiv scheinend verstr. *Sett di doch nich so in de presse Sünn!* Fra/Pu. – **2.** unablässig und mit großer Intensität verstr. VPom, sonst selt. *Hei sitt press bi sien Arbeit* Gri/Ge. *He stünd an ehre Sid un keek se preß an* DLP 4,154. – **3.** enganliegend vereinz. *Dat Kleed sitt press up'n Lief* Gri/Mi. – **Press** f. Presse. **1.** Gerät zum Pressen vereinz. *Kann ik mi juuch Press leihnen? Ik will Zuckerräuben pressen* Gwd/Ba. – **2.** müllerspr., Bremsvorrichtung für die Windmühlenflügel vereinz., [2]Reh 150. Vgl. Pass[2].

pressant Adj. eilig, dringend vereinz. VPom. *dat is jo doch ne pressante Sak* [3]Kal 17. – Frz. *pressant.*

Pressbank f. bankförmiges Gestell mit Leisten an der Seite und Ablaufrillen im geneigten Bodenbrett zum Auspressen von wasserhaltigen Lebensmitteln (z. B. Quark) vereinz. – **pressen** sw., *presche* selt. HPom, [5]Kno 1,12. **1.** wie hd. vereinz. *Stroh/Räuben pressen* Pyr/Lt, Gwd/Ba. – **2.** bügeln, plätten vereinz. *De Snider hadd* [*dat Hemd*] *nich orrig preßt* [3]Seg 108. Vgl. Press-iesen, -plank. – **3.** übermäßig mästen Pyr/Sa, Saa/So, vereinz. NOPom. *Dat Schwien is so fett, as wenn't presst is* Sto/Wd. – **4.** seem., hart am Wind segeln verstr. vpom. Küste, [3]Seg 59.

pressieren sw. eilen, dringend sein vereinz. *Dei Arbeit pressiert* Gwald. *Dat pressiert noch nich so* Rüg/Ae.

Press-iesen n. großes, schweres Bügeleisen vereinz. *mit't gleunig Preßisen* [2]Seg 59. – **Presskopp** m. **1.** Wurst aus Kopffleisch u. Schwarten vom Schwein, die nach dem Kochen zwischen zwei Brettern gepreßt wird vereinz. Vgl. Presswust. – **2.** Sülze aus dem Fleisch des

Schweinekopfes vereinz. HPom. – **Pressplank** f. kurzes Bügelbrett des Schneiders, bes. zum Ausbügeln von Nähten vereinz. – **Presswust** f. wie Presskopp[1] vereinz.

prett s. brett.

pretteln sw., *preddeln* Dem/Tp, *predd(e)le* [2]KNO 71, [2]MIS 73, hartnäckig betteln selt. VPom, verstr. nordöstl. HPom. *De Jung' preddelt bi sien Öllern so väl, bet se em dat Bauk köpen* Dem/Tp. Vgl. MWB 5,593.

Preuß m., Pl. *-en*. **1.** Einwohner Preußens. – Ral., analog zum Hd.: *So schnell scheeten de Preußen nich!* Rüg/Pu, ähnl. vereinz. – **2.** preußischer Taler vereinz. – **preußsch** Adj., *preusch* vereinz., preußisch. *Hei is in't Preußsch gåhn* ist in das schon seit 1720 zu Preußen zählende Gebiet südlich der Peene gezogen Gri/Mi. – Ral.: *sik nich preußsch sin* zerstritten sein vereinz.; *mit einem preußsch räden* jmd. energisch zurechtweisen vereinz. VPom.

prick Adj. **1.** genau, exakt. *Ik möt prick tauhüren* Fra/Zi. *Kiek eis prick hen!* Gbg/Wo. *Dat kannst du mi glöwen, ik weet dat prick* Rüg/Zi. *Wo is dat mäglich, dat sei dat Wäder so prick vörherseggen känen?* HUMGWD 4,18,11f. *Dat kann 'k Jug ganz prick seggen* [3]NERE 1,121; *prick Klock fief* exakt um 5 Uhr Dem/Tp; *ehr prikke Mat* ihr genaues Maß BERL 56. Vgl. nipp. – **2.** vortrefflich, tüchtig vereinz. *'ne pricke Diern* Rüg/Ae. *Dat is ein prick Arznie, dei helpt gliek* HOMWB 151[a].

Prick[1] f., TiN, Flußneunauge Stral. – Mnd. *pricke*.

Prick[2] s. Pricken.

Prickel m., Pl. *–s*, Eisenspitze am Spazierstock vereinz. Vgl. Präkel. – **Prickelie** f. wiederholtes Stechen, bes. mit einer Nadel vereinz. – **prickeln** sw., *priggeln* Gri/Mi. **1.** stechen, piken. Spez.: Wurst beim Stopfen oder Kochen einstechen, damit Luft entweichen kann verstr. *Dei Wust ward prickelt* Gwd/Ba. – Ral.: *Di prickelt woll dei Håwer!* du bist wohl verrückt! Dem/Tp, ähnl. vereinz. Vgl. präkeln. – **2.** heftig kribbeln, jucken. *Mi prickelt dat in'e Finger / in'e Näs* Cam/Pr, Gbg/Gp. *Dei Wunn prickelt so, ik kann dat nich mihr uthollen* Gwald.

pricken sw. **1.** Pflöcke oder Stangen als (Grenz-)Markierung setzen vereinz. VPom. *Dor is prickt, dor ward woll de Scheid sinn* Rüg/Dm. – **2.** stechen, einstechen (bes. Obst oder Wurst vor dem Einkochen) verstr. *Dat Åft ward prickt* Ank/An. Fachspr.: *Torf kort pricken* gr. Torfstücke zerkleinern Ran/Gs. – **Pricken** m., *Prick* vereinz. VPom, Pl. *-s*, auch wie Sg., spitzer, länglicher Gegenstand. **1.** Pflock oder Stange, bes. zum Abstecken von Flächen VPom, sonst verstr. Seem.: Seezeichen zur Markierung des Fahrwassers. *Wur dei Grenz is, stäken wi Pricken in* Gri/Mi. *Mien Acker geiht bet an'n Pricken* Gri/Go. Auch: Pfahl, an dem etwas angebunden, befestigt wird. Vgl. Sticken. – **2.** kl. Holzpflock zum Verschließen von Türen oder Pforten verstr. VPom. *Stäk denn Pricken vör dei Port, dat dei Häuhner nich rutlopen!* Dem/Tp. – Ral.: *'n Pricken vörschlån* etwas nicht länger dulden vereinz. VPom, HUMGWD 5,32,4. – **3.** Holznagel zur Befestigung von Schuhsohlen vereinz. VPom. *Såhlen mit Pricken någeln* Ank/An. – **4.** Hölzchen zum Verschließen der Wurstenden vereinz. *Wenn Wust stoppt ward, warden Pricken dörch de Enden ståken* Stett. – **5.** in der Fügung: *up'n Pricken* haargenau, exakt verstr. VPom. *Dat stimmt up'n Pricken* Rüg/Ae. Vgl. hierzu MWB 5,596.

Pricker m., seem., runder, spitz zulaufender Eisenstab, mit dem Löcher in die Segel gebohrt oder Taue gespleißt werden verstr. vpom. Küste.

Priem m., *Preem* Ghg/Hk, *Preim* Sch/Sd, *Preum* Lau/Lt, [1]TIB 188, Stück Kautabak. *Stäk di man ierst 'n Priem achter dei Kusen!* Gwd/Ba; *sik alls in'n Priem kaugen* lange auf einem Bissen herumkauen Fra/Br. Volksmed. Auffassung: *Priem in'n holle Tähn is een Middel jejen Tähnweihdåg* Pyr/Dö. – Ral.: *för 'n Priem sin* wertlos sein verstr.; *ein' an'n Priem spälen* jmd. ohrfeigen verstr., [1]BAND 4,9. *Eiste 'n Priem un denn dei Kauh ut'm Jrauwe!* immer mit der Ruhe! Kol/Go, ähnl. verstr. Erstaunter Ausruf, wenn an etwas gespart worden ist: *Hochtiet un keie Priem up'm Disch!* Sch/Rg, ähnl. vereinz. Vgl. Prüntjer. – **Priemåner** m., scherzh., jmd., der Kautabak kaut vereinz. – **Priemaugust** m., pejor., ständig Tabak kauender Mann vereinz. Auch als Schimpfw. für einen Mann, der nichts zustande bringt vereinz. – **Priemdos** f. kleine Dose für Kautabak vereinz. – **priemen** sw. **1.** Kautabak kauen. *Wenn hei nich roken dörf, priemt hei* Gwd/Ba. – **2.** Futter wegen schlechter Zähne nicht richtig kauen können (bes. von Pferden) vereinz. Vgl. MWB 5,598. – **Priemlåden** m., pejor., kleiner Krämerladen vereinz. – **Priempott** m. Steintopf mit Deckel, der in Geschäften zur Aufbewahrung von Kautabak diente verstr. *In miene Jungstiet stünn bi denn Kopmann up'n Lådendisch de Priempott* Gwald. – **Priemsauß** f. Kautabaksaft verstr. *Em kümmt all de Priemsauß ut'n Mund* Ank/Br. – **Priemtoback** m. Kautabak verbr.

Pries m., wie hd. *Preis* verbr. MPom HPom, Pl. *Pries'*, *Priesen* VPom, sonst vereinz., *Preis(e)* verbr. MPom HPom, Preis. **1.** zu zahlende Geldsumme für eine Ware oder Dienstleistung. *Dei Schwien sünd gaut in'n Pries* bringen viel Geld ein Gwd/Ba. *Dat gifft väl Åft, œwer se hollen dat in'n Pries* senken die Preise nicht Gwald. – **2.** Gewinn als Auszeichnung für eine best. Leistung (in einem Wettbewerb) vereinz. *Denn würren de Preis verdeelt* Ran/Kw.

prieslich s. preislich.

Prieze Pl., *Priezkes* Reg/Kw, *Prietsches* Nau/De, kleine, minderwertige Fische selt. HPom. *Du hest Prietsches angelt, dei schmiet doch werre rinne!* Nau/De.

Prijörin f., zweite Silbe betont, *Prijürin* vereinz. VPom, *Prigürin* °Fra, Priorin vereinz. *Sei süht ut as 'ne Prijörin* sieht vornehm, stattlich aus Gri/Ge. – **prijös** Adv., Endsilbe betont, unnahbar, distanziert (wie eine Priorin) vereinz.

Prikass f., fischerspr., Endsilbe betont, 'Barkasse' Schlitten, der den Fang bei der Eisfischerei aufnimmt Gwd/La, RAS 176.

Prill m. April VPom, sonst selt. *De Prill is 'n wedderwendschen Månd* Ank/An; *an'n iersten Prill* Gwald. Bis heute ist es üblich, jmd. am 1. April zu narren: *ein' in'n Prill schicken* Stral. – Bauernr.: *Drögen Prill is denn Buern sien Will* Fra/Ri. Vgl. April, Prillmånd. – **Prill(en)wäder** n. Aprilwetter vereinz. – Ral. *Herrengunst un Prillenwäder* [...] *ännert sik all Ogenblick* Stral, ähnl. vereinz. Vgl. Herrengunst. – **Prillkes** Pl. junges Geflügel, das im April geschlüpft ist vereinz. östl. HPom. – **Prillmånd** m. wie Prill VPom, sonst selt. – **prillsch** Adj. launisch, unzuverlässig (wie der April) vereinz. VPom, Ran/Ro, Lau/GW.

Prillwitz verbreiteter FN in Pommern. Scherzh. aus einer pom. Anekdote abgeleitet: *Prillwitz sien Heihner* [Hühner] Krähen vereinz. °Rum, vgl. [6]KNO 133, BLFPVK 10,177.

Primel f., *Primmel* selt. HPom. **1.** PflN, wie hd. vereinz. Vgl. DWA 1, Kt.35f. Gebräuchlicher sind in Pom. die Bez. Himmel(s)schlœtel, Küken- u. Schlœtelblaum. – **2.** Kätzchen am Haselstrauch °Rum, sonst selt. HPom. Vgl. DWA 10, Kt.7. – **primeln** sw. verschmitzt lachen, grinsen vereinz. – **Primelpott** m. Blumentopf mit Primeln vereinz. – Ral.: *grienen as 'n Primelpott* über das ganze Gesicht strahlen vereinz.; *ingåhn as 'n Primelpott* zusehends abmagern, körperlich nachlassen vereinz.

Primmel, primmeln s. Prümmel, prümmeln.

Prinz m. wie hd. *He leeft as so'n Prinz* braucht sich um nichts zu kümmern Pyr/Lt. In fester Vbdg.: *de rode Prinz* Menstruation Ank/Br, Uec/Pa, Ran/Ro, Lau/Ke.

Prinzeß[1] s. Prozeß.

Prinzeß[2] s. Prinzessin.

prinzessieren sw. Kleider anziehen, mit denen man angeben, wie eine Prinzessin wirken will Stral, Gri/Ti, Cam/He, verstr. NOPom. – **Prinzessin** f., *Prinzeß* vereinz., wie hd. *Sei deet as su'n Prinzessin* ist sehr arrogant Gbg/Ge. – Sprw.: *Wur dei Armaut Prinzessin is, dor spääl dei Kummer dei ierste Vigelin* Gwald.

Pris' f. Prise. **1.** kleine Menge einer feinkörnigen oder zermahlenen Substanz (bes. Salz, Tabak). *An'e Arfte mutt noch 'ne Pris' Sult* Sto/Gl; *'ne Pris' Schnuftoback* Ank/Br. Scherzh.: *'ne Pris' Tobback is bäter, as wenn einem de Hund wat schitt* Sto/Zz. – Ral. auf die ältere Bed. 'Handelsschiff oder -gut als Beute' bezogen: *wat tau Pris' gäben* etwas preisgeben, opfern vereinz. – **2.** Schimpfw., bes. für schnell beleidigte, eingebildete weibliche Personen verbr. MPom HPom. Vgl. BBWB 3,700f.: *Prise.* – **Pris'achtel** n. größere Schnupftabakdose Kol/Pr, Sto/Dö. Vgl. Pris'dos.

Prischk n., Pl. *-es*, Geschwür Sto/Dö,Pf,Wd. – Zu pomor. *prišč(ək)* Hautblase, Ausschlag.

Pris'dos f. Schnupftabakdose vereinz. Vgl. Pris'achtel. – **prisen** sw. Schnupftabak nehmen verstr. *Hei rookt nich, hei priest blot* Gwald. – **prisig** Adj. **1.** übelnehmerisch selt. VPom, verstr. MPom HPom. Auch: mäkelig im Essen vereinz. – **2.** überheblich selt. VPom, sonst vereinz. – **Pris'knurren** m., selt. f., große Nase (mit der man gut Tabak schnupfen kann) vereinz.

Prisong n., Endsilbe betont, Gefängnis verstr. VPom. *Sei kunn noch froh sin, dat sei nich in't Prisong keem* HUMGWD 6,4,6. – Zu frz. *prison.*

prisseln sw., *-ss-* zumeist stl. **1.** ein zischendes, prasselndes Geräusch geben verstr. HPom, sonst selt. *Dat Füer prisselt in'n Åwe* Stolp. *Dat pristelt u' prastelt im Pott* Nau/Fg. Auch: (geräuschvoll) braten, kochen vereinz. nordöstl. HPom. Vgl. brisseln. – **2.** unpers., frösteln, frieren vereinz. ZPom.

Lautvar.: *prießeln* Dem/Tp, *prisele* Sto/Kr [2]KNO 71, *pritzeln* Uec/Pa, *prist(e)le* vereinz. ZPom.

Pritsch f., *Prutsch* Cam/Ds, *Pretsch* Lau/Ke, Pritsche. **1.** einfaches, unbequemes (Holz-)Gestell zum Liegen verbr. *Ik heff di bloß 'ne Pritsch henstellt, dat ward woll för ein Nacht genäugen* °Dem. – **2.** Tragbahre vereinz. – **3.** Kutschersitz vereinz. – **4.** Schlagstock beim Schlagballspiel vereinz. NOPom. – **Pritschball** m. Schlagballspiel vereinz. NOPom. – **Pritschholt** n. Schlagholz für das Schlagballspiel vereinz. NOPom. – **Pritschkell** f. dass. vereinz. NOPom.

Pritzel m./n., Pl. *-s*, selt. *-n*, oft im Dim. *Pritzelke*, kleines Stück, Fitzelchen verbr. MPom HPom, [2]KNO 71. *'n Pritzel Brot / Speck* Uec/Ue, Nau/De. *Schnied mi eis e' Pritzelke von de Lewerwurscht af!* Sto/Gl.

Priwåt f., *Prowåt* vereinz., *Prewåt* Ran/Pe. **1.** Privatschule vereinz. *De geiht in de Prewåt nåh Stettin* Ran/Pe. – **2.** Privatstunde vereinz., DLP 1,82, POP 80. *De Scholmeester gifft Priwåt* Ank/An.

Priwee n. Klosett, Abort verstr. VPom, vereinz. MPom. *As ik to em keem, seet hei jüst up dat Priwee* Rüg/Zi. → Aftritt.

probåt Adj. nützlich, wirksam, erprobt verstr. VPom. *Dat's 'n ganz probåtes Middel, wat mi dei Apteiker gäben hett* Gwd/Ba.

Pröben m., veralt., *Pröwen* Ank/An, *Präwen* Rüg/Dm, Pl. wie Sg. **1.** Präbende, Einkünfte aus einer kirchlichen Stiftung vereinz. VPom. – **2.** Pl. Stiftsinsassen selt. VPom.

Probenrieder m., *Prauben-* vereinz. VPom, *Prowen-* Ank/An, Stett, Handelsreisender (der früher oft beritten war) verstr. VPom. – **Probenrüter** m. dass. vereinz. VPom. *[De Wirt] kumplimentiert twei Probenrüters un mi in de Gaststuw rin* BURG 3. Vgl. MWB 5,604.

Proch m. unbrauchbares, minderwertiges Zeug vereinz. NOPom, [5]KNO 2,12, [3]BIE 160. – Pomor. *prox* Staub, Kehricht.

Pröchel m., *Prochel* Rum/Pr, *Prööchel* Uec/Ue, kräftig gebauter, dicker Mann vereinz.

prodålsch Adj. großspurig, arrogant Ran/Pe. Vgl. BBWB 3,703: *prodålen* prahlen, angeben.

Pröddel m./f., *Prüddel* Kol/Zw, *Prœjel* Ran/Pe,Sr, Pl. *-s*, schlammige Wasserlache, morastiger Dreck verstr. MPom, verbr. °Gbg, sonst selt. *Du hest wo' wedder im Pröddel späält, du rüükst so* Pyr/Sa. *Hei is in'n Pröddel follen* Dem/De.

pröddeln sw. **1.** schlecht, langsam kochen verbr. HPom, sonst verstr. *Sei steht ümme am He(r)d o' pröddelt* Gbg/Gz. – **2.** brodeln, Blasen aufwerfen verstr. HPom, sonst vereinz. *Dat Wåte(r) pröddelt all* Nau/Fg. Auch: gären Kol/Pr, Rum/Ru, Lau/GW. – **3.** herausquellen, -sickern vereinz. VPom MPom, verstr. HPom, MAH 86. *Dat Wåder pröddelt ut'm Erdborrem* Cam/Ca.
Lautvar.: *proddeln* Gwald, Ank/An, Rum/Ru, *prödeln* Rüg/Nd,Zi, Uec/Pa, Ran/Al, Cam/Pr, Neu/We, *prött(e)le* vereinz. ZPom, *pruddeln* vereinz., *proidle* Sch/Sd, *priddle* °Rum u. °Büt, [2]MIS 73, *prüddle* Cam/Ca.

Pröddelpauhl m. jauchiger Pfuhl vereinz. MPom HPom.

Produlch s. Bredulch.

prodüll(r)ig s. perdollsch.

profentieren sw., *prowendieren* vereinz. VPom, verstr. HPom, *prowendeire* Cam/Ks, *profendiere* °Rum u. °Büt, [2]MIS 32, profitieren, Nutzen aus etwas ziehen verbr. *Bi denn Hannel profentiert dei Oll an'n mihrsten* Gwd/Ba. Vgl. Profit.

Profeschon f., Endsilbe betont, *Profelschon* Rüg/Ae, BUL 28, Profession, Beruf verstr. VPom, sont selt. *Von Profeschon is hei Kopmann* Stral.

Professer m., *Perfesser* verstr. VPom, Pl. *-s*, kosendes Dim. *Professing, Perfessing* verstr. VPom, Professor. *Hier in Gripswold gifft dat väl Professers* Gwald. *De Professings [...] sälen em bi en Tass' Kaffee so biher en beten utfragt hewwen* SPI 41.

Profit m. **1.** *Prufit* Gbg/Gz, Nutzen, Gewinn vereinz. *Wat bringt dat för Profit?* Cam/Go. Vgl. profentieren. – **2.** Dim. *Profietken* HOMWB 151[a], kleiner Glasring auf Kerzenhaltern, um Wachstropfen aufzufangen selt. VPom, vgl. MWB 5,607. Syn. Lichtmanschett.

proforsch Adj., *profoss* verstr. °Fra, Ank/An, Uec/Ge, [2]SEG 61, *pe(r)forsch* Dra/Bu. **1.** energisch, forsch verstr. *Hei kann proforsch topacka* Saa/Ja. *Gåh dor nich so profoss up dål!* Fra/Zi. Subst.: *Hei måkt alls mit Proforsch* Dem/De. – **2.** aufsässig, trotzig HOMWB 151[a]. – Zu frz. *par force.*

Prœgel s. Prügel.

prœgeln sw., *prœjele* vereinz. SPom, Nau/Db, Reg/Za, *präugele* Reg/Wo. **1.** schlecht stricken °Ghg, Pyr/We, verstr. SPom, selt. westl. ZPom. – **2.** schlecht kochen vereinz. MPom, Saa/Ja.

prokåtern sw., *prokot(e)re* Lau/GW,Ke, *prokautre* Rum/Pr, viel erzählen Ghg/Wt, Pyr/Wa. Vgl. BBWB 3,704: *prokuratern.* – **Prokåtersch** f., *Prokotesch* Lau/GW,Ke, *Prokautsch* Rum/Pr, Frau, die ständig redet Ghg/Wt, Pyr/Wa.

prœkeln sw., *prœgeln* Uec/Ue, *proikle* LAUWB 276[b], in etwas herumstochern selt. – **Prœker** m. Feuerhaken °Dem.

Pröl m., selt. f./n., ungeordnet Herumliegendes VPom, sonst verstr. *Up'n Bœn licht väl Pröl* Ran/Sr. *Is dat 'ne Pröl in'e Stuf, man kann jå nicks mihr finnen* Gwald. Verstärkend in der Paarformel *Möl un Pröl* verstr. Auch: wertloses Zeug verstr. – **Prölarbeit** f. schlechte, unordentliche Arbeit vereinz. – **prölen** sw., *preele* Rum/Tr, Büt/Bo, Lau/GW. **1.** unordentlich herumwirtschaften, kramen verstr. *Sei pröölt denn ganzen Dag in'e Kœk, dat ward doch nicks* Rüg/Pu. – **2.** stümperhaft kochen verbr. VPom, selt. MPom HPom. – **3.** erste Sprechversuche machen, brabbeln verstr. HPom, sonst selt. *De Jung' pröölt all so nüdlich* Dra/Wt.

Prölhiering m. frischer, leicht geräucherter Hering, der mit Butter bestrichen auf dem Rost gebraten oder zusammen mit Kartoffeln gar gekocht wurde verstr. °Rüg, Fra/Br, Stral, DÄHWB 360[a], ADL 147. Vgl. Prellhiering.

prölig Adj. unordentlich, liederlich VPom, sonst vereinz. *Dat süht bannig prölig in dei Stuf ut* Dem/Tp. *Wur hett dat Mäken sich werrer prölig antreckt!* Gri/Ti. – **Prölkåmer** f. Abstellkammer vereinz. VPom, Uec/Pa. – **Prölkråm** m. ungeordnete, unbrauchbare Dinge vereinz. VPom, Uec/Pa.

Promöl m., vereinz. f./n., Endsilbe betont, *Premöl* Fra/Pe,Zi, Gbg/Te, *Permöl* Fra/Fr, *Promöls* HOEFAMSC 361[b]. **1.** Gerümpel, wertloses Zeug verstr. *Ik heff so väl Promöl, dor weet ik nich mehr, wo mit hen* Ghg/Li. – **2.** große Unordnung vereinz. VPom, Stett, Gbg/Te. Vgl. MWB 5,609: *Prölmöl, Promöl.* – **promölig** Adj., *permölig* Gwald, unordentlich, nachlässig vereinz. *Uns niege Stuwendiern is bannig promölig* Rüg/Zi.

promösen sw. jmd. behagen, gefallen Rüg/Pu, Dem/De, Gwald, Gwd/Qu. *Dat promööst em nich* Gwald. – Etym. unklar.

Promuchel, promuchlig s. Pomuchel, pomuchlig.

Promustel f./m., *Promussel* Ghg/Gr, nachlässiger, unordentlicher Mensch Ran/Sr, verstr. °Nau. – **promusteln** sw., *permusteln* Ran/Pe, *pernusteln* Ghg/Wt, ziellos herumwirtschaften vereinz. MPom, verstr. °Nau. – **promustlig** Adj. liederlich, unordentlich vereinz. MPom, verstr. °Nau, Sto/Dö,Wd. *Dat Mäken is promustlig in ehr Arbeit* Uec/Ge.

proost Interj., Dim. *prööstíng* verstr. VPom, *prösing* Rüg/Zu, *prööstérken* vereinz., prosit, Zuruf beim gemeinsamen Trinken. *Proost, mit juuch drink ik am leiwste!* Büt/Bt. Zwanglos im Reim: *Proost, secht Joost!* verstr. Scherzh. Trinksprüche: *Proost, wer nüscht hett, de hoost'!* Saa/Ja, ähnl. verstr. *Proost, all up'n Hupen, wecker wat hett, kann einen supen!* Ank/An, ähnl. vereinz. Ausruf der Enttäuschung, Resignation: *Na, denn proost Måhltiet!* Gri/Go. Subst. s. Proostmåhltiet.

Phras.: Sagw.: *Proost, secht Joost, un fött sien Ollsch bi dei Juuchhei* Gwald. *Proost, säd Joost, don süppt hei alls alleen ut* Ank/An. *Na, denn „prost!", seed Schauster Bank un keek in 't leddig Glas* HUMGWD 76,132.f.,4. *Proost! seed Sievers, doon kreeg hei einen Kööm* HUMGWD 76,256f.,2. *Proost Måhltiet, secht dei Handwarksburs, drei Schötteln sünd leddig un in dei vierte is nicks in* Ank/An. *Prost Mâltîd! saed' de Jung, dôn wier dôr nix mîr* [1]HOEFE 40.

proosten sw. **1.** jmd. zuprosten, zutrinken verstr. – Ral.: *ein' wat proosten* jmd. eine Abfuhr erteilen verstr. MPom, sonst selt. – **2.** Alkohol trinken verstr. *Hei hett to vel prost't, nu is hei dun* Pyr/Lt. – **Proostmåhltiet** f., iron., Bescherung, unangenehme Überraschung verstr. *Dat wier 'ne scheen Prostmåhltiet!* Sto/Dö. Pejor.: *de ganze Proostmåhltiet* die gesamte Menge von etwas (bes. von Speisen) verstr. *Se schüddt de ganze Prostmåhltiet ut* Pyr/Py.

Propeller m. **1.** wie hd. – Ral.: *'n Propeller in'n Noors hemm'* ständig in Bewegung, sehr unruhig sein vereinz. – **2.** scherzh., große, als Schmuck getragene Schleife, bes. im Haar verstr. *Se hett 'n Propeller up'n Kopp* Ghg/Wt.

Prophet m. wie hd. Spöttischer Kommentar, wenn jmd. eine (gewagte) Vorhersage trifft: *Dei ollen Propheten sünd dot, un dei niegen bitt de Wulf / dœgen nicks mihr!* Gri/Bo, ähnl. verstr., HUMGWD 10,42,11. – **Prophetenklopper** m. SpottN für den Buchbinder vereinz. HPom, HTKÖS 1931,7,12, HTSCH 1931,440.

Propoost m., *Prepoost* selt. VPom, *Perpost* LUCIA 138, *Proost* Gbg/Gz, Propst verstr. In Pom. zumeist auf einen hohen Amtsträger der evangelischen Kirche bezogen. *de Poseritzer Propost* ARN 36. – Zu lat. *praepositus.*

proppen sw., *probbe* Reg/Kt, pfropfen. **1.** mit einem Pfropfen verschließen. *Dat Beer mutt gliek proppt wara* Dra/Dr; *'ne Buddel proppen* Gwald. – **2.** fest hineindrücken, -stopfen. *Dat propp man alles hinner de Eck* Ran/Ro. Auch: übermäßig viel Essen in sich hineinstopfen. *Propp doch nich so, wo süht dat denn ut!* Gwald. – **3.** nudeln, mästen (bes. von Gänsen) verbr. *Wi proppen de Gös ümmer noch, wenn't hüt uk verbåden is* Rüg/Dm. – **4.** ein Pfropfreis zur Veredelung setzen, bes. bei Obstbäumen verbr. NOPom, sonst vereinz. *Ik will eis verseike un de Plummenbom proppe* Sto/Gl. Vgl. echtmåken, enken[2], påten, riesen[1]. – **5.** derb, begatten vereinz. → fütern.

Proppen m., *Probben* vereinz. VPom, Reg/Kt, Pl. zumeist wie Sg., *-s* verstr. VPom, Pfropfen. **1.** Stöpsel, bes. zum Verschließen von Flaschen. *De Proppe mutt noch up'e Flasch* Sto/Gl; *'n Proppen von'e Ballerbüss* Gwald. – Ral.: *ein' up'n Proppen setten* jmd. in eine üble Lage bringen, im Stich lassen allg.; *up'n Proppen sitten* sich nicht mehr zu helfen wissen, in großer Verlegenheit sein verstr.; *(blot) an'n Proppen rüken* (nur) wenig Alkohol trinken vereinz. *Dat's för'n Proppen!* das ist völlig wertlos, unzureichend! verstr. Vgl. Korken. – **2.** Gummisauger auf der Milchflasche vereinz., vgl. DWA 18, Kt.6. *Dat Lamm is mi'm Proppe grot måkt* Nau/Wa. Fest auf einen Korken gesteckt wurden Gummisauger früher auch als Schnuller benutzt. – **3.** kleiner, dicker Mensch verstr. Kosend zu einem wohlgenährten Kind: *Mien säuten Proppen!* Fra/Zi. → Pummel. – **4.** Eiterpfropf verstr. *In dienem Geschwür sitt noch 'n dick Proppe* Nau/De.

Phras. zu 1.: Sagw.: *Na, nu kümmt ein, de sall juug mit Füer döpen! seed de Proppen, doon würd dei Bramwiensbuddel uptreckt* HUMGWD 77,197,4.

Proppenbohrer m. Korkenzieher vereinz. °Sto. Syn. Proppentrecker. – **Proppenbüss** f. Kindergewehr aus ausgehöhltem Holunderholz mit einem Pfropfen an jedem Ende, von denen einer durch Luftdruck herauskatapultiert wird verstr. HPom. Syn. Ballerbüss, Knall-, Pum(p)-, Punk-. – **proppendick** Adj. mit Speisen und Getränken vollgestopft, übermäßig satt vereinz. Vgl. proppensatt. – **proppendick(en)vull** Adj. dass. vereinz., HUMGWD 9,41,6. – **Proppenkauger** m. Pferd, das Futter wegen schlechter Zähne zu Pfropfen kaut, die schwer zu schlucken sind Cam/Rn, Dra/Bu. – **Proppenlock** n. 'Pfropfenloch'. **1.** Flaschenhals verstr. – Ral. über jmd., der sein Geld vertrinkt: *Dei lett alls dörch dat Proppenlock gåhn* Ank/An, ähnl. vereinz. – **2.** Spundloch vereinz. – **3.** fischerspr., Abflußloch im Kiel von Ruderbooten °Rüg [1]PEE 239. – **proppensatt** Adj. übermäßig satt vereinz. Vgl. proppendick. – **Proppentrecker** m. Korkenzieher. *Hest du keinen Proppentrecker, müsst du dei Buddel denn Hals afslåhn* Rüg/Ae. Syn. Proppenbohrer. – **proppenvull** Adj., *proppendigvull* vereinz., *propp(e)nigvull* selt., gedrängt voll. *Dei Kirch wier tau Wihnåchten proppenvull* Fra/Bn. *He hett sich proppenvull fräten* °Ghg. Vgl. drang(en)vull.

propper Adj., *probber* Gri/Mi, Ank/Br, *prope* Dra/La, Nau/Db,Fg, *pråpe* Sch/Pk,Rg, proper. **1.** adrett, reinlich, ordentlich. *De oll Mann is ümmer propper antreckt* Ank/An. *De Vadder sach de Kinner frisch un propper* LUCIA 162. – Sagw.: *Immer propper im Dienst, seggt Schultzke un lag besåpe im Stall* °Lau [4]KNO 17. – **2.** vorzüglich, positiv verstr. *Dat weer een propper Äten* Ghg/Wt. *Hei hett mi so'n proper Wuurt secht* hat mich sehr gelobt Dem/De. – **Propperté** f., veralt., Reinlichkeit, Sauberkeit vereinz. VPom, HUMGWD 8,2,8. – Frz. *propreté.*

proppig Adj., *pröppig* Fra/Zi, durchsetzt mit propfenartigen Auswüchsen vereinz. *Dei Tüffel sünd proppig* Gri/Ti. – **Proppschrot** n. feines Gerstenschrot zum Mästen von Gänsen Dem/Jr,Tp.

Prös f. minderwertiges Zeug, Trödel Dem/De.

pröscheln sw. langsam kochen, schmoren vereinz. °Gwd. *Man lett dat Fleisch pröscheln* Gwd/Da. Vgl. prösseln.

Pröschling n., *Brööschling* °Sch, größeres Ferkel Lau/Vl. Ebenso: *Pröschel* Nau/Fg, *Prööschel* Neu/Pn. Vgl. Fröschling.

Proschull f.(?), Endsilbe betont, *-sch-* sth., einfacher, schlechter Kaffee Lau/Ke.

Prœsel m., *Prösel* vereinz. **1.** Knüppel, dicker Stock vereinz. MPom ZPom. – **2.** kurze Tabakspfeife Gri/Mi. Vgl. Brœsel, Prœselmichel.

Prœselarbeit f. mühsame Arbeit Nau/Db, Kol/Pr, Sch/Sk. – **prœs(e)lig** Adj. mühsam verstr. °Nau. – **Prœselkoken** m. in der Pfanne gebackener, mit Speckscheiben belegter Roggenbrotteig Pyr/Lt, Saa/Ja.

Prœselmichel m., pejor., Mann, der ständig mit seiner Tabakspfeife herumhantiert, aber nicht raucht vereinz. MPom HPom.

prœseln sw. **1.** (stümperhaft) kochen, braten vereinz. VPom, verbr. MPom HPom. *Sei pröselt wat, dat ka' keie äte* Reg/Za. Vgl. prösseln. – **2.** langsam gar werden, köcheln verstr. MPom HPom, sonst selt. *Laut dat Fleesch prösela!* Dra/Bu. – **3.** unvorsichtig mit Feuer umgehen, im Feuer herumstochern verstr. MPom HPom. *Wat pröselst du dor bi't Füer?* Ghg/Wt. – **4.** plappern, brabbeln vereinz. HPom. *De Kleen pröselt all* Pyr/Ki.

Lautvar.: *pröseln* vereinz., *präusele* Nau/Fg,Rh, *präusalo* Net/Hf, *präsele* Sto/Dö, Lau/GW.

Pröser s. Prossa.

Prosœkel[1] m., zweite Silbe betont, *Prösökel* Uec/Lu, morastiges Wasserloch Pyr/Wa, Neu/Aa. Vgl. Prosümpel.

Prosœkel[2] s. Possekel.

Prossa n., *Pröser* Neu/Th, kleines Schwein, Ferkel selt. °Büt, vgl. DWA 7, Kt.4. – Pomor. *prósa.*

prösseln sw., *prösteln* vereinz. °Ghg °Pyr, Slo/Sl. **1.** (schlecht) kochen, braten verstr. *Sei mach jeen am Herd stauhe o' prössle* Gbg/Gp. Vgl. prœseln. – **2.** langsam gar werden, schmoren vereinz. *Dat prösselt ümmer sacht to* Saa/Le. Vgl. pröscheln.

prost s. proost.

prösteln s. prösseln.

Prosümpel m./f. morastiger Tümpel vereinz. MPom, verbr. HPom. *Dei Prosümpel is 'n Morre(r)loch, wo de Pogge in quacke* Nau/Fg. Vgl. Prosœkel[1].

Laut- u. Formvar.: *Prasümpel* Neu/Th, *Prisümbel* Reg/Kt, *Pressümpel* LAUWB 275[b], *Presümpel* HOMWB 151[a], *Prosump* Ran/Pe,Sk,Sr, Ghg/Wt, *Posümpel* Kol/Go, UP 12,319.

prœteln sw. **1.** zu sprechen beginnen (von Kleinkindern) verstr. *Nu geiht dat Prödle bi de Lütt los* Saa/Ja. Auch: schwatzen, viel reden vereinz., [3]GIL 47. – **2.** brutzelnd gar werden vereinz. *Wi willen äten, de Tüften präteln all in de Pann* Rüg/Pu. Auch: brutzelnd zubereiten selt. – Zu Pråt.

Lautvar.: *präteln* vereinz. VPom, *pröteln* Ran/Gn,Sr, Ghg/Wt, *prœdeln* °Ghg, *pröd(e)le* Saa/Ja, *präutle* Pyr/Wa, Nau/Fg,Rh.

Pröter m., TiN, Frosch Ran/Nu, Stett, nach DWA 13, Kt.2. – Zu prœteln.

Prötsche Pl. unreifes Obst, bes. Äpfel Kol/Sö, Kös/Sr. Vgl. Pråtsche.

Prott-eck f. Strafecke im Zimmer für trotzige Kinder verstr. HPom, sonst selt. – **protten** sw. **1.** trotzig sein selt. VPom, verstr. MPom HPom. Prügelandrohung: *Wenn du noch lang protten deest, denn help ik di een Dracht up!* Ghg/Li. Vgl. protzen. – **2.** gären vereinz. MPom HPom. *Dei Wien prott't all* Reg/Kw. – **prottig** Adj. **1.** trotzig, bockig vereinz. – **2.** angeberisch, großspurig vereinz. VPom, Rum/Ru. *Hei deit mastig un prottig* Gri/Ti. Vgl. brottig, protzig. – **3.** in Gärung befindlich, sehr säuerlich schmeckend vereinz. MPom HPom. – **Prottkopp** m. trotziger, leicht aufbrausender Mensch vereinz. MPom HPom, LAUWB 276[b]. – **Prottmul** n. maulender, mürrischer Mensch Nau/Fg,Rh, Kol/Pr, Dra/Bu.

protzen sw. **1.** prahlen, angeben verstr. – **2.** trotzig, bockig sein selt. MPom HPom. Vgl. protten. – **protzig** Adj. **1.** prahlerisch verstr. Vgl. brottig, prottig. – **2.** patzig, unhöflich vereinz. – **Protzkupee** n., scherzh., Abort (im Freien) vereinz. NOPom. Vgl. afprotzen. Rsyn. s. Aftritt.

Prowischoon f., Endsilbe betont, Provision, vereinz. VPom, [2]TIB 19. – **Prowiser** m., *Perwiser* vereinz. VPom, HUMGWD 74,18f.,3, *Profiser* °Ghg, Provisor, Apotheker im Angestelltenverhältnis vereinz. *Dei Apteiker hett 'n niegen Prowiser instellt* Gwd/Ba.

Prozent s. Perzent.

Prozeß m., *Prinzeß* vereinz., *Perzeß* MARK 45, Gerichtsprozeß. *Hei lett dat up'n Prozeß ankåmen* Gwd/Ba. – Sagw.: *Wenn wi denn Prozeß man ierst up de Fork hemm', säd der Bur tau'n Afkåten, denn willen wi dei Arfschaft woll tau Bœn stäken* Gwald. – **prozessen** sw., *prinzessen* HOMWB 151[a], prozessieren vereinz.

prr Interj., *purr* vereinz. **1.** Zuruf, mit dem man ein Zugtier zum Anhalten auffordert. *Wenn een „hüh"! röppt un de anner „purrr", denn kamen wi nich ut den Schiet rut* HUMGWD 6,20,11. Vgl. brr. – **2.** Lockruf für Schafe vereinz. – **Prrha** n., kindspr., Endsilbe betont, *Purrha* °Sto, Pferd selt. HPom.

pruddeln, prüddle s. pröddeln.

Prudel m., *Pruddel* Ank/An, *Pruttel* Gri/Bo, Fehler bei der Handarbeit verstr. *Se hett bi't Knütten 'n Prudel måkt* Stett. – **prudeln** sw., *pruddeln* vereinz. VPom, *prüdle* Nau/Db,Fg, Lau/Vl, bei der Handarbeit Fehler machen verstr.

Prügel m., *Prœgel, Prœjel, Prüjel* verstr. MPom HPom, wie hd. **1.** dicker Stock, Knüppel verbr. – **2.** derb, (großer) Penis vereinz. – **3.** Pl. Schläge verbr.

Prük f. **1.** Perücke. *He dröcht 'ne Prük* Ank/An. In fester Vbdg.: *Prük un Horbüdel* alles, die gesamte Habe vereinz. VPom. *Ik heff Prük un Horbüdel verspäält* Gri/Gm. – Sagw.: *Wat sin möt, möt sin, säd dei Bur, don verköfft hei sienen Ossen un köfft sik 'ne Prük* Gwald. – **2.** übertr. – **2.1.** dichtes, langes Haupthaar. *Låt di man de Prük afschnieden!* Ank/An; *'ne gaure Prük hemm'* guten Haarwuchs haben Fra/Pe. – **2.2.** Mütze vereinz. ZPom, vgl. DWA 12, Kt.7.

Lautvar.: Meistens ist Länge des Stammvokals belegt: *Prük* VPom, sonst verstr., *Pårük, Perük* verstr. MPom, sonst selt., *Priek* Gbg/Gz, Kös/Kr. Dagegen mit kurzem Stammvokal: *Prück* vereinz., *Porück* Sch/Gr BLFPVK 2,60, *Prick* Sto/Dö,Pf,Wd.

Prükenmåker m. **1.** Perückenmacher vereinz. – **2.** Friseur vereinz. VPom. Vgl. MWB 5,619f. – **Prükenmåkerjung'** m. Friseurlehrling vereinz. VPom.

prümen s. prünen.

Prümmel m., *Primmel* vereinz., Pl. *-s.* **1.** kleines Stück, Häppchen verstr. HPom, sonst vereinz. *'n Prümmel Fleisch* Use/Ku. Oft diminuiert: *'n Prümmelken Wust* Uec/Ue. – **2.** kleiner, zusammengeballter Gegenstand. Spez.: kleines Wollknäuel vereinz.; kleines, festes Stück Kot Fra/Ln, Dra/Dr, Slo/La,Pa. – **3.** kleines, dickes Lebewesen vereinz. – **Prümmelarbeit** f. mühsame Arbeit Cam/Pr, Gbg/Gp, Dra/Bu,Dr. – **Prümmelie** f. dass. Kol/Pr, Reg/Pl, Gbg/Gp, Dra/Bu,Dr. – **prümm(e)lig** Adj., *primm(e)lig* vereinz., *prumm(e)lig* selt. VPom, vereinz. ZPom, *priemlig* DKr/La. **1.** mühsam, zeitraubend vereinz. *Dat is su'n prümmlig Arbeet* Gbg/Wo. – **2.** kleinlich, pedantisch verstr. HPom, sonst selt. – **3.** unordentlich, zerknittert vereinz. *Dat Kleed sitt so primmlig* Stett. – **Prümmelkrut** n., PflN, Spitzwegerich °Slo. – **prümmeln** sw., *primmeln* vereinz., *prummeln* selt. VPom MPom. **1.** mit einer Arbeit nicht fertig werden vereinz. – **2.** die Finger nervös bewegen, etwas mit den Fingern hin und her drehen vereinz. *Bi't Räden prümmelt hei ümmer* Fra/Fr. – **3.** unordentlich zusammenlegen, zerknittern vereinz.

Prün m./f. **1.** Hölzchen zum Verschließen der Wurstenden vereinz. Vgl. Prein. – **2.** Fehler bei der Handarbeit vereinz. *Sei hett 'n Prün måkt* Gri/We. – **Prünarbeit** f. unordentliche Handarbeit vereinz. Vgl. Prünerie.

prünen sw. **1.** nachlässig handarbeiten, bes. nähen. *Wenn du do prünen deest, dat höllt nich lang* Ghg/Li; *'n langen Fåden Wull, dat prüünt to dull* Use/Us. Auch: flicken, ausbessern vereinz. *Ik heff ümmer wat tau prünen* Fra/Ff. – **2.** Wurstdärme mit einem Holzstäbchen verschließen vereinz. VPom, sonst selt. *Wi möten de Wust prünen* Ank/An. – **3.** den Mund verziehen VPom, sonst vereinz. *Dat helpt nich, du bliffst hüt to Hus, uk wenn du prüümst* Rüg/Dm.

Lautvar.: *prümen* vereinz. VPom, sonst selt., *prunen* verbr. nordöstl. HPom, Fla/Ta, Slo/La, [2]KNO 71, *priene* Lau/Pb, *prenne* nordöstl. °Neu, [5]TITA 81.

Prüner m., SpottN, Flickschneider Gwald, Ghg/Ki, Cam/Dv. – **Prünerie** f., *Prinerij* VHTSTO 1930,6,4, nachlässige Handarbeit vereinz. Vgl. Prünarbeit. – **Prünfieken** f. schlechte Näherin vereinz. VPom.

Prüngel m. großer, dicker Nagel vereinz. Vgl. Prangel.

prünig Adj. nachlässig mit der Hand gearbeitet, bes. genäht vereinz. VPom, Neu/We, LAUWB 276[b]. Vgl. prunzlig.

prunken sw. **1.** (durch besonderen Prunk) prahlen, angeben vereinz. VPom. *Se prunkt mit ehr sieden Kleed* Gri/Ge. – **2.** energisch auf etwas bestehen Stolp, HOMWB 151[b].

Prünkråm m. schlechte Nadelarbeit vereinz. Vgl. Prünarbeit, Prünerie.

prunksen sw. trotzig sein Pyr/Wa,Wi, Slo/La.

Prünmul n., Dim. *-müling* vereinz. VPom, verdrießlich verzogener Mund verstr. VPom. Vgl. Prütmul. – **prünmülen** sw. **1.** den Mund verziehen vereinz. VPom. Vgl. prünen. – **2.** sich überheblich verhalten Rüg/Dm, Ank/Br, Uec/Pa, Lau/Vl.

Prünnel s. Prümmel.

prunschle, prunschlig s. prunzeln, prunzlig.

Prünstuf f. Nähstube vereinz. VPom, HUMGWD 13,41,10.

Prüntje m., seem., *Prüntjer* vereinz. vpom. Küste, *Prünnje* Büt/Bt, Stück Kautabak verstr. vpom. Küste, sonst selt. *Nu willen wi uns man ierst 'n lütten Prüntje achter de Kusen stäken* Rüg/Dm. Syn. Priem. Vgl. SHWB 3,1127.

Prunzel[1] m., *Prünzel* Ghg/Li, verdickte Stelle im Garn vereinz. Auch: Fehler bei der Nadelarbeit Rüg/Pu, Ran/Sr, Ghg/Li. – **Prunzel**[2] f. schlechte Schneiderin Ran/Ro, Pyr/Wa,Wi, Reg/Me. Vgl. Prunzelschniedersch. – **Prunzelie** f., *Prünzelie* vereinz., *Prüünzelie* Pyr/Wa,Wi. **1.** nachlässig ausgeführte Arbeit vereinz. – **2.** mühsame, knifflige Arbeit vereinz. – **prunzeln** sw., *prünzeln* vereinz., *prüünzle* Gbg/Wo, *prunschle* Saa/Jk, Nau/Fg,Rh, vereinz. NOPom. **1.** schlechte Nadelarbeit verrichten verstr. Vgl. prünen. – **2.** unordentlich zusammendrehen, -binden vereinz., HUMGWD 76,284f.,3. – **Prunzelschniedersch** f. schlechte Schneiderin verstr. Vgl. Prunzel[2]. – **prunzlig** Adj., *prünzlig* vereinz., *prunschlig* vereinz. NOPom. **1.** nachlässig genäht, gestopft oder geflickt verstr. *Dei Strump süht prunzlig ut* Gwd/Ba. Vgl. prünig. – **2.** unordentlich in der Kleidung vereinz. MPom HPom. *De hett sich prünzlig antreckt* Ran/Pe. Auch: ohne Paßform. *Dat Kleed sitt so prünzlig* Gbg/Gp.

Prusselarbeit f., *Prustel-* Uec/Ge, Pyr/Pe, *Prüssel-* Pyr/Wi, *Prüstel-* Ran/Pe,Wl, wenig produktive Kleinarbeit vereinz. MPom, Cam/Pr, Nau/Fg,Rh. – **Prusselie** f., *Prustelie* Pyr/Pe, *Prüsselie* Cam/Ca, Nau/Fg, *Prüstelie* Ran/Pe,Wl. **1.** nachlässig ausgeführte Arbeit vereinz. – **2.** etwas, das nicht richtig vorankommt vereinz. MPom, Nau/Fg, Cam/Kn.

prusseln[1] s. brusseln[1].

prusseln[2] sw. langsam, nachlässig arbeiten selt. MPom, vereinz. ZPom SPom, Net/Sl. *Hei prusselt u' prusselt u' kümmt nich von'e Stell* Nau/Wa. Vgl. brusseln[2].

Lautvar.: *prusteln* Uec/Pa, vereinz. ZPom, Saa/Ja, *prüsteln* Ran/Pe, *prüssle* Cam/Ni, Gbg/Vi, *pruschle* Nau/Fg.

prusslig Adj. nachlässig bei der Arbeit vereinz. HPom.

prütern sw., *prüteln* Pyr/Wi, Nau/We, *pruten* Gwald, unordentlich nähen, stricken, häkeln vereinz. VPom, BRU 4,13. – **Prütmul** n. ärgerlich verzogener Mund °Gwd, °Ghg. Vgl. Prünmul. – **prütmüülsch** Adj. sein Mißfallen durch Verziehen des Mundes zeigend Uec/Pa, °Ghg, Kol/Go,Kö.

Prutscharbeit f. leichte, unproduktive Arbeit vereinz. ZPom. Vgl. Prutscherie. – **prutschen** sw. **1.** *pruutsche* Cam/Ds, leichte Arbeit verrichten, werkeln vereinz. ZPom, sonst selt. – **2.** ständig am Herd stehen und kochen Dem/De, Gwd/Wo. – **Prutscherie** f. wie Prutscharbeit selt. VPom, vereinz. ZPom.

Prütt m. Kaffeegrund Gwald, Ghg/Bk, Gbg/Ge.

prutzeln sw. (in heißem Fett) brutzeln vereinz. VPom. *Dat Fleisch prutzelt in dei Pann* Gwd/Ba. Auch: (in der Pfanne) brutzelnd zubereiten vereinz. VPom.

prüünsch Adj., *priensch* Lau/Vl, mit ärgerlichem Gesichtsausdruck vereinz. *Sei måkt so'n prüünsch Gesicht* Rüg/Dm.

Pruusch m./f. Schnupfen, der mit häufigem Niesen verbunden ist Uec/Ge, Ghg/Li,Wt. Vgl. BBWB 3,709: *Prūsch* einmaliges Niesen. → Schnuppen. – **pruuschen** sw., *pruschen* vereinz. MPom HPom. **1.** niesen MPom, sonst verstr. *Wenn ik in de Sünn kiek, möt ik ümmer dull pruuschen* Rüg/Zi. – Wetterr.: *Wenn de Katte pruusche, gifft dat schlecht Wäder* Saa/Le, ähnl. verstr. Scherzh. variiert, wenn Frauen niesen: *De Zicken pruuschen, dat gifft got Wärer* Ran/Pe, ähnl. vereinz. Vgl. pruusten. – **2.** schnauben (von Pferden) vereinz. Auch:

schnaufen, schwer atmen selt. – **3.** prustend lachen vereinz. *Ik kü' mi ni' hulle, ik kreeg dat Prusche* Pyr/Wi. – **4.** sprudeln, schäumend in die Höhe steigen vereinz. *Dat Bier pruuscht ut de Buddel* Uec/Ue. – Zugrunde liegt das nl. Siedlungswort *pruischen*, vgl. [6]TEU 313.

pruusten sw. prusten. **1.** niesen. *De Lütt kricht 'n Schnuppen, se pruust' ümmerto* Gwald. – Ral.: *ein' wat pruusten* einer Aufforderung bewußt nicht nachkommen, eine Absicht durchkreuzen vereinz. – Sagw.: *Ik pruust di wat, sä' dei Swienägel tau'n Hund, don wür hei sich uprullen* Gri/Ti. – Volksgl.: *Dei hett dorup pruust', wat secht is, dat möt wohr sin* Gri/Ge, ähnl. verstr. – **2.** schnauben (von Pferden) vereinz. Auch: schnaufen, schwer atmen. – **3.** prustend lachen vereinz. *As ik ehr dat säd, pruust' se mi hell in't Gesicht* Gwald. Vgl. niesen, pruuschen.

Lautvar.: *prußten* selt., *prusse* Cam/Al, *prusde* Reg/Kt, *prauste* Bel/Hp, *prouste* Bel/Ma.

Prüüster m., kindspr., Kribbelgefühl in der Nase vereinz. VPom. – Ral.: *ut'n Prüüster 'n Dunnerslag måken* eine Kleinigkeit enorm aufbauschen Fra/Bn.

Prüzelbeer f., PflN, *Prützel-* vereinz. SPom, DKr/DK, *Prütz-* Arn/Ne, Preiselbeere verstr. SPom, Nau/Fi, DKr/La. → Preisselbeer.

Psalm s. Salm.

psch-psch Interj., kindspr., das Geräusch beim Wasserlassen nachahmend vereinz. Zum Kleinkind, das man abhält: *Nu måk psch-psch!* Ank/An.

Psintke f., *Psentke* Lau/Bu, *Psinke* Büt/Bt, kleine, wilde Birne vereinz. NOPom, HOMWB 151[b]. Vgl. Pinnke. – Pomor. *psənka* kleine Birne. – **Psintkenbom** m., PflN, wilder Birnbaum Stolp, HOMWB 151[b].

pubbern s. bubbern.

Puch s. Puuch.

puchen sw., wie hd. *pochen* vereinz. **1.** klopfen, schlagen vereinz. *Dat Herz pocht mi so im Lief* Pyr/Lt. Vgl. puckern. – **2.** hartnäckig auf etwas bestehen verstr. *Hei pucht janz fast dauerup* Gbg/Gp. – **3.** aufbegehren, trotzig sein vereinz.

Puck s. Puk[1].

Puckel m., *Puggel* Fra/Bn, Pl. *-s*, Buckel. **1.** Rücken des Menschen. *Ik war dei Lütt up'n Puckel nähmen* Fra/Br; *'n Sack up'm Puckel hebben* Ran/Pe. *He kricht denn Puckel vull* bekommt Schläge Pyr/Lt. Prügelandrohung: *Di jœkt woll de Puckel!* Uec/Ue, ähnl. verbr. Ebenso: *Ik war di up'n Puckel kåmen / stiegen!* Gwald, ähnl. verstr. – **2.** Höcker, Verkrümmung des Rückgrats zwischen den Schulterblättern. Über eine bucklige, aber reiche Frau: *Ehr Puckel is von Gold* Gwd/Ba. – **3.** leicht gewölbte Stelle, kleine Erhöhung. *Dor is 'n Puckel in'n Acker* Gri/Ti.

Phras. zu 1.: Ral.: *up'n Puckel nich klok sin* völlig verrückt sein verbr. VPom, sonst selt. – Sprw.: *Wenn ma eine krumme Puckel meckt, kümmt ma am widste* °Lau [4]KNO 14. – Sagw.: *Dat kann ik uk, seed de Kater, as hei 'n Kameel seeg, un maakt en krummen Puckel* HUMGWD 75,306f.,2.

Rsyn. zu 2.: *Ast, Kaniespuckel, Knast[1]*. Scherzh.: *Kriegskass.*

Puckelblåg n. 'Buckelblau' Schläge, Prügel. Veraltet ist der Aprilscherz, Kinder auszuschicken, um *Puckelblåg* zu kaufen: *Hål eis för'n Gröschen Puckelblåg ut'e Apteik / von'n Kopmann!* Gwd/Ba. – **puckelig** s. pucklig. – **puckeln** sw. **1.** auf dem Rücken tragen verstr. *'n Sack puckeln* Ank/Km. *Du schweetst jå bannig, wat hest du uk all puckelt!* Rüg/Dm. – **2.** refl., sich quälen verstr. HPom. *Dag um Dag mutt ik mi puckle* Lau/GW.

puckenmäud Adj., *puchenmöd* Rüg/Be, sehr müde vereinz. °Rüg, Lau/Vl. *Ik müsst hüt twee Mielen to Fot lopen, ik bün puckenmöd* Rüg/Ls. – Ablautend zu packenmäud.

puckern sw., *puggern* vereinz. VPom, *pucken* vereinz., *pockern* Ran/Sr. **1.** pochen, rhythmisch schlagen. *Mi puckert dat Hart so dull* Fra/Zi. Vgl. buckern[2], puchen. – **2.** pochend schmerzen. *De Tähn puckern so* Uec/Pa. – **3.** unpers., in eine heftige Gemütsbewegung versetzt werden. Spez.: Gram empfinden. *Ik heff mi jestern so arjert, dat puckert mi hüt noch* Ghg/Li. Aber auch: sich sehr freuen verstr. *Dat puckert mi, ik möt dull lachen* Rüg/Pu.

pucklig Adj., *puckelig* selt., bucklig. **1.** mit einer verkrümmten Wirbelsäule versehen. *Dei pucklige Diern will ik nich friegen* Gwd/Ba. – Sagw.: *Sei is pucklig, säd Hans, as hei friegen süll, na låt't, denn halwen Dag is't jo doch düüster* Gwald. – **2.** uneben, holprig. *De Wech is so pucklig* Pyr/Wi. – **Pucklinsk** m. buckliger Mensch vereinz. NOPom, Slo/He. Vgl. PRWB 4,610f.: *Puckelinski.*

Pucks s. Puuks.

Puddel m./n., *Puttel* vereinz. VPom MPom, Dim. *-ke(n)* vereinz., *Puttling* Gwald, Kosew. für ein Kleinkind verstr. VPom MPom, sonst selt. *Kumm ees her, mien lütt Puddel!* Gwald.

Püddel s. Püttel.

Puddelarbeit f. leichte, anspruchslose Arbeit vereinz. VPom. *Dei Oll kann bloots noch 'n bäten Puddelarbeit måken* Gwald. – **puddeln** sw. **1.** erste Gehversuche unternehmen, unbeholfen gehen (bes. von Kleinkindern) verstr. VPom, sonst selt. *Kiek, dei Lütt kann all 'n bäten puddeln* Gwd/Ze. – **2.** leichte, nebensächliche Arbeit verrichten vereinz.

Püddick s. Pürrick.

Pũdding[1] s. Pütting.

Püdding[2] s. Pürrick.

Pudel[1] m., Pl. *-s*. **1.** Hunderasse. – Ral. nach dem Hd.: *dorståhn as'n begåten Pudel* allg. – **2.** Pudelmütze. *Wi drögen in'n Winter ümmer Pudels* Dem/De. Veralt.: runde Mütze aus schwarzem Tuch mit Fellbesatz am Rand Mönchg., ADL 123. Vgl. Pudelmütz. – **3.** Fehler, Versehen. – **3.1.** Fehlwurf beim Kegeln VPom, sonst vereinz. – Sagw.: *Achterüm geit uk en Weg, seed Hans, doon schööv hei bi't Kegelnd en Pudel* HUMGWD 76,193f.,2. – **3.2.** Fehler bei der Handarbeit vereinz. – **4.** Mädchen oder Frau mit zerzaustem Haar vereinz. – **5.** veralt., studentischer SpottN für den Universitätspedell Gwald, HUMGWD 14,11,9, [1]HOEFE 22.

Pudel[2] f., *Poudl* °Rum [2]MIS 36, Pl. *-s*, kleines, rechteckiges Holzgefäß in der Küche (bes. für Salz) vereinz. nordöstl. HPom, HOMWB 151[b], [2]PIRK 41. – Mnd. *pûdel* kleiner Behälter, Kiste. Nach MNDHWB 2,1742f. wohl zu litauisch *pudlas*. – **Pudeldräger** m. Händler mit Bauchladen vereinz. nordöstl. HPom, HOMWB 151[b].

pud(e)lig Adj. zerzaust vereinz. *Sei süht so pudelig up'n Kopp ut* Dem/Tp. – **Pudelkopp** m. **1.** Frau oder Kind mit zerzaustem Haar vereinz. Auch: Frisur, bei der sich das Haar locker bauscht vereinz. – **2.** PflN, Löwenzahn Sch/Pk,Sl. → Botterblaum. – **Pudelmütz** f. **1.** Pudelmütze. *Dat is hüt kolt, sett di man dei Pudelmütz up* Gri/Mi. – Sagw.: *Du büst dat Höwt, säd dei Fru tau ehrn Kirl, man ick bün dei Pudelmütz, dei sitt baben* HUMGWD 7,27,2. Vgl. Pudel[1]. – **2.** veralt., Bienenkorb aus kreisförmigen Strohwülsten, die sich zur Spitze hin verjüngen °Cam, °Sto, BALTST NF 38,417. – **pudeln** sw. **1.** einen Fehler machen vereinz. VPom. *Ik dacht, ik künn mi up di verlåten, œwer du hest pudelt* Rüg/Dm. – **2.** schimpfen, schelten vereinz. HPom, sonst selt. – **pudelnar(r)sch** Adj. überaus närrisch vereinz. VPom, DLP 1,77. *Hei stellt sich pudelnarrsch an* Gwd/Ba. – **pudelnatt** Adj. triefnaß verstr. – **pudelsatt** Adj. übermäßig satt vereinz. – **Pudelschwart** n. Pulver aus Graphit zum Schwärzen von Eisen, Backöfen, Mauerfugen und Schuhcreme verstr. HPom.

Puden m. **1.** Beule, verdickte Stelle am Körper VPom, vereinz. MPom HPom. *Wenn man sik denn Kopp dull stött, gifft dat 'n dicken Puden* Fra/Zi. Scherzh. über eine flachbrüstige Frau: *Brett, wo is dien Puden?* Fra/Bn. → Bul[1]. – **2.** (krankhafter Auswuchs) vereinz. *Am Bom sitt e' Pure* Gbg/Wo.

Laut- u. Formvar.: *Pure* vereinz. HPom, *Paure* Sch/Sd. Mit abweichendem Genus: *Pud'* f. Sto/Kr [2]KNO 71, *Pur* f. Cam/Rn, *Purre* f. Nau/Db. – Pl. *-s* verbr., wie Sg. vereinz. HPom.

Pudenfüer n. Rotlauf (Infektionskrankheit bei Schweinen) vereinz. VPom.

Puder m./n. wie hd. vereinz. Auf eine heftige Tracht Prügel bezogen: *Dat gâff Puder å Paeper, uk noch Sult upstreigt* °Büt [1]KNO 57. – **pudern** sw., *pude* Reg/Kt. **1.** mit Puder bestreuen. – Ral.: *mit'n Klammerbüdel pudert sin* verrückt, dumm sein verstr. – **2.** refl., Gefieder mit der Bürzeldrüse einfetten vereinz. Auch: Federn mit dem Schnabel glätten vereinz. *De Heihner puudre sich* Sch/Ac.

Puff m., Pl. *Püff, Puffs* LAUWB 277[a], wie hd. **1.** starker Stoß, Schlag. *Hei kreeg 'n origen Puff af* Gwd/Ba. *We(r) ward ümme gliek hüle, 'n Jung' mutt 'n Puff vedråge!* Dra/Dr. – **2.** dumpfer Knall verstr. – **3.** Pl. *-s*, Bordell verstr.

Rsyn. zu 3.: *Fosenkneip, Nuttenkneip, Nuttenkraug*. – Scherzh.: *Springstall.*

Puffbohn f., PflN, *Buff-* [7]GIL 2,419, Puffbohne, Saubohne vereinz.

Püffel, püff(e)lig s. Büffel, büff(e)lig.

puffen sw., *puwwe* LAUWB 279[b]. **1.** stoßen, schlagen. *Hei pufft em in'e Ribben* Dem/Tp. Vgl. buffen. – **2.** dumpf knallen verstr. *De Knallbüss pufft düchtig* Ran/Pe. – **Puffer** m., *Puffert* vereinz. NOPom. **1.** *Puffet* Gbg/Gz, *Puwwe* LAUWB 279[b], Kartoffelpuffer vereinz. MPom HPom, sonst selt. – **2.** kleine Pistole selt., HOEFAMSC 363[a], [2]KNO 71. – **puffig** Adj., *puwwig* Fra/Fr, schwammig aufgedunsen vereinz. *Hei süht so puffig im Jesicht ut* Kol/Go. – **Puffmul** n. unhöflicher, wortkarger Mensch vereinz. – **Puffrad** n. **1.** sehr breites Wagenrad aus Holz ohne Eisenbeschlag verstr. – **2.** kindspr., Motorrad vereinz. – **Puffwågen** m. Ackerwagen mit Holzachsen und sehr breiten Holzrädern ohne eiserne Reifen verstr.

Pugg f., Pl. *Pugge, Puche* Sto/Pf, mageres Schaf vereinz. NOPom, [2]KNO 72, [2]PIRK 40. Auch: mageres Federvieh vereinz. °Sto. – Pomor. *p^{u}uga* Schaf.

puh Interj. zur Nachahmung eines Schusses oder einer Explosion vereinz. *Wi hemm' vör Bomben un Granåten ståhn, puh, puh!* Dem/De. – **Puh** f./n., kindspr., Schießgewehr vereinz.

Pujack m., erste Silbe betont, Schimpfw. für einen Petzer Sch/Ac, Sto/Dö,Lü.

Pujatz s. Pojatz.

puje sw. mit einem Bindestock das Seil um Strohbunde oder Getreidegarben festziehen vereinz. HPom PosWPreuß. Vgl. BBWB 3,668: *poien*.

Lautvar.: *poje* vereinz. °Pyr, *pöje* Nau/Fg,Rh, *pöije* Nau/Sr, Arn/Ne, *püjja* Reg/Rg, *pujero* Net/Hf.